Stephanie Seufert

Entdeckertouren mit dem Wohnmobil

Portugal

Der Süden

Die Anleitung für
einen Erlebnisurlaub

WOMO®
Der Wohnmobil-Verlag

MIX
Papier | Fördert gute Waldnutzung
FSC® C089473

2. vollständig neu überarbeitete Auflage 2024
ISBN 978-3-86903-982-4

Titelbild: Mértola (Tour 11)
Bild in vorderer Klappe: Praia dos Alteirinhos bei Zambujeira do Mar (Tour 8)

Reihen-, Umschlaggestaltung und Layoutprinzip/Satzvorgaben: www.martinveicht.de
Karten: Stephanie Seufert
Fotos: siehe Bildnachweis auf Seite 308
Druck: Beltz Grafische Betriebe GmbH, 99947 Bad Langensalza
Vertrieb: GeoCenter GmbH, 70794 Filderstadt
Herausgeber: WOMO-Verlag, An der Liethe 4, 36452 Kaltennordheim
Telefon +49(0)36946 20691 · verlag@womo.de · www.womo.de
GPS: N 50°36'38.2" E 10°07'55.6"
Autoren-E-Mail: seufert@womo.de

Einladung

In Portugals Süden gibt es unglaublich viel zu entdecken:

Prächtige Städte mit langer Geschichte, malerische mittelalterliche Ortschaften mit zinnengekrönten Burgen, wundervolle Kathedralen und herrliche Kirchen, zauberhafte Korkeichenhaine und riesige Weiden, mächtige Festungen, kilometerlange einsame Strände, gewaltige Klippen, tosende Atlantikwellen, verträumte Badestrände an Stauseen, weiß gekalkte Häuschen mit bunt umrandeten Türen und Fenstern, offene, freundliche und hilfsbereite Bewohner, wilde Stiere, edle Pferde und schwarze Schweine, spiegelglatte Seen, romantische Felsbuchten und natürlich Lissabon, das zu Recht als eine der schönsten Städte Europas gilt.

Und dazu kommt eine großartige Küche, die Ihnen köstliche Meeresfrüchte, leckeren Fisch, grandiose Desserts, süffigen Wein und den weltbesten Kaffee bietet.

Nein, übertrieben ist das nicht, das beschreibt den Süden des kleinen Landes am Rande Europas. Dort finden Sie alles Angepriesene – und noch viel mehr! Lassen Sie sich begeistern für Land und Leute. Sie werden meine Liebe zu diesem wunderbaren Land schnell verstehen.

Viel Freude bei den Reisevorbereitungen und *boa viagem* (gute Reise)

wünscht Ihnen

Ihre

Stephanie Seufert

Inhaltsverzeichnis

In der Altstadt von Faro (Tour 10)

Unsere persönlichen Top Ten

Café

Ein *Bica/Café* (Espresso) geht immer, egal ob im Stehen am Tresen, am Tischchen in der Sonne oder nach dem Essen. Stark, aromatisch und mit ganz wenig Säure: Die Portugiesen rösten den weltbesten Kaffee!

Porto Palafita

Bei Ebbe oder Flut: Fotogener Fischerhafen mit schiefen Holzstegen und pittoresken Holz- und Wellblechhütten im weiten Mündungsgebiet des Rio Sado.

Tour 3, Seite 59

Cromeleque dos Almendres

Steinkreis aus der Jungsteinzeit, inmitten von knorzigen Korkeichen gelegen mit weitem Blick ins Land. Ein mystischer Ort mit magischer Ausstrahlungskraft.

Tour 4, Seite 67

Évora

UNESCO-Weltkulturerbe mit römischem Tempel, gruseliger Knochenkapelle und prächtigen Bürgerhäusern in der homogenen Altstadt, mitten im Alentejo gelegen.

Tour 4, ab Seite 68

Costa Vicentina

Atemberaubende, zerklüftete Küste mit herbem Charme: Kilometerlange, feinsandige Strände, tosende Wellen, hohe Klippen und ganz viel Einsamkeit.

Tour 8 und 9, ab Seite 122

... das sollten Sie nicht verpassen!

Fischmarkt Olhão
Alles ganz frisch: Tintenfische, Kraken, Garnelen, Doraden, Makrelen, Barsche, Seehechte, Muscheln, Rochen, Seeteufel, Schellfische, Sardinen...Das Eldorado für Auge und Gaumen.
Tour 10, Seite 191

Mértola
Malerisch am Rio Guadiana gelegen ist Portugals besterhaltene maurische Stadt mit Bauwerken und Ruinen aus verschiedenen Epochen. Unser Titelbild!
Tour 11, ab Seite 223

Mina de São Domingos
Spannende Industrieruinen zwischen vollgelaufenen Gruben; winzige Minenarbeiterhäuschen, eine dominante Kirche und ein schöner Badesee.
Tour 12, ab Seite 235

Monsaraz
Mittelalterliches Dorf mit weiß gekalkten Gebäuden, auf einem Bergrücken gelegen mit grandiosen Ausblicken ins Umland und über den Alqueva-Stausee.
Tour 13, ab Seite 251

Portugiesische Küche
Bodenständig und lecker, ein Paradies für Fisch- und Meeresfrüchteliebhaber: *Bacalhau* (Stockfisch), *Caldeirada* (Fischeintopf), *Arroz de Tamboril* (Seeteufel-Reis), *Polvo à Lagareiro* (Krake nach Köhlerart)...

Gebrauchsanleitung

Reisegebiet

Schön, dass Sie sich dafür entschieden haben, in den Süden des kleinen Landes am Rande Europas zu reisen. Wie wir dieses Gebiet definieren, sehen Sie auf der Übersichtskarte in der hinteren Umschlagklappe. Die Grenze zwischen Nord- und Süd-Portugal haben wir mit dem Tejo gezogen.

Innerhalb Portugals umfasst unser Buch folgende Regionen: Das *Alentejo* (korrekt wäre eigentlich der Alentejo »Jenseits des Tejo«) untergliedert sich in das Alto Alentejo (Oberes Alentejo) und das Baixo Alentejo (Unteres Alentejo) sowie das Ribatejo (»Ufer des Tejo«), das sich noch weit nördlich des Flusses erstreckt.

Wir stellen Ihnen das hügelige *Alto Alentejo* vor, in dem Kork- und Steineichen dominieren und wo sich zahlreiche Megalithanlagen entdecken lassen. Das *Baixo Alentejo* ist eher von endloser Weite geprägt. Im Westen reicht es bis an die Atlantikküste, die *Costa Vicentina*. Das fruchtbare *Ribatejo* ist überwiegend flach und erstreckt sich beidseitig des Tejo, hier gedeihen Reis, Tomaten, Mais und Wein, außerdem werden hier Pferde und Kampfstiere gezüchtet.

Die Provinz *Algarve* ist den meisten ein Begriff, wobei sie fast immer auf den felsengespickten Küstenstreifen im Süden reduziert wird. Das wenig besuchte und äußerst reizvolle Hinterland wollen wir Ihnen in diesem Buch ebenfalls näherbringen.

Der Region *Lissabon* statten wir natürlich auch einen Besuch ab. Sie umfasst auch noch die südlich der Hauptstadt gelegene Halbinsel von Setúbal, wohin sich nur ganz wenige ausländische Touristen verirren und wo unsere Lieblingsweine reifen.

Und damit Sie gleich auf einen Blick sehen, was wir an diesem Reisegebiet so lieben, stellen wir Ihnen auf den Seiten sechs und sieben in der Reihenfolge der Touren unsere ganz persönlichen Top Ten vor.

Karten, Symbole und Kilometerangaben

Alle WOMO-Reiseführer sind nach Touren untergliedert, die mit den wichtigsten Ortschaften auf der **Übersichtskarte im hinteren Bucheinband** dargestellt sind. Einzelheiten zu diesen Touren, insbesondere die dort empfohlenen Stell- und Campingplätze, finden Sie in den jeder Tour vorangestellten Tourenkarten, deren verwendete Symbole auf der hinteren Einbandklappe erläutert sind.

Die **Kilometerangaben** erlauben nur eine erste Orientierung über die Länge der jeweiligen Tour und betreffen die Entfernung ab dem letzten Stell- oder Campingplatz der vorhergehenden Tour bis zum letzten Stell- oder Campingplatz der aktuellen Tour.

Stellplätze, Farben und Nummern

Praktische Symbole zeigen die Art des »Stellplatzes« an:

001	**Offizieller Stellplatz**	von privater oder amtlicher Hand für Reisemobile – meistens über eine Preisangabe oder ein Wohnmobilsymbol – ausgewiesen
003	**Parkplatz**	für Übernachtung geeignet
P	**Parkplatz**	Übernachtung nicht möglich oder verboten
P01	**Parkplatz**	Übernachtung nicht möglich oder verboten
002	**Campingplatz**	

Auch die **Farbe** eines Stell- oder Parkplatzsymbols hat eine Bedeutung: **Blau** steht für eine nahe Bademöglichkeit in natürlichen Gewässern, einer Therme oder einem besonders interessanten Schwimmbad. **Grün** kennzeichnet einen Platz, an dem typischerweise Wanderungen beginnen und dort meistens beschildert sind. **Hellgelb** sind alle Plätze bei Gaststätten, die nicht öffentliche Parkplätze sind. **Orangegelb** sind die Plätze ohne die vorgenannten Merkmale. Nur Plätze, die eine durchlaufende **Nummer** tragen, sind zur Übernachtung geeignet *Ausnahmen sind hier Parkplätze, die nur deshalb nummeriert sind, damit Sie diese auf der Tourenkarte zuordnen und unterscheiden können*. All diese Plätze werden im Text entsprechend ihrem vorgenannten Zweck farbig unterlegt und stehen meistens in einem **Stellplatzkasten** mit den wichtigsten Informationen. **Olivgrün** sind dort die Campingplätze.

Zum Verständnis der **GPS-Daten**, der Geräteeinstellung und dem Bezug der Daten erfahren Sie genaue Einzelheiten hinten bei den Tipps.

Blick von der Ponta da Piedade bei Lagos nach Westen (Tour 9)

Max. WOMOs meint die Kapazität von Stellplätzen, bei öffentlichen Parkplätzen die geschätzte Anzahl, die man der Bevölkerung noch zumuten kann oder die Wohnmobilen mittlerer Größe zur Verfügung steht. Diese Angaben hängen von der Größe anderer Wohnmobile, von den Dimensionen Ihres eigenen Fahrzeugs und von dem Parkverhalten anderer ab. Selbst auf offiziellen Plätzen, auf denen durch feste Einzeichnungen oder Buchten die Parzellen definiert sind, besteht bisweilen die Möglichkeit, mehr Fahrzeuge unterzubringen. Längst nicht alle in diesem Buch erwähnten Stellplätze kommen für Wohnmobile im Lastwagenformat infrage, zumal die Geeignetheit für **große Reisemobile** zum einen davon abhängt, ob schon andere Großfahrzeuge dort parken, aber auch, ob man lange Wagen beispielsweise mit dem Heck über eine Grünfläche ragen lassen kann. Maßangaben sind daher nur eine grobe Schätzung. Wir bitten um Verständnis, dass wir auch einige Plätze erwähnen, auf die ausschließlich kleinere Fahrzeuge passen. Etwa die Hälfte aller Neuzulassungen betrifft heute Kastenwagenausbauten.

Bei Campingplätzen nennen wir immer die **Öffnungszeiten,** bei offiziellen Stellplätzen nur dann, wenn diese nicht ganzjährig geöffnet sind.

Wir vermitteln Ihnen die **Ausstattung** der Plätze, insbesondere mit Ver- und Entsorgung, Strom (wobei nicht zwingend jeder Benutzer einen Steckdosenzugang findet), Toilette, Dusche und Müllgefäßen, bei Campingplätzen vor allem mit Pool oder Einkaufsmöglichkeit. Unter **Beschreibung** wird Ihnen Näheres zur Beschaffenheit, der Lage und der Nutzungseignung mitgeteilt. Es wird Ihnen verraten, wenn wir Stellplätze für **campingplatzähnlich** halten, weil Sie außerhalb Ihres Fahrzeuges sitzen und essen können. Kein WOMO-Parkplatz in diesem Buch ist dafür geeignet, sich tagelang wie auf einem Campingplatz aufzuhalten, mit Markise, Stühlen und Grill. So gut wie kein Stellplatz eignet sich dafür, Campingmöbel über Nacht vor der Tür zu belassen und nur wenige Stellplätze sind Grillplätze, – wobei kein WOMO-Autor jemals verspricht, dass man irgendwo auf der Welt noch auf eigener Kohle grillen darf.

Das angegebene **Preisniveau** ist nur eine Orientierung und bezieht sich bei den Campingplätzen auf ein WOMO mit zwei Erwachsenen in der preiswertesten und in der teuersten Zeit beziehungsweise mit dem kleinsten und dem größten WOMO – ohne Strom (falls er nicht im Grundpreis enthalten ist) und ohne Haustier; bei den Stellplätzen ohne Strom und Wasser.

Der letzte Stichpunkt in den Tourenkästen ist die Beschreibung der **Zufahrt**. In Zeiten der GPS-Navigation halten wir die Darstellung knapp, es sei denn, die Anfahrt zu einem Platz mithilfe des Navis bereitet Probleme.

Wanderungen

Wir schildern Ihnen die Streckenführung, nennen deren Länge und die benötigte Wanderzeit. Damit die gehfaulen Leser entspannt weiterlesen können, sind die Beschreibungen von Wanderstrecken grün unterlegt.

Restaurants

Unsere Restauranttipps beziehen sich überwiegend auf Restaurants, die wir selbst getestet oder aus zuverlässiger Quelle empfohlen bekommen haben und von denen wir denken, dass auch Sie dort gut essen und sich wohlfühlen werden. Leider erweisen sich diese Hinweise aber oft als kurzlebig. Sie müssen also die Augen und die Nase offenhalten, auch bezüglich geänderter Öffnungszeiten und Ruhetage.

Top Ten, Sehenswürdigkeiten, Tipps und Infos

Mit den Seiten sechs und sieben dieses Reiseführers soll Ihre Neugier geweckt werden. Dort haben wir aber nicht unbedingt die größten Sehenswürdigkeiten des Zielgebietes aufgezählt, sondern **zehn Kleinode**, Köstlichkeiten oder Knüller, die uns persönlich besonders gut gefallen und die wir nicht nach einem Ranking, sondern nach der Reihenfolge in den Touren beziffert haben.

Bei den **Öffnungszeiten** von Sehenswürdigkeiten nennen wir, soweit bekannt, die Kassenöffnungszeiten und geben in der Regel die nicht ermäßigten Preise an.

Die **Tipps und Infos** am Ende des Buches machen Sie mit den Besonderheiten der Reiseregion vertraut. Dort finden Sie auch verschiedene *Anreisewege* und allgemeine Angaben.

Reiseführer und der Zahn der Zeit

Bei den freien Stellplätzen und allen anderen Angaben kommt es im Laufe der Lebensdauer einer gedruckten Auflage immer wieder zu Veränderungen. Es lohnt sich deshalb stets ein kurzer Blick ins Forum des WOMO-Verlages:
www.womo.de oder *forum.womoverlag.de*.
Wir versorgen Sie dort mit weiteren aktuellen Informationen. Sie können dabei helfen, Hinweise für alle Leser aktuell zu halten, indem Sie melden, wenn sich irgendetwas (auch Restaurants, Wanderwege usw.) verändert hat, vor allem, wenn ein Platz nicht mehr existiert oder verboten ist, oder wenn Sie etwas Neues entdeckt haben. Sie erreichen mich über die Mailadresse *seufert@womo.de*.

Ich freue mich über jede Zuschrift und versuche auch, diese möglichst zeitnah zu beantworten.

Tour 1

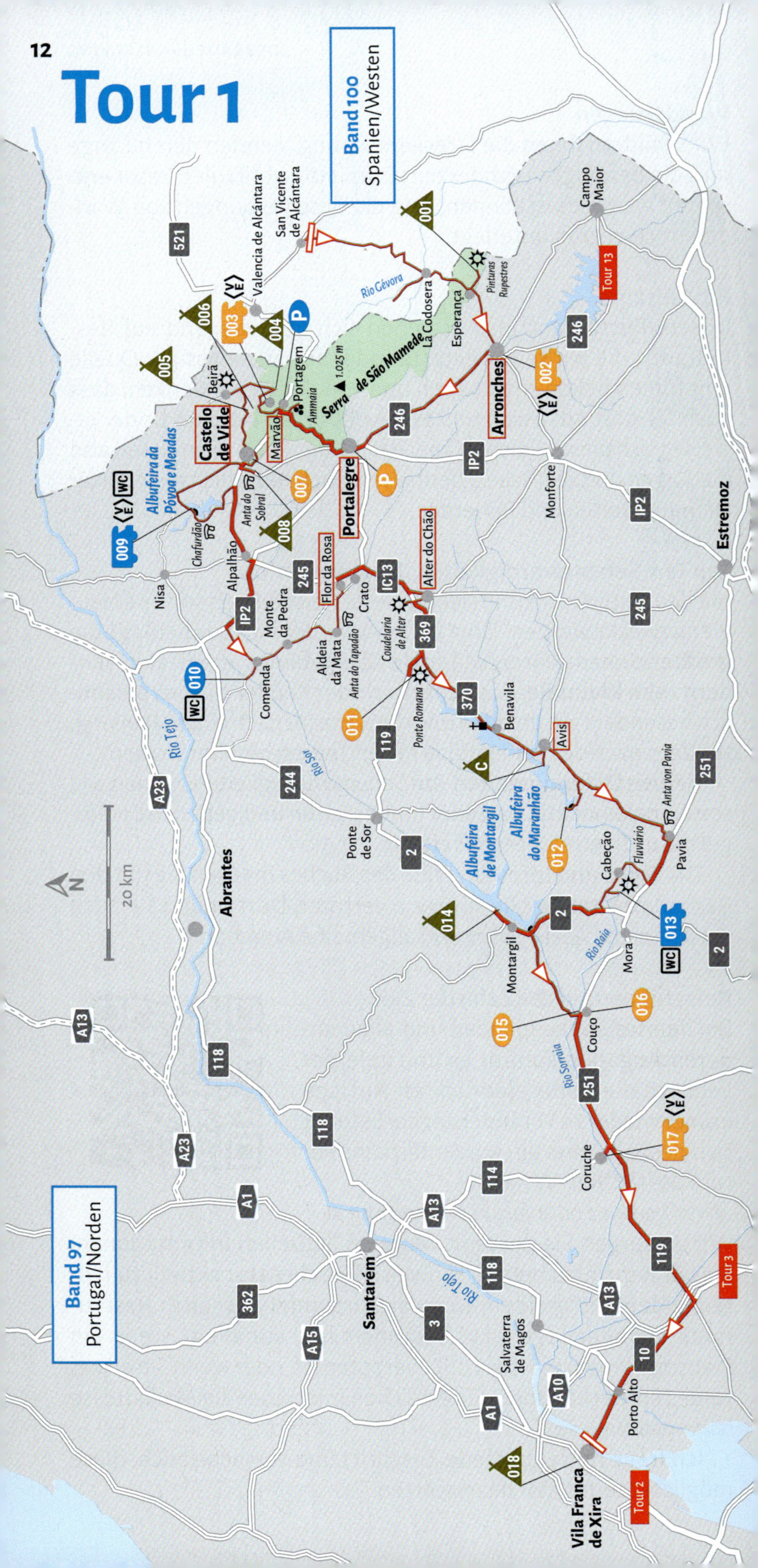

Band 100
Spanien/Westen
Band 97
Portugal/Norden
Tour 13
Tour 3
Tour 2
Valencia de Alcántara
San Vicente de Alcántara
Campo Maior
Pinturas Rupestres
Rio Gévora
La Codosera
Esperança
Arronches
Serra de São Mamede
1.025 m
Portagem
Ammaia
Marvão
Beirã
Castelo de Vide
Portalegre
Albufeira da Póvoa e Meadas
Anta do Sobral
Chafurdão
Alpalhão
Nisa
Monforte
Estremoz
Flor da Rosa
Crato
Alter do Chão
Coudelaria de Alter
Monte da Pedra
Aldeia da Mata
Anta do Tapadão
Comenda
Ponte Romana
Benavila
Avis
Anta von Pavia
Pavia
Fluviário
Cabeção
Albufeira do Maranhão
Albufeira de Montargil
Ponte de Sor
Rio Sor
Rio Tejo
Abrantes
Montargil
Mora
Rio Raia
Couço
Rio Sorraia
Coruche
Santarém
Salvaterra de Magos
Porto Alto
Vila Franca de Xira
20 km
N
001
002
003
004
005
006
007
008
009
010
011
012
013
014
015
016
017
018
C
P
WC
521
246
IP2
245
IC13
369
370
119
244
251
2
118
A23
A13
A1
114
362
A15
3
A10
10

Vom Alto Alentejo ins Ribatejo
Von Arronches nach Vila Franca de Xira
430 km

Dem Alentejo wohnt zu jeder Jahreszeit ein Zauber inne und bei dieser Tour können Sie diesen ausführlich genießen. Beispielsweise am Ufer eines der drei Stauseen, die wir besuchen oder in einer der vielen geschichtsträchtigen Orte oder verwunschenen Burgen auf dem Weg. Unterwegs besonders sehenswert finde ich:

- **Pintures Rupestres bei Esperança**
- ***Café Alentejano* in Portalegre**
- **Marvão**
- **Castelo de Vide**
- **Avis**

Sie fragen sich wahrscheinlich, warum wir Sie kurz vor der Zielgeraden auf kleine Seitensträßchen locken?

Der Weg ist das Ziel, diesem Motto folgen wir seit dem Beginn unserer Reise. Und bis zur letzten Tour dieses Buches werden wir Sie immer wieder auf »kleine Perlen« nahe der eigentlichen Strecke hinweisen. Wer nur die Hauptsehenswürdigkeiten abklappert, verpasst viel! *Portugal bietet so viel mehr als Lisboa, Porto und die Algarveküste* – auch wenn es das ist, was die Meisten zuerst einmal hierher lockt.

Noch vor Valencia de Alcántara biegen wir nach Süden auf die EX-110. Zehn Kilometer kurven wir durch karge Landschaft bis San Vicente de Alcántara. Dort halten wir uns am Ortsende beim Kreisverkehr nach rechts. Wir scheinen die Einzigen zu sein, die hier unterwegs sind, und so kann auch die Fahrerin die schönen Weitblicke genießen. In **La Codosera** können wir der Ausschilderung zum **Piscina Natural** in der spanischen Sommerhitze nicht widerstehen. Von der Kleinstadt sind es nur noch 4,6 Kilometer bis hin zur heiß ersehnten Abkühlung im aufgestauten Rio Gévora (N 39°14'18" W 07°12'14", *Anfang Juni bis Ende September, 3 €, Parken 7 €, Hundeverbot).*

Erfrischt nehmen wir die letzten Kilometer bis zur portugiesischen Grenze in Angriff. Unmittelbar nach der Überquerung des Arroyo Abrilongo haben wir es dann geschafft – *spürbar wird der Grenzübertritt aber nur durch das Geschenk einer ganzen Stunde* (Uhren werden eine Stunde zurück gestellt).

Aber nicht nur Portugal haben wir nun erreicht, wir sind auch im **Parque Natural de Serra de São Mamede** angekommen. Der 31.000 Hektar große Naturpark in dem bis zu 1.025 Meter hohen Grenzgebirge ist geprägt von Granitfelsen, Mischwäldern und

TOUR 1

zahlreichen wunderschönen mittelalterlichen Orten. Außerdem kann man hier, mit etwas Glück natürlich, seltene Raubvögel bestaunen. Bereits in **Esperança** erwartet uns ein kleiner, friedlicher Campingplatz:

001 Esperança – *Camping Lapa dos Gaivões*

GPS/Kontakt: N 39°09'16" W 07°10'04", Tel. 00351 245 011400, campinglapadosgaivoes.com. **Öffnungszeit**: Ganzjährig außer 16.–30. Juni (2024 auch im Juli geschlossen). **Ausstattung**: Mini-Pool. **Beschreibung**: Wunderschöner Wiesenplatz in ruhiger, ländlicher Umgebung im Weiler Hortas de Baixo. Toller Ausgangspunkt für Rad- und Wandertouren. **Preis**: 18 € (im Winter Rabatt bei Aufenthalt ab 2 Nächten). **Zufahrt**: Noch vor den ersten Häusern in Esperança links 2 km bis nach Hortas de Baixo, dort links.

Kurz hinter dem Platz biegen wir nach rechts ab und erreichen nach einem weiteren Kilometer auf grobem Asphalt unser Ziel, die **Pinturas Rupestres de Lapa dos Gaivões** (N 39°08'53" W 07°10'23"): Jahrtausende alte Felsmalereien im Bereich eines Überhangs, geradezu ergreifend beeindruckend und erstaunlicherweise völlig frei zugänglich. Da in Portugal nur wenige derartige Felsmalereien bekannt sind, gehören sie zu den bedeutendsten des Landes.

Jahrtausende alte Felsmalereien im Bereich eines Überhangs, geradezu ergreifend beeindruckend und erstaunlicherweise völlig frei zugänglich

In Esperança sehen wir dann zum ersten Mal die für das Alto Alentejo (oberes Alentejo) typischen Häuschen: Meist nur eingeschossig und mit wuchtigen Schornsteinen, weiß gekalkt, die relativ kleinen Fenster und die Türen sind farbig eingefasst. Hier dominieren dabei das traditionelle Blau und Ocker, in anderen Dörfern fallen uns auch rote, gelbe, grüne und sogar pinkfarbene Umrandungen auf.

Steinzeit Open-Air: Die Pinturas Rupestres

Hinter dem Dorf beginnen entlang der Straße riesige, korkeichenbestandene Weiden, auf denen Rinderherden unterwegs sind. Ab und zu führt ein Tor zu einer Herdade. Zu sehen bekommt man die meist herrschaftlichen Gutshäuser allerdings fast nie, oft liegen Sie kilometerweit von der Straße entfernt inmitten der riesigen Ländereien.

Arronches (3.100 Einwohner)

Die Kleinstadt lohnt durchaus einen Besuch: Sehenswert sind beispielsweise die **Igreja Matriz** (Mutterkirche/Hauptkirche) aus dem 16. Jahrhundert, die ein kleines **Museum für sakrale Kunst** beheimatet *(täglich außer Mo. 10:00–12:00 und 15:00–17:00 Uhr)* und – besonders, aber nicht nur, für Kinder – das ***Museu de Brincar*** (Spielzeugmuseum, *täglich außer Mo. 10:00–13:00 und 14:00–18:00 Uhr)*. Am östlichen Ortsrand in der Nähe des Friedhofs können fünf WOMOs auch die Nacht verbringen (einschließlich **Ver- und Entsorgung**).

002 Arronches – N 39°07'11" W 07°17'27"

Gemütlich rollen wir dann 21 Kilometer am Fuße des São Mamede-Gebirges nach Norden.

Portalegre (13.900 Einwohner)

Gleich am Ortseingang sollten Sie links die Gelegenheit zum Einkaufen nutzen, denn größere Supermärkte sind im Alentejo rar und hier haben sich gleich mehrere angesiedelt. Bei den anschließenden Kreisverkehren halten wir uns immer Richtung Stadtmitte und biegen schließlich rechts bergauf ab (Richtung Reguengo/Alegrete). Versuchen Sie, in der langgezogenen Linkskurve zu parken, die Plätze sind lang genug für WOMOs. Im historischen Zentrum geht es nämlich eng zu, dort wäre es nur eine Frage der Zeit, bis Sie mit Ihrem Gefährt steckenbleiben würden.
Kaum ausgestiegen können wir unser Glück kaum fassen: *Direkt über uns kreisen zahlreiche Geier, sie kommen aus der Serra herangeflogen und lassen sich von der Thermik über der Stadt nach oben tragen.*

P Portalegre – N 39°17'11" W 07°25'52"

Unterwegs in Portalegre

Wir folgen der Straße zu Fuß noch ein Stück bergauf, biegen dann links auf den *Praça da República* und gelangen an dessen anderem Ende durch das alte Stadttor *geradewegs hinein in die »Hochburg des portugiesischen Barocks«*. Immer geradeaus gehen wir weiter, bis wir rechts in der *Rua do Comércio* das ***Café Alentejano*** erspähen. Legen Sie eine Pause ein, das einmalige, traditionsreiche Kaffeehaus mit Originalmobiliar von 1936 muss man gesehen haben!

Wir streifen kreuz und quer durch die Gässchen der Distrikthauptstadt, bewundern die **Kathedrale** *(Sé)* aus dem 16. Jahrhundert, die **Burg** *(Castelo)* mit dem interessanten Holzanbau und natürlich die Bürgerhäuser mit ihren schmuckreichen Barockfassaden. Bevor wir zum Parkplatz zurückkehren, essen wir noch sehr lecker und umsorgt von einem ganz besonders netten Kellner im ***Restaurante O Poeiras*** zu Mittag *(Praça da República 9–15, Mo. geschlossen)*.

Sehr angetan von der sympathischen Stadt folgen wir der N359 Richtung Marvão hinein in die Serra de São Mamede. In **São Salvador da Aramenha** liegen rechts die Ruinen der römischen Stadt **Ammaia** *(täglich außer Mo. 9:00–12:30 und 14:00–17:30 Uhr, 3 €)*.

Nach **Portagem** ist es dann nur noch ein Katzensprung. Dort haben wir ein schönes Plätzchen entdeckt, das nach der Besichtigung der Ruinen die verdiente Erfrischung bietet:

P Portagem – Praia Fluvial Rio Sever

GPS: N 39°23'02" W 07°22'58". **Max. WOMOs**: 5. **Ausstattung**: WC, Café, Liegewiese, Schwimmbad nebenan. **Beschreibung**: Asphaltierter Parkplatz am Ortsrand, teilweise Baumschatten, Wanderweg (7 km). **Zufahrt**: Am östlichen Ortsrand (Richtung Marvão), rechts.

Zwischen Parkplatz und Badestelle überqueren wir eine berühmte Steinbogenbrücke, über die 1492 Tausende von Juden vor der Verfolgung aus Spanien flohen. Im Wachturm musste dafür vorab die Maut (portugiesisch: *Portagem*) bezahlt werden.

Mittelalterliche Städtchen und Burgen, die gleich hinter der Grenze eindringende Spanier aufhalten sollten, gibt es noch einige in der Gegend und dorthin machen wir uns nun auf.

Geschichtsträchtige Brücke in Portagem

Marvão

Da wäre zuerst einmal das pittoreske »Adlernest«, das bereits in römischer Zeit als Herminio Minor besiedelt war. *Zinnengekrönte Mauern verlängern senkrecht aufragende Felsen und ganz dort oben thront eines der spektakulärsten Dörfer Portugals*. Hier scheint die Zeit stillzustehen, wir fühlen uns fast ins Mittelalter zurückversetzt.

Historisches Dorf auf einem Felsplateau: Marvão

TOUR 1

003 Marvão

GPS: N 39°23'40" W 07°22'27". **Max. WOMOs**: 10. **Ausstattung**: Ver- und Entsorgung, Picknickbänke. **Beschreibung**: Teilweise gepflasterter, leicht schräger Parkplatz mit einigen Schattenbäumen und tollem Ausblick am Ortsrand, Fußweg zur Stadtmauer ca. 200 m bergauf. **Zufahrt**: In Marvão gleich beim Ortsschild links.

Knapp 500 Einwohner leben innerhalb der Granitmauern in 862 Meter Höhe, aber alle, bis auf ein paar Touristen, scheinen gerade Siesta zu halten. Sorgsam sind die Gassen gepflastert, in der Mitte sogar mit bequemen, großen Steinplatten ausgelegt. Wir klettern hinauf bis zu den höchsten Zinnen der **Burg** *(Castelo, täglich 9:00–21:00 Uhr, 1,50 €)* und lassen unseren Blick weit in die Runde schweifen: Nach Norden bis zur fernen Serra da Estrela und nach Süden zum Gipfel São Mamede. Faszinierend ist auch ein Blick in die Tiefe in der großen **Zisterne**, gleich hinter dem Burgeingang gelegen.

Auf dem Weg in die Nachbarstadt Castelo de Vide empfiehlt sich ein Umweg: ***Beirã besitzt einen wunderschönen, 1880 eingeweihten Bahnhof*** *(Estação,* N 39°26'57" W 07°22'06"). Und hier wurden die nicht mehr genutzten Gleise einmal anders wiederbelebt – auf **Draisinen** kann man die alte Bahnstrecke entlangstrampeln und die Traumlandschaft in sich aufsaugen, entweder auf einer 15 Kilometer langen Strecke *(2,5 Stunden, 20 € pro Person)* oder 32 Kilometer in fünf Stunden *(45 €, www.railbike-marvao.com, Tel. 00351 912 987639)*.

Ganz in der Nähe findet man gleich drei Campingplätze:

004 Santo António das Areias – *Camping Asseiceira*

GPS/Kontakt: N 39°24'36" W 07°20'27", www.campingasseiceira.com. **Öffnungszeit**: 01. Jan.-31. Okt. **Ausstattung**: Kleiner Pool, keine Grauwasserentsorgung. **Beschreibung**: Kleiner, ruhiger Platz in einem Olivenhain (nur für WOMOs bis ca. 7,50 m geeignet). Außerorts gelegen, Dorf fußläufig (ca. 700 m). **Preis**: 21–25 €. **Zufahrt**: In Santo António das Areias ausgeschildert.

005 Beirã-Marvão – *Campscape*

GPS/Kontakt: N 39°25'39" W 07°23'07", campscapebeiramarvao.com. **Öffnungszeit**: 15. Jan.–31. Okt. **Ausstattung**: Kleiner Salzwasserpool, Kiosk/Bar. **Beschreibung**: Wunderschöner Platz in einem Olivenhain, blitzsauber und absolut friedlich, es gibt Esel und Hühner. Außerorts, einsam und ruhig mitten in herrlicher Umgebung gelegen. **Preis**: 21 €. **Zufahrt**: Zwischen Beirã und Castelo de Vide an der M524. **Hinweis**: Ein ganz besonderer Ort mit liebenswerten Gastgebern, für uns einer der schönsten Plätze in Portugal. Mindestalter 16 Jahre, Mindestaufenthalt 2 Nächte, nur für WOMOs bis 7,00 m.

006 Für **FKK**-Anhänger gibt es den ***Camping Quinta do Maral***, www.quintadomaral.com, **GPS**: N 39°24'49" W 07°22'32".

Castelo de Vide (3.100 Einwohner)

Die Kleinstadt ist zwar nicht so berühmt wie Marvão, aber ebenfalls unbedingt einen Besuch wert. Und auch hier gilt: *Das Zentrum ist nicht WOMO-geeignet, Sie würden vermutlich schon im Stadttor stecken bleiben!* Wir empfehlen Ihnen, von Osten kommend die Stadt gegen den Uhrzeigersinn zu umrunden. Bereits nach wenigen Metern stehen rechts einige schattige **Parkplätze für kurze Fahrzeuge** zur Verfügung (N 39°25'02" W 07°27'14"). Einen **Picknickplatz** unterhalb der Burg mit tollem Weitblick ins Alentejo und etwas mehr Platz findet man etwa 700 Meter weiter (N 39°25'11" W 07°27'37"). Wir folgen der Straße auf der Westseite der Stadt bergab, bis wir in einer Spitzkurve auf die N246-1 treffen, dort halten wir uns nach links bergauf. Nach 260 Metern biegen wir nach rechts ab (Richtung *Hotel Sol e Serra*). Vorbei am Schwimmbad *(Piscina)* rollen wir hinter den Busparkplätzen rechts bergab und nutzen zwischen der städtischen Sporthalle und dem Friedhof einen ruhigen, gepflasterten Parkplatz.

007 Castelo de Vide – N 39°24'37" W 07°26'58"

Geht man zurück bis zur Kreuzung beim Park und marschiert dann geradeaus weiter, so kommt man zum *Praça de Dom Pedro V.* mit dem Denkmal eben jenes fünften Pedro. Vorbei an der mächtigen **Barockkirche Santa Maria** steigen wir durch Gässchen hinauf zum **Castelo** (alles ist beschildert). Oben muss man

TOUR 1

sich entscheiden zwischen dem mittelalterlichen Viertel innerhalb der Mauern und der eigentlichen Burg, in der man bis zu den Zinnen hinaufsteigen kann. Dann durchstreifen wir die blumengeschmückten Gässchen der **Judiaria**, des ehemaligen jüdischen Viertels zu Füßen der Burg. Dabei passieren wir auch die **alte Synagoge**, die heute als kleines Museum dient *(täglich 9:00–13:00 und 15:00–18:00 Uhr, im Winter 14:00–17:00 Uhr)*. Schlendert man bergab, so gelangt man zum überdachten **Renaissancebrunnen Fonte da Vila** mit den Wappen Portugals und der Stadt sowie Adam und Eva auf der vierkantigen Marmorsäule.

Der Dorfbrunnen im alten jüdischen Viertel

Vom Bergrücken gegenüber wollen wir noch einen letzten Blick auf das entzückende Castelo de Vide werfen. Wir gehen und zurück zum WOMO und biegen beim Kreisverkehr im Südosten der Stadt bergauf Richtung **Senhora da Penha**.

Ein Bummel durch Castelo de Vide bietet immer wieder tolle Blicke

Entzückendes Städtchen in Traumlage: Castelo de Vide

Vorbei an zwei grandiosen Aussichtspunkten erreichen wir nach 3,2 Kilometern einen einsamen, schattigen **Picknickplatz mit Brunnen** unterhalb der Kapelle aus dem 16. Jahrhundert (N 39°24'36" W 07°27'56). Der Blick schweift weit ins Land und wer möchte (und Erfahrung sowie das notwendige Material mitbringt) kann hier sogar einen einfachen **Klettersteig** *(Via Ferrata)* in Angriff nehmen!

Geradeaus weiter gelangt man bergab wieder auf die N246-1, wo wir uns nach links wenden. Gleich darauf sprudelt aus der **Fonte Nova** köstliches Nass aus doppeltem Rohr. *Dem Andrang und dem Geschmack nach zu urteilen ist diese Quelle die beste Wasserzapfstelle der ganzen Region!*

Schon beim nächsten Abzweig weist ein Schild nach rechts zum **Barragem da Póvoa**, dem ersten von zahlreichen Stauseen, die wir im Alentejo noch besuchen werden. Nicht alle sind badetauglich, also nichts wie hin! Stattdessen weiter geradeaus und dann links liegt ein weiterer Campingplatz:

008 Castelo de Vide – *Quinta do Pomarinho*

GPS/Kontakt: N 39°24'02" W 07°29'10", Tel. 00351 965 755341, www.pomarinho.com. **Öffnungszeit**: Ganzjährig. **Ausstattung**: Kleiner Pool, Snackbar, Trockner. **Beschreibung**: Hübscher, naturnaher Platz. Außerorts, westlich von Castelo de Vide gelegen. **Preis**: 25 € (einschl. Strom). **Zufahrt**: Südlich von Castelo de Vide, 200 m neben der N246 gelegen. **Hinweis**: Wir kennen den Platz nicht, er wurde jedoch von Lesern hochgelobt. Mindestaufenthalt 2 Nächte.

In dieser steinigen Gegend mit den vielen knorzigen Bäumen kann man zahlreiche steinzeitliche Kultstätten entdecken. Den ersten einer ganzen Menge von Dolmen bewundern wir 350 Meter vor dem Abzweig zum Camping rechts, den **Anta do Sobral**.

TOUR 1

Menhir, Cromeleque, Anta, usw.

Unter dem Sammelbegriff Megalithanlagen werden Grab- und Kultanlagen, die vermutlich religiösen Zwecken dienten, zusammengefasst. Dafür wurden ein oder mehrere große, meist unbehauene Steinblöcke als Bausteine verwendet und einzeln oder in Gruppen aufgerichtet. Einzeln stehende bezeichnet man als **Menhir** *(Menir)*, im Kreis stehende als **Cromlech** *(Cromeleque)*. Anlagen, bei denen mehrere aufrecht stehende Tragsteine mit einer aufgelegte Platte abdeckt werden, heißen **Dolmen** *(Anta)*.

Errichtet wurden sie in der Jungsteinzeit, also vor ca. 6.500 Jahren. Und bis heute gibt es keine schlüssige Erklärung dafür, warum damals fast zeitgleich ähnliche Anlagen auch ganz im Norden und im Osten Europas entstanden sind. Fragen kann man ja niemanden mehr...

Faszinierend und erstaunlich ist die Art und Weise, wie die Steinzeitmenschen es schafften, die teils tonnenschweren Anlagen zu errichten: Mit Keilen und Äxten wurden von Felsen einzelne Blöcke abgespalten, die dann auf Rollhölzern mittels Seilen zum Aufstellort gezerrt wurden. Dort wurde der Block in eine vorbereitete Kuhle geschoben und aufgerichtet. Wollte man einen Anta erbauen, so stellte man mehrere Blöcke im Kreis, füllte anschließend den Raum in der Mitte mit Erde auf und böschte die Seiten an. So konnte man eine Deckplatte auf diesen künstlichen Hügel hinauf transportieren, dort auf den Tragsteinen platzieren und anschließend die Erde innen und außen wieder wegbuddeln.

Jetzt aber endlich auf zum Stausee! 9,7 Kilometer geht es nach Norden, bevor wir nach links auf ein kleines Sträßchen abbiegen. Wir erreichen den See am nordwestlichen Ende, inmitten einer fast mystischen Landschaft. Bei unserem letzten Besuch erschien uns die Wasserqualität aber leider nicht mehr badetauglich...

009 Albufeira da Póvoa e Meadas

GPS: N 39°29'02" W 07°32'51". **Max. WOMOs**: 14. **Ausstattung**: Ver- und Entsorgung, Strom, WC, Dusche (kalt), Picknickbänke, Spüle am Strand. **Beschreibung**: Gepflasterter, schattenloser Platz, leider nicht ganz eben. Eingezäunt mit Zufahrtsschranke, Platz sauber, Sanitärtrakt jedoch leider nicht. Außerorts und ruhig, direkt am Seeufer gelegen.

Preis: 4 € (einschl. Strom). **Zufahrt**: An der westlichen Uferstraße, ca. 650 m nördlich der Staumauer. **Hinweis**: Für den Zugang ist eine umständliche und nervtötende Registrierung unter outdoor-routes.pt notwendig, wobei Sie sich durch einige Fragen bis hin zur portugiesischen Steuernummer (da Sie diese vermutlich nicht haben: Geben Sie einfach irgendeine Zahlenkombination an!) quälen müssen...Zahlung nur mit Kreditkarte möglich!

Willkommene Erfrischung im Alentejo: Der Albufeira da Póvoa e Meadas

Die Straße führt über die Staumauer, dann geht es weiter durch die malerische Granitfelsenlandschaft. Beim **Chafurdão Vale de Cales** legen wir einen Stopp ein (N 39°28'02" W 07°33'25"). *Die runde Steinhütte diente einst Bauern oder Hirten als Unterschlupf und ist komplett als Traggewölbe aus Trockenmauerwerk, also gänzlich ohne Mörtel, errichtet*. Auf den ersten Blick meinen wir, ein frühgeschichtliches Bauwerk vor uns zu haben. Erstaunlicherweise ist die Rundhütte jedoch gar nicht so alt, die älteste ihrer Art wurde auf das Jahr 1733 datiert.

Schließlich landen wir wieder auf der N246 und setzen unsere Fahrt nach Westen fort. Im Sommer ist die Landschaft einfach nur braun und ausgetrocknet, lediglich genügsame Korkeichen gedeihen hier.

Hirtenunterstand: Chafurdão

TOUR 1

Am Ortseingang von Alpalhão rechts kann man in der ***Salsicharia Alpalhoense*** neben regionalen Wurstprodukten auch Käse und Olivenöl erwerben *(Mo.–Sa. 8:30–12:00 und 13:00–18:00 Uhr)*.

Der Kühlschrank ist voll, uns ist heiß – was liegt da näher, als eine weitere Badestelle in Augenschein zu nehmen? Zunächst folgen wir der Ausschilderung Richtung Lisboa und rollen auf der IP2 rasch dahin. Aber bereits nach 10,5 Kilometern verlassen wir die Schnellstraße wieder.

010 Comenda – Praia Fluvial da Ribeira da Venda

GPS: N 39°24'53" W 07°47'57". **Max. WOMOs**: 3. **Ausstattung**: WC, Spülbecken, Außenduschen, Flachwasser-Pool, Liegewiese, Picknickbänke, Café/Restaurant, Spielplatz. Rundwanderweg (17 km). **Beschreibung**: Eingezäuntes Freizeitgelände in kleinem, schattigem Flusstal, außerorts gelegen. **Zufahrt**: An der M1138 zwischen Comenda und Gavião. **Hinweis**: Das Freizeitgelände hat zwar auch einen Parkplatz, dieser ist aber nur eingeschränkt WOMO-geeignet, wir empfehlen daher das Parken auf der anderen »Flussseite«.

Zurück in Comenda biegen wir rechts ab Richtung Crato. Ganz in der Nähe, östlich von Aldeia da Mata, steht einer der beeindruckendsten Dolmen der Umgebung. Rechts geht es durch ein grünes Eisentor, das man, ebenso wie das folgende Viehgatter, nach der Durchfahrt wegen der weidenden Kühe wieder hinter sich schließt. Knapp 700 Meter führt ein ziemlich ausgefahrener Erdweg auf den Hügel direkt bis zum großen **Anta do Tapadão** (N 39°18'04" W 07°42'39"). Acht schuppenförmig aneinandergestellte Steinplatten tragen den nahezu kreisrunden Schlussstein. Ein steinflankierter Zugang führt zu der kleinen Öffnung in der Grabkammer. Da eine der Steinplatten abgebrochen ist, kann man bequem ins Innere schauen.

Anta do Tapadão

Das Castelo in Alter do Chão

Folgt man der Straße durch die pittoreske Granitfelsenlandschaft weiter und biegt kurz vor Crato nach links, so gelangt man in ein Dörfchen mit dem hübschen Namen **Flor da Rosa** (Rosenblüte). Mittendrin findet sich dort die gleichnamige **Klosterfestung** aus dem 14. Jahrhundert. Das kompakte, wehrhaft hoch aufragende, spätgotische Bauwerk des ehemaligen Malteserordens beherbergt heute eine Pousada.

Wir folgen nun zuerst der N245, dann der IC13 (rechts) nach Süden.

Alter do Chão (2.000 Einwohner)

Im Ortskern ist (fast) alles in greifbarer Nähe: Die mittelalterliche, zinnengekrönte **Burgruine** liegt direkt am baumbestandenen schwarz-weiß gepflasterten Hauptplatz. Ursprünglich zu reinen Wohnzwecken errichtet, später dann als Gefängnis und bis ins letzte Jahrhundert hinein als Schmiede, Zimmerei, Scheune und Pferdestall genutzt, beherbergt sie heute ein **Museum** *(täglich außer Mo. 9:00–12:30 und 14:00–17:30 Uhr, 2 €)*. Rechts neben der Burg steht vor einem der Häuser ein repräsentativer **Marmorbrunnen**. Das Sträßchen rechts neben dem Brunnen führt zu einem kleinen Platz mit dem spiralförmig verschlungenen **Pelourinho** (Schandpfahl). Geht man die Straße links neben der Burg entlang, so gelangt man zur **Markthalle** *(Mercado Municipal)*.

Sind Ihnen die zahlreichen Pferde in Stein oder auf Schildern im Ort aufgefallen? *Drei Kilometer außerhalb von Alter liegt die eigentliche Attraktion des Ortes, ein berühmtes* ***Gestüt****, zu dem zahlreiche Schilder weisen* (N 39°13'19" W 07°41'12").

Coudelaria de Alter (Lusitaner-Gestüt)

7:30–20:00 Uhr, am Wochenende 10:00–18:00 Uhr. Geführter Rundgang täglich außer Mo. 11:00 und 15:00 Uhr (7,50 €, Dauer 1,5 Std.). Nach Voranmeldung kann man auch Reitstunden und Ausritte buchen.

Auf dem Gestüt, das bereits 1748 von König João V. gegründet wurde, fühlt man sich wie auf einer reichen Herdade: Eine herrschaftliche Allee führt zum riesigen Gutshof, der ziemlich ausgestorben daliegt. Das dreiflüglige Gebäude zur Linken ist der **Hengststall**, das Haus in der Mitte beherbergt das Büro *(Mo.–Fr. 9:30–12:30 und 14:00–17:30 Uhr)* und eine kleine Ausstellung, zu der auch eine Kutschensammlung gehört.

Wir kehren zurück zur IC13, die in die N369 übergeht und schwenken zwecks eines kleinen Abstechers in Richtung Ponte de Sor ein – eine sehenswerte Römerbrücke gilt es zu entdecken. Ein kleines braunes Schild weist nach 2,4 Kilometern an einer völlig überdimensionierten Abzweigung nach links zur **Ponte Romana de Vila Formosa**. *Die sechsbogige Brücke aus dem 2. Jahrhundert befindet sich in ausgesprochen schöner Lage* – wäre die nahe N369 nicht, könnte man gar von malerisch sprechen. Der kleine Parkplatz (für WOMOs bis 3,5 Tonnen, schwerere Fahrzeuge können davor stehen) mit Picknickbänken bietet Platz für zwei Fahrzeuge.

011 Ponte Romana – N 39°12'52" W 07°47'01"

Zurück an der Verzweigung biegen wir nun nach rechts auf die N370 (Avis). In der hügeligen Landschaft werden Oliven wie Spalierobst gezogen. Die Bäumchen stehen in kerzengeraden Reihen, so wird Kultur- zu Agrarlandschaft...

Unser Ziel ist der **Albufeira do Maranhão**, dessen erste Ausläufer wir bald erreichen. Vor der ersten Brücke über einen Seitenarm des Sees sichten wir rechts am Ufer die hübsche kleine, blauweiße **Pilgerkirche Nossa Senhora d´Entre Águas** (N 39°07'02" W 07°52'07"), wo man im Baumschatten schön picknicken kann.

Mosteiro de São Bento in Avis

Avis (1.600 Einwohner)

Noch vor der nächsten Brücke erspähen wir die ersten Häuser auf dem gegenüberliegenden Hügel. *In dem einst so bedeutenden Städtchen, Sitz des Ritterordens von Avis, wurde König João der Erste 1385 als erster der Dynastie des Hauses Avis gekrönt*. Nur zum Durchfahren wäre die Kleinstadt zu schade, die Zeit für einen kleinen Bummel durch die Gassen muss man sich nehmen.

Umgeben von Stadtmauern thront das historische Zentrum, das größtenteils unter Denkmalschutz steht, oben auf dem Hügel. Parkmöglichkeiten gibt es am Hauptplatz, unmittelbar hinter dem hohen Stadttor. Links neben dem **Rathaus** (*Câmara Municipal*, mit öffentlichem WC) steht das **Mosteiro de São Bento**, das heute ein Museum beheimatet. Avis wirkt an diesem Sonntag wie ausgestorben. *Die Landflucht, von der große Teile des Alentejo betroffen sind, zeigt sich an den vielen zum Verkauf stehenden Häusern und dem schlechten Zustand vieler Gebäude*. Trotzdem bieten sich überall in der Altstadt malerische Winkel und weite Blicke ins Umland. Der **Campingplatz** am See hatte bei unserem letzten Besuch geschlossen, aber beim Baden oder Picknicken kann man immer noch reichlich alentejanische Beschaulichkeit am Ufer genießen (N 39°03'25" W 07°54'43").

TOUR 1

Wir verlassen Avis auf der N370, die sich nun weit vom Ufer entfernt. Schließlich folgen wir dem orangefarbenen Wegweiser nach rechts und genießen noch einmal den schönen Blick zurück auf den geschichtsträchtigen Ort. Nach 4,5 Kilometern rumpeln wir über die Staumauer des Sees (schlechte Fahrbahn). Gleich dahinter liegt ein schöner Rastplatz mit einer Palme in der Mitte.

012 Albufeira do Maranhão

GPS: N 39°00'57" W 07°58'25". **Max. WOMOs**: 2. **Ausstattung**: Keine. **Beschreibung**: Unbefestigtes, hübsches Plätzchen unter Zypressen, direkt am Seeufer neben dem Fahrweg (Sackgasse), einsam. **Zufahrt**: Der Ausschilderung zum Barragem do Maranhão folgen, nach der Staumauer noch 300 m.

Nach einer ungestörten Nacht setzen wir unsere Fahrt auf der N370 fort. Kurz nachdem wir die Ponte da Tera überquert haben, erreichen wir **Pavia** und folgen dort der braunen Ausschilderung zur **Altstadt** *(Centro Histórico)*. Für große WOMOs ist es schwierig, einen Parkplatz im Dorf zu finden. Alle unter 3,5 Tonnen können 170 Meter nach der Kreuzung mit der Kapelle rechts schwenken und dort am Straßenrand parken (N 38°53'36" W 08°01'10"), zu Fuß ist es nicht mehr weit. Wir marschieren zum nächsten Kreisverkehr und dort links in den Ort. Neben dem kleinen Platz bei der Kirche steht der **Anta von Pavia**, ein heidnisch-christliches Unikat: *Ein Riesendolmen aus dem 4. – 3. Jahrtausend v. Chr. wurde – welch Bestimmungswandel – im 17. Jahrhundert zu einer Kapelle umgebaut!*

Von Pavia aus rollen wir weiter auf der N251 Richtung Coruche. Nach 6,7 Kilometern weist ein blaues Schild zum **Fluviário de Mora**, daneben ist ein Fisch abgebildet. Die Neugierde siegt und der nächste Abstecher ruft.

Unmittelbar vor der Brücke über den Raia bietet sich rechts unter Bäumen am Flussufer die Gelegenheit für ein **Picknick** (N 38°56'28" W 08°03'30"). Nachdem wir Cabeção im Zickzack durchquert haben, kommen wir unserem geheimnisvollen Ziel näher. Vielleicht fragen Sie sich nun ja auch, was ein Fluviário eigentlich sein soll? Ein Ozeanarium auf Flussbasis, ein gigantisches Süßwasser-Aquarium? Jedenfalls erwartet uns nicht nur eine zoologische Rarität, die dem Besucher die Tierwelt der portugiesischen Flüsse von der Quelle bis zum Meeresuferbereich lebendig, aber leider nur mit Erläuterungen auf Portugiesisch, präsentiert *(täglich 10:00–18:30 Uhr, im Winter bis 17:00 Uhr, 7 €)*, sondern auch der **Parque Ecológico do Gameiro**. Dieser bietet Bar, Flussbadestelle, WC, einen schattigen Picknickplatz und jede Menge Möglichkeiten zum Austoben für große und kleine Kinder (Spielplatz, Sand-Spielfeld, Abenteuerpark). Außerdem kann man auf einem 5,5 Kilometer langen Rundweg, teilweise auf Holzstegen, am idyllischen Rio Raia entlangwandern. Der zugehörige Campingplatz ist 2023 leider geschlossen, aber man kann auf dem Parkplatz nebenan offiziell stehen.

013 Parque do Gameiro – N 38°57'14" W 08°06'27"

Wir können der Versuchung nicht widerstehen, auch den nächsten Stausee zu erkunden. Die Gegend ist unfassbar sandig, hier kann wirklich gar nichts mehr angebaut werden. Als wir einen kleinen Flughafen passieren fragen wir uns, wozu dieser hier in dieser abgelegenen Gegend wohl dient. Allzu oft scheint er jedenfalls nicht genutzt zu werden, es wächst bereits Gras in den Fugen der Startbahn. Irgendwann tauchen in der Einsamkeit ein paar Häuser auf – und der nächste See! *Dieser ist am Südufer allerdings schwer zugänglich, der erste Sandweg gleich nach der Tankstelle rechts ist ziemlich ausgewaschen*. Bis zum Ufer sind es allerdings auch nur etwa 300 Meter, daher kann man auch unmittelbar vor der Staumauer rechts parken (N 39°03'13" W 08°10'19"), die Badesachen einpacken und zu Fuß ans Wasser marschieren. Zum Übernachten müssen Sie noch 6,5 Kilometer nach Norden in Kauf nehmen.

Einer der vielen Stauseen im Alentejo: Albufeira de Montargil

014 Montargil – *Camping Orbitur*

GPS/Kontakt: N 39°06'02" W 08°08'40", Tel. 00351 242 901207, www.orbitur.pt. **Öffnungszeit**: Ganzjährig. **Ausstattung**: Pool, Bar, Restaurant, Minimarkt. **Beschreibung**: Schöner, aber ziemlich unpersönlicher Platz mit vielen Schattenbäumen und tollem Badestrand nebenan (Praia Fluvial do Pintadinho). Außerorts, zwischen Nationalstraße und Stausee gelegen. **Preis**: 14–28 €. **Zufahrt**: Nach der Staumauer rechts (auf der N2 Richtung Norden), hinter Montargil rechts. **Hinweis**: Im Sommer viele Jugendgruppen, es kann nachts laut werden.

Wir kehren zur Staumauer zurück, um uns dort Richtung Südwesten nach Coruche/Couço einzuordnen. *Am Nordrand des fruchtbaren Sor-Tales rollen wir vom Alto Alentejo ins Ribatejo*. Unmittelbar nach der Brücke über den Sorraia (so heißt der Fluss nach dem Zusammenfließen von Sor und Raia) ist links am Flussufer ein hübscher Picknickplatz eingerichtet.

Igreja de Nossa Senhora do Castelo in Coruche

015 Parque de Merendas Ponte Joaquim Casanova N 38°59'41" W 08°17'13"

Familien mit Kindern empfehlen wir den Picknickplatz im Dorf:

016 Couço

GPS: N 38°59'18" W 08°17'22". **Max. WOMOs**: 2. **Ausstattung**: Brunnen, Picknickbänke, Spielplatz. **Beschreibung**: Rund angelegter Picknickplatz mit Parkbuchten, Schattenbäume. Am westlichen Dorfrand gelegen, ruhig, Gaststätten fußläufig. **Zufahrt**: Von Norden kommend rechts auf die N251, dann 1. Straße links in den Ort abbiegen. Beim Stoppschild rechts (Richtung Coruche), nach 150 m links.

Coruche bietet weite Blicke in das Tal des Sorraia

Die stark befahrene N251 führt uns nun durch fruchtbares Schwemmland. *Tabak- und Reisfelder, Mais- und Tomatenplantagen wechseln sich ab, aber ohne künstliche Bewässerung würde hier nichts oder nur wenig gedeihen*. Die Straße, auf der wir nach rechts abbiegen, braucht fünf Metallgitterbrücken, bis sie alle Arme des Rio Sorraia überquert hat, dann erreichen wir unser nächstes Ziel.

017 Coruche – Parque de Mercados

GPS: N 38°57'41" W 08°31'10". **Max. WOMOs**: 50. **Öffnungszeit**: Ganzjährig. **Ausstattung**: Ver- und Entsorgung, Strom, WC (beim Busbahnhof), Supermarkt nebenan. **Beschreibung**: Asphaltierter/gepflasterter, umzäunter Platz, riesig, schatten- und seelenlos. Meistens gut besucht, da alles umsonst ist. Am südöstlichen Ortsrand, gegenüber dem Busbahnhof gelegen. **Zufahrt**: In Coruche rechts, vorbei an der Stierkampfarena, dann der Ausschilderung Parque de Mercados folgen. **Hinweis**: Wenn der Platz an Markt- und Messetagen nicht nutzbar ist, kann man es hinter der Stierkampfarena versuchen (N 38°57'29" W 08°31'16").

Typisch Alentejo: Weiß gekalktes Haus mit bunt eingefassten Öffnungen

Coruche (5.000 Einwohner)

Am Ufer des Rio Sorraia findet man einen Park mit Spielplatz, den Skaterpark und den Praia Fluvial sowie die obligatorische **Stierkampfarena**. Jede Gemeinde im Ribatejo schmückt sich mit solch einer Arena und an deren Größe lässt sich ermessen, welch hohen Stellenwert dieses Spektakel hat. Nicht umsonst werden in diesen weiten Ebenen auch so viele Rinder und Pferde gezüchtet. Corruche trägt die Stiere übrigens sogar in seinem Stadtwappen.

Schwenkt man hinter der Flussbrücke links und nach 800 Meter rechts (Richtung Santarém), so gelangt man nach weiteren 500 Metern rechts hinauf zur **Kirche Nossa Senhora do Castelo** (N 38°57'33" W 08°31'41"). Hier warten nicht nur ebene, schattige Parkplätze auf uns, sondern auch ein WC und ein Wasserhahn. *Die Aussichtsterrasse vor der Wallfahrtskirche bietet zudem einen herrlichen Blick über Coruche und weit hinein ins Ribatejo.*

Lange haben wir überlegt, ob wir auch in diesem WOMO-Buch Lisboa aufnehmen sollen. Für uns haben wir eigentlich als Grenze zwischen Portugal-Nord und Portugal-Süd den Rio Tejo festgelegt. Aber vermutlich geht es Ihnen wie den meisten Touristen, die das Land zum ersten Mal besuchen – die Hauptstadt ist ein Muss. Gerade jetzt, wo man doch schon so nah dran ist... Und da man von Vila Franca de Xira aus ganz unkompliziert einen Ausflug nach Lissabon unternehmen kann, kann das nur heißen: Auf geht´s, lassen Sie uns also den Tejo nach Norden überqueren!

Wir fahren von Coruche aus nochmals nach Süden und biegen dann wieder auf die N119 Richtung Westen. Kurz darauf verlassen wir das fruchtbare Sorraia-Tal. Nach und nach gewöhnen wir uns an ein völlig verändertes Landschaftsbild: Auf sanft gewelltem, sandigem Boden wachsen in unregelmäßigen Abständen nur noch Korkeichen und Schirmpinien. Fast durchgehend ist das Land beidseitig der Straße eingezäunt, es wird als Weide für große Rinderherden genutzt. Hier werden die Bullen gezüchtet, die dann irgendwann bei einer Corrida einem edel gewandeten Stierkämpfer hoch zu Ross gegenüberstehen. Immerhin verlassen sie die Arena auch wieder lebendig...

Wer im Sommer unterwegs ist, wird das Tal des Rio Almansor in leuchtendem Grün erleben. *Es sind Reisfelder, die den Augen in dieser ausgedörrten Gegend solchen Genuss bieten.*

Wir biegen nach rechts auf die N10 und spätestens jetzt bekommen wir einen Eindruck davon, dass es auch in Portugal richtig viel Verkehr geben kann. Zweifellos nähern wir uns allmählich der Großstadt.

Uns fällt auf, dass zur Straße hin stets ein breiter Streifen umgepflügt und somit frei von Bewuchs ist. Diese Brandschutzmaßnahme soll das Übergreifen von Feuer verhindern und wird tatsächlich fast überall im Alentejo (und Ribatejo) umgesetzt.

Hinter Porto Alto treffen wir auf das fruchtbare Schwemmland des Tejo. Reis und Mais wechseln sich ab, an Straßenständen wird Obst und Gemüse verkauft. Rasch erreichen wir die Brücke über den Tejo, die uns nach **Vila Franca de Xira** (16.300 Einwohner) bringt. Hier wollen wir auf dem Campingplatz den heutigen Tag beenden und früh ins Bett gehen, damit wir morgen fit sind für unseren Ausflug. Das WOMO bleibt stehen, nach Lisboa fahren wir mit dem Zug! Wie das funktioniert, bekommen Sie an der Rezeption des Campingplatzes erklärt, einschließlich Plan mit Wegbeschreibung zum Bahnhof und Fahrplan! Oder Sie lesen weiter in Tour 2.

018 Vila Franca de Xira – *Parque Municipal de Campismo*

GPS/Kontakt: N 38°57'52" W 08°59'11", Tel. 00351 263 278680.
Öffnungszeit: 02. Jan.–30. Nov. **Ausstattung**: Campingplatzüblich.
Beschreibung: Einfacher, aber sauberer Platz. Für WOMOs Stellplatzatmosphäre: Dicht-an-dicht auf dem alten, schattenlosen Sportfeld. Am nördlichen Stadtrand gelegen, Autobahn in Hörweite (nicht störend), Hallenbad nebenan. **Preis**: 12–19 €. **Zufahrt**: In Vila Franca gleich bei der 1. Kreuzung rechts, dann der Beschilderung folgen.

Tour 2

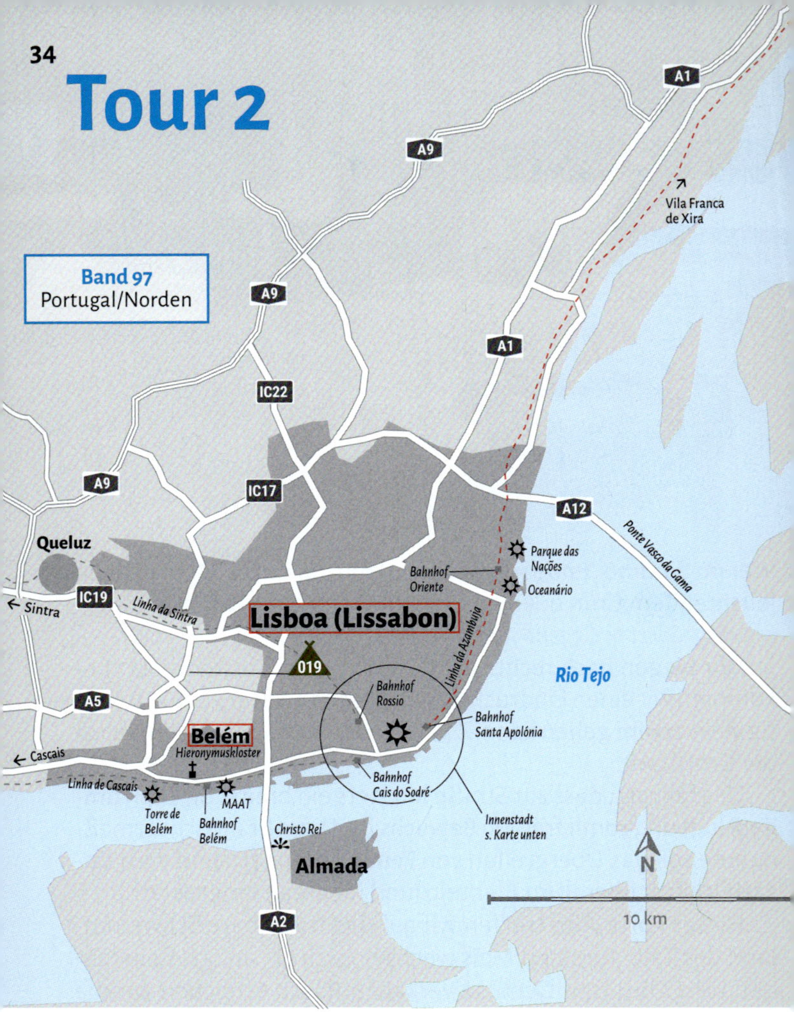
Band 97
Portugal/Norden
A1
A9
Vila Franca de Xira
IC22
IC17
A12
Ponte Vasco da Gama
Queluz
IC19
← Sintra
Linha da Sintra
Parque das Nações
Bahnhof Oriente
Oceanário
Lisboa (Lissabon)
019
Linha da Azambuja
Rio Tejo
Bahnhof Rossio
A5
Bahnhof Santa Apolónia
Belém
Hieronymuskloster
← Cascais
Linha de Cascais
MAAT
Bahnhof Cais do Sodré
Torre de Belém
Bahnhof Belém
Christo Rei
Innenstadt s. Karte unten
Almada
N
A2
10 km

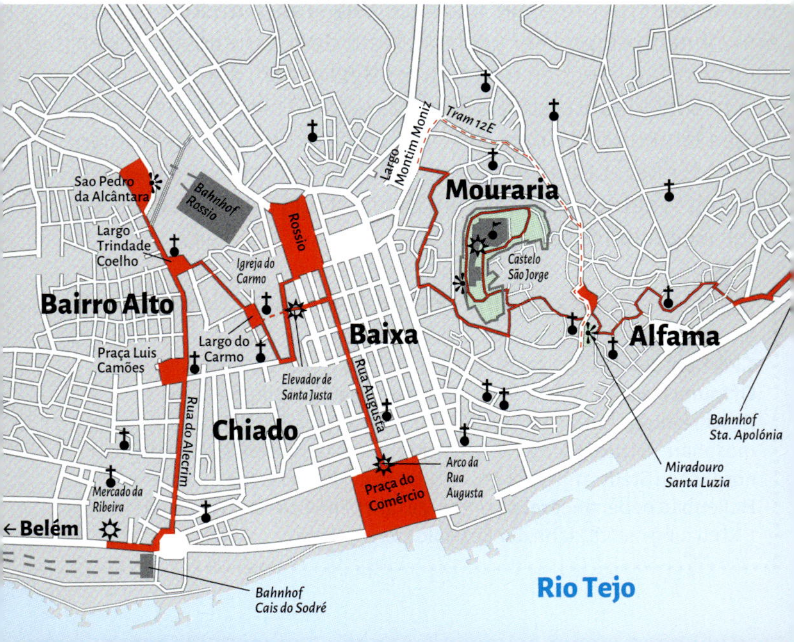
Tram 12E
Largo Montim Moniz
Sao Pedro da Alcântara
Bahnhof Rossio
Rossio
Mouraria
Largo Trindade Coelho
Igreja do Carmo
Castelo São Jorge
Bairro Alto
Baixa
Alfama
Largo do Carmo
Praça Luis Camões
Elevador de Santa Justa
Rua Augusta
Rua do Alecrim
Chiado
Bahnhof Sta. Apolónia
Arco da Rua Augusta
Miradouro Santa Luzia
Praça do Comércio
Mercado da Ribeira
← Belém
Bahnhof Cais do Sodré
Rio Tejo

Unterwegs in der Hauptstadt Lisboa/Lissabon

Auch bei der Reise durch Portugals Süden darf man eine der schönsten Hauptstädte Europas natürlich nicht auslassen. Da Lisboa aber wahrscheinlich der meistbesuchte Ort des Landes ist, fragen Sie sich vermutlich, wie sich das mit dem Wohnmobil bewerkstelligen lässt? Lassen Sie sich erklären, wie Sie die Stadt von Vila Franca de Xira aus besuchen können. Meine Empfehlungen für Sie:

- **Miradouro São Pedro da Alcântara (Bairro Alto)**
- **Einkaufsbummel im Chiado**
- ***Quake* in Belém**
- **Spaziergang am Tejoufer in Belém**
- **Besuch des *Oceanário***

Lisboa (560.000 Einwohner)

Großstädte sind schon mit dem Auto anstrengend, mit dem WOMO können sie zur Qual werden. Einen Parkplatz werden Sie in der Innenstadt von Lisboa wahrscheinlich nicht finden, warum also nicht gleich entspannt mit dem Zug anreisen?

Einmal Lisboa und zurück

Vom Campingplatz in **Vila Franca de Xira** (wo Sie an der Rezeption eine Wegbeschreibung bekommen) geht es zu Fuß ganz gemütlich in etwa 20 Minuten zum Bahnhof. Dort kann man am Schalter beispielsweise eine **Viva-Viagem-Chipkarte** (siehe auch Seite 36) erwerben, auf die sowohl die Zugfahrt hin und zurück als auch ein 24-Stunden-Ticket geladen werden kann. Das kostet insgesamt 10,80 Euro (gültig für Vorortzüge, Bus, Tram, Metro und Aufzüge in Lisboa) zuzüglich 0,50 Euro für die Karte. Natürlich kann man auch nur die Zugtickets hin und zurück kaufen (6,70 €) oder auf eine Viva-Viagem-Karte lediglich ein paar Einzelfahrten laden. **Nicht vergessen:** Vor jeder Fahrt muss die Karte elektronisch entwertet werden, also auch, bevor man in den Zug steigt! In Vila Franca de Xira steht der Entwertungskasten im Gebäude an der Ausgangstür zu den Bahnsteigen, in Lisboa am Bahnhof am Anfang der Bahnsteige. Der Zug (**Linha da Azambuja**) fährt zwei- bis dreimal stündlich und bis spät in die Nacht (in beide Richtungen), die einfache Fahrt dauert etwa 35 Minuten (bis Bahnhof Santa Apolónia). Die **Lisboa Card** kann man nicht in Vila Franca de Xira kaufen!

Hinweis: Hundebesitzer müssen auf öffentliche Verkehrsmittel verzichten, Haustiere dürfen nicht mit einsteigen! In diesem Fall empfehlen wir Taxi oder Uber (-Pet). Überlegen Sie, ob Sie mit Hund doch besser den Campingplatz in Lisboa (Seite 43) ansteuern. Innerhalb der Stadt können Sie weitere Entfernungen dann auch mit den allgegenwärtigen Tuk-Tuks überbrücken (beispielsweise, wenn wir bei unserem Rundgang Metro oder Straßenbahn vorschlagen).

Wir haben uns einen Spaziergang durch die Innenstadt für Sie überlegt (siehe Karte Seite 34), wobei wir natürlich nicht allen Kirchen, Museen, Parks, Plätzen, Palästen, Burgen oder Aussichtspunkten gerecht werden können! »Spaziergang« ist dabei auch etwas untertrieben – wenn Sie tatsächlich alles ablaufen, wissen Sie am Abend, weshalb Ihnen die Füße wehtun.

Wir fahren also mit dem Zug bis zum **Bahnhof Santa Apolónia**. Wenn Sie Fragen haben, raten wir Ihnen, gleich hier am Bahnhof das **Touristen-Informations-Büro** aufzusuchen. Es heißt in Lisboa übrigens ASK ME LISBOA.

Im Bahnhof Santa Apolónia steigen wir in die *Metro Linha Azul* (Blaue Linie, Amadora Este), wechseln aber bereits in der Station Baixa-Chiado in die *Linha Verde* (Grüne Linie, Cais do Sodré).

Hier, am **Cais do Sodré**, schlagen wir zuerst einmal einen Imbiss vor. Dafür schlendern wir hinüber zum **Mercado da Ribeira**. Im Westflügel der alten Markthalle findet man zahlreiche verschiedene Essensstände und die Auswahl unter den vielen Leckereien fällt schwer – *von portugiesischen Spezialitäten über internationale Küche bis hin zu Fast Food ist hier alles vertreten (auch **Time Out Market** genannt, täglich 10:00–24:00 Uhr).*

Tickets für öffentliche Verkehrsmittel und Sehenswürdigkeiten

In Lisboa können Sie neben Bus, Tram und Metro auch mit Aufzug (z.B. Elevador de Santa Justa), Standseilbahn (z.B. Elevador da Glória) und historischen Straßenbahnen unterwegs sein (zusätzlich zu den diversen kommerziellen Touren). Wer bereits die **Viva-Viagem-Chipkarte** an. Diese kostet 0,50 Euro Grundpreis und kann dann beispielsweise mit einem 24-Stunden-Ticket (10,80 €) geladen werden. Eventuell haben Sie dieses Ticket ja schon für die Fahrt von Vila Franca de Xira hierher genutzt, ansonsten können Sie es an Automaten oder Kiosks erwerben (z.B. am *Cais do Sodré* oder am *Praça da Figueira*), *www.carris.pt*.

Noch bequemer hat es, wer sich eine **Lisboa-Card** leistet (für 24, 48 oder 72 Stunden; 22, 37 oder 46 €, erhältlich im Turismo oder im Internet) kann die oben aufgezählten Verkehrsmittel umsonst nutzen, außerdem auch nach Sintra oder Cascais mit dem Zug fahren, 26 Museen, Klöster oder Schlösser kostenlos besuchen und erhält auf andere Attraktionen, Touren u.ä. bis zu 50 Prozent Rabatt. Ein Blick auf *www.visitlisboa.com* hilft weiter.

So. Vormittag (bis 14:00 Uhr) gibt es übrigens freien Eintritt in einigen Museen und zu Sehenswürdigkeiten (teilweise aber nur für portugiesische Staatsangehörige), daher ist der Andrang dann meist noch größer.

Frisch gestärkt marschieren wir die *Rua do Alecrim* oder, ganz nach Lust und Laune, eine der Parallelstraßen bergauf und gelangen so geradewegs zum *Praça Luis Camões*. Eigentlich sind wir für dieses Stadtviertel viel zu früh dran, das quirlige **Bairro Alto** erwacht abends erst richtig zum Leben. Aber vielleicht hat der Eine oder Andere ja später noch einmal Lust, hierher zurück zu kehren? Wir möchten uns zuerst einmal einen Überblick verschaffen und folgen der *Rua da Misericórdia* bis zum *Largo Trindade Coelho*. Geht man hier geradeaus weiter, so kommt man zu einem kleinen Park. Am **Miradouro São Pedro da Alcântara** kann man sich wunderbar ausruhen und den fantastischen Ausblick nach Osten hinüber zum Castelo de São Jorge genießen.

Laut, voll, wunderbar– Tramfahren in Lisboa

Unterhalb befindet sich übrigens die »Bergstation« eines echten Kuriosums: Der **Elevador da Glória** ist eine Standseilbahn, die von der Baixa nach hier oben fährt. Zurück am *Largo Trindade Coelho* wenden wir uns an dessen Ende nach links und steigen in der kleinen Gasse die Treppe nach unten. Nach rechts führt eine schmale Straße geradewegs zum *Largo do Carmo*. An der Ostseite des baumbestandenen Platzes steht die Ruine der gotischen **Igreja do Carmo**, die zur Erinnerung an das Erdbeben von 1755 nicht wieder aufgebaut wurde. Hier ist heute das **Archäologische Museum** untergebracht *(täglich außer So. 10:00–19:00 Uhr, im Winter bis 18:00 Uhr, 5 €)*. Man könnte nun auch direkt auf den Stahlsteg des Aufzugs marschieren, aber dann würde man die sehenswerte Einkaufsstraße *Rua do Carmo* verpassen. Wir folgen also der

Straße rechts vor der Kirche, biegen dann zweimal links um die Ecke und geben uns dann große Mühe, nicht all zu viel Zeit in den Geschäften zu vertrödeln. Den weltberühmten Aufzug, dessen »Rückseite« wir hier passieren, lassen wir noch unbeachtet, wir werden ihn gleich noch von vorne sehen. Lieber bewundern wir die Fassaden mancher Läden hier im eleganten **Chiado**, etwa die der *Luvaria Ulisses* (Handschuhladen auf der linken Straßenseite) – Nostalgie pur.

Am Ende der Straße öffnet sich nach rechts der prächtige ***Rossio***. Mitten auf dem großen Platz im Norden der **Baixa** (Unterstadt) steht Pedro IV. auf einer 23 Meter hohen Marmorsäule, ringsum braust der Verkehr und ganz außen reihen sich die Straßencafés auf. Wir wenden uns nun nach rechts und bummeln durch die von Geschäften gesäumten, schachbrettartig angelegten Straßen bis hin zum berühmten **Elevador de Santa Justa** am westlichen Ende der gleichnamigen Straße. Hier war 1902 ein Schüler des berühmten Gustave Eiffel am Werk und hat den 45 Meter hohen Stahl-Aufzug, der die Unter- mit der Oberstadt (**Chiado** und **Bairro Alto**) verbindet, konstruiert.

Richtung Süden haben wir bereits den **Triumphbogen Arco da Rua Augusta** erspäht, der mit einer begehbaren Aussichtsplattform punkten kann *(täglich 10:00–19:00 Uhr, 3,50 €)*. Unmittelbar dahinter schließt sich der herrliche ***Praça do Comércio*** an, der sich nach Süden zum Tejo hin öffnet. Einsam und allein thront in der Mitte José I. auf seinem Pferd. Der Volksmund hat dem Platz übrigens einen passenderen Namen gegeben: ***Terreiro do Paço*** (»Palasthof« statt »Handelsplatz«).

Wer nun auch etwas Erholung zwischendurch braucht, taucht bei eben dieser Metrostation in die Tiefe und lässt sich zum *Largo Martim Moniz* bringen: *Linha Azul* (Blaue Linie, Amadora Este) und ab Baixa-Chiado in die *Linha Verde* (Grüne Linie, Telheiras).

Dort wollten wir einsteigen in die Tram 12E, die hier ihre Runde durch die **Mouraria** und die **Alfama**, den ältesten Stadtteil

Aufstieg in die Mouraria

Am Rossio ist zu jeder Jahreszeit viel los

Lisboas, startet. Wer gerne Schlange steht kann sich einreihen und dann im Uhrzeigersinn um den Burgberg herum bis zum **Miradouro Santa Luzia** rattern (etwa zwölf Minuten Fahrzeit). Wir kapitulieren vor den Menschenmassen und gehen zu Fuß.

In Lisboa gibt es übrigens nicht nur Aufzüge und Standseilbahnen, sondern auch Open-Air-Rolltreppen! Bequem kommt man so hinauf in die **Mouraria**, wo wir uns nach rechts wenden. Entlang der Straße reihen sich kleine Cafés und Bars auf, die sich für eine Pause förmlich aufdrängen. Und einen Laden mit schönen Keramikwaren, weshalb wir für den Rest des Tages eine schwere Tüte mit uns herumschleppen... Von nun an folgen wir der Beschilderung zum **Castelo de São Jorge** *(täglich 9:00–19:00 Uhr, 10 €)*. In der Festung kann man flanieren und sich unter schattigen Pinien ausruhen. Außerdem hat man von hier eine weite Aussicht über die Baixa zum Tejo mit der Ponte 25 de Abril und hinüber zum Chiado. *Nur zum Fotografieren ist die Tageszeit (Nachmittag) nicht mehr geeignet, dazu müsste man vormittags hierher kommen.*

Etwas tiefer, südöstlich des Castelo, besuchen wir noch den **Miradouro Santa Luzia** an der *Rua do Limoeiro*. Der romantische, blumengeschmückte Aussichtsplatz bietet einen grandiosen Blick auf die verschachtelte Altstadt und den Tejo. Ein paar Meter weiter links, der Straße nach oben folgend, befindet sich der *Largo das Portas do Sol*. Hier steigen wir rechts die Treppe hinab und erobern die **Alfama** durch schmale, steile Gässchen, unter vollen Wäscheleinen und zwischen spielenden Kindern und raufenden Katzen hindurch. Und das gemeinsam mit Touristen aus aller Welt, die verzweifelt auf der Suche nach ihrer Ferienwohnung, einen scheppernden Koffer in Handgepäckgröße hinter sich herzerrend, durch die Altstadt irren.

Gilt als einer der schönsten Plätze Europas: Praça do Comércio

Einen festen Weg möchten wir Ihnen hier gar nicht vorgeben, einfach nur herumzustreifen macht mehr Spaß! Solange Sie sich immer bergab halten, landen sie irgendwann am Tejo. Und links, hinter dem mächtigen ***Museu Militar***, liegt bereits der **Bahnhof Santa Apolónia**, von wo aus unser Zug zurück nach Vila Franca de Xira fährt. Auf dem Weg dorthin passieren wir zahlreiche kleine Restaurants und Tascas, die sich für das Abendessen anbieten. Aber natürlich kann man von hier aus zuerst auch noch einmal zurück nach Bairro Alto fahren und die Nacht zum Tag machen…

Vielleicht haben Sie nun einige berühmte Sehenswürdigkeiten Lisboas vermisst – etwa das Hieronymuskloster oder den Torre de Bélem. Dazu müssten Sie ganz in den Westen der Stadt fahren und das ist am gleichen Tag wie der vorbeschriebene Spaziergang nur schwer machbar. Möglicherweise haben Sie ja einen zweiten Tag für Lisboa eingeplant oder Sie lassen einen Teil der Innenstadt aus? Für beide Fälle haben wir uns auch etwas überlegt.

Belém-Rundgang

Nach Belém kommen Sie entweder ebenfalls mit dem Zug (das 24-Stunden-Ticket, das Sie in Vila Franca de Xira gekauft haben, gilt hier auch!) oder mit dem Bus. Der Zug *(Linha de Cascais)* startet am Cais do Sodré tagsüber alle 20 Minuten und benötigt nur acht Minuten für die Strecke entlang des Tejo. Vom **Bahnhof Belém** aus marschieren wir über die Brücke an den Tejo zum nostalgischen Flussbahnhof (***Estação Fluvial***). Wir wenden uns nach rechts und gehen zur westlichen Seite des Hafens, wo wir das **Denkmal der Entdeckungen** (***Padrão dos Descobrimentos***) erreichen.

1960 wurde es zum 500. Todestag Heinrichs des Seefahrers vollendet und kann erklommen werden. Von oben hat man einen tollen Ausblick *(täglich 10:00–19:00 Uhr, im Winter bis 18:00 Uhr, 10 €)*.

Nochmals 900 Meter weiter flussabwärts, vorbei an der Nachbildung eines Wasserflugzeuges, das 1922 erstmals nonstop 8.000 Kilometer von Europa nach Brasilien flog, steht ein weltberühmter Turm, der **Torre de Belém**. Einst in der Mitte des Rio Tejo auf einer Insel errichtet, sollte er feindliche Schiffe abhalten. Nach dem Erdbeben von 1755 änderte der Fluss seinen Lauf und rückte den markanten Festungsturm ans Ufer. Das Prachtstück manuelinischen Stils wurde von 1515–1521 erbaut *(täglich außer Mo. 9:30–18:00 Uhr, im Winter 10:00–17:30 Uhr, 6 €)*.

Auf der gegenüberliegenden Straßenseite, hinter dem Park, steht das Glanzstück von Belém, das weltbekannte **Hieronymuskloster** (***Mosteiro dos Jerónimos***, *täglich außer Mo. 9:30–18:00 Uhr, im Winter 10:00–17:30 Uhr, 10 €*). Wer die Geduld aufgebracht hat, sich in die lange Warteschlange einzureihen, wird im Inneren des Prachtbaus mit manuelinischer Baukunst in höchster Vollendung belohnt. Sechs mächtige Säulen tragen die 25 Meter hohe Decke der Kirchenhalle, der verspielte Kreuzgang ist nicht weniger beeindruckend.

Nebenan ist das **Marine-Museum** untergebracht. Überhaupt können sich Museumsliebhaber in Belém so richtig austoben: Im nahen Umkreis des Klosters warten das **Kutschenmuseum** (***Museu dos Coches***), das ***Museu Coleção Berardo*** (moderne Kunst), das ***Museu de Arte Popular***, das ***Museu da Eléctricidade***, das **MAAT** und ganz neu das **Quake**, die wir Ihnen beide noch beschreiben.

Vom Mosteiro dos Jerónimos gehen wir nach rechts in die geschäftige *Rua de Belém*. Auf der linken Straßenseite liegt das ***Café Pastéis de Belém***, in dem es seit 1837 die göttlichen *Pastéis de Nata* gibt. Und da es angeblich auch die allerbesten sind, muss man hier auch am allerlängsten anstehen...

Mosteiro dos Jerónimos

Pastéis de Nata

Die süße Köstlichkeit, in Lisboa auch Pastéis de Belém genannt, wurde von den früheren Mönchen des Mosteiro dos Jerónimos kreiert – angeblich als »Resteverwertung« für die vielen Eidotter, die bei den benachbarten Nonnen anfielen. Diese nutzen nämlich Eiweiß zum Stärken ihrer Häubchen und benötigten dafür Unmengen an Eiern. Zusammen mit Mehl, Zucker, Milch und Butter wurde eine köstliche Creme gerührt, mit der Blätterteigtörtchen gefüllt und anschließend noch warm mit Zimt bestreut wurden.

Das Original-Rezept ist natürlich streng geheim, aber so oder so ähnlich werden die himmlischen Cremetörtchen noch heute hergestellt. Vorsicht, hoher Suchtfaktor!

Am Ende der *Rua de Belém* passieren wir auch noch den **Präsidentenpalast**. Für Pferdeliebhaber haben wir noch eine ganz besondere Empfehlung: Gleich um die Ecke links, in der ***Calçada da Ajuda*** (im *Picadeiro Henrique Calado*), kann man die edlen Lusitano-Pferde der **Portugiesischen Hofreitschule** bewundern – beim Morgentraining oder bei einer Gala-Vorstellung *(Di.–Fr., 10:00–13:00 Uhr, außer am letzten Fr. des Monats, da dann die Gala stattfindet, Tickets gibt es unter www.parquesdesintra.pt)*.

Wir marschieren vorbei am Neubau des **Kutschenmuseums** geradeaus in die *Rua da Junqueira*. Spaziert man nach rechts in die *Travessa Pimenteira* und dann wieder rechts *(Rua Cais de Alfândega Velha)*, so trifft man auf ein neues und sehr spannendes (leider aber auch ziemlich teures) Museum: *Im **Quake** können Sie nicht nur alles über Erdbeben im Allgemeinen, sondern auch viel über die verheerende Katastrophe, die Lisboa am ersten November 1755 heimsuchte, erfahren* *(täglich 10:00–19:00, Eintritt nur bis 18:00 Uhr, 21 €, besorgen Sie sich die Tickets vorab online, sonst sind sie teurer: lisbonquake.com)*.

Von der *Rua da Junqueira* wenden wir uns wenige Schritte weiter nach rechts, gehen auf der geschwungenen Fußgängerbrücke über die viel befahrene Uferstraße und landen so auf dem Dach das **Museum für Kunst, Architektur und Technologie MAAT** *(täglich außer Di. 10:00–19:00 Uhr, 9 €)*. Auch wer sich nicht für das Innere dieses spannenden Gebäudes interessiert, sollte sich einen Spaziergang rund um das Meisterwerk der britischen Architektin Amanda Levete nicht entgehen lassen.

Am Tejoufer geht es nun nach rechts, vorbei an dem roten Backsteinbau, ehemals Kraftwerk und heute **Elektrizitätsmuseum**, schließlich landen wir wieder am Flussbahnhof.

Bevor wir Lisboa verlassen, möchten wir Ihnen aber auch noch den modernsten Stadtteil vorstellen. *Ganz im Osten der Stadt, direkt am Tejoufer, ist der **Parque das Nações** auf dem Gelände der Weltausstellung Expo 1998 entstanden*. Steigen Sie auf dem Weg von oder nach Vila Franca de Xira einfach bei *Oriente* aus.

Fast schon surreal: Die Südfassade des MAAT

Nicht nur Architekturenthusiasten kommen hier voll auf ihre Kosten (**Bahnhof Oriente** von Santiago Calatrava, **portugiesischer Pavillon** von Álvaro Siza Vieira mit dem unfassbaren Vordach aus Beton, das aufgespannt ist wie ein gigantisches Sonnensegel, oder der filigrane **Vasco-da-Gama-Turm** von Leonor Janeiro,…), auch leidenschaftliche Shoppingfans könnten sich im riesigen *Centro Comercial Vasco da Gama* austoben. Und dann steht hier auch noch das wunderbare ***Oceanário***, das zu den größten weltweit zählt *(täglich 10:00–20:00 Uhr, 25 €, www.oceanario.pt)*.

Falls Sie statt in Vila Franca de Xira doch lieber direkt in Lisboa nächtigen möchten, sollten Sie den hiesigen Campingplatz aufsuchen.

019 *Lisboa Camping*

GPS/Kontakt: N 38°43'29" W 09°12'26", Tel. 00351 217 628200, lisboacamping.com. **Öffnungszeit**: Ganzjährig. **Ausstattung**: Großer Pool, Minimarkt, Restaurant, Tennisplatz, Minigolf. **Beschreibung:** Riesiger, großzügiger Platz in einem parkähnlichen Wald. Ziemlich abgelegen, am Rande des *Parque Florestal de Monsanto* nördlich von Belém gelegen. **Preis**: 27–38 € (einschl. Strom). **Zufahrt**: Von Vila Franca de Xira kommend auf die A1 nach Lisboa. Dort Richtung IC19 (Sintra), bis schließlich der Campismo ausgeschildert ist. **Hinweis**: Mit dem Bus Nr. 714 geht es vom Camping in die Innenstadt, ca. 45 Minuten Fahrtzeit (Haltestelle 300 m rechts, auf der Gegenseite! Nicht möglich mit Hund!). Fahrplan an der Rezeption, Ticket ist im Bus erhältlich. An der Rezeption gibt es auch ein Terminal, an dem man ein Taxi bestellen und beispielsweise auch explizit »Tiertransport« angeben kann.

Fahrzeuge verlassen Lisboa auf der **Ponte Vasco da Gama** (A12 Sul). Die über 17 Kilometer lange aufgeständerte Fahrbahn mit Schrägseilbrücke über den Tejo wurde ebenfalls zur Expo 1998 erbaut. Alternativ nehmen Sie die berühmte rote Hängebrücke, die **Ponte 25 de Abril** (A2 Sul). Die A12 und A2 sind Autobahnen mit »normaler« Maut-Bezahlstelle.

Tour 3

Setúbal, Serra da Arrábida und Rio Sado
Von Vila Franca de Xira nach Alcácer do Sal
270 km

Diese Tour führt Sie in eine Gegend, die die Portugiesen lieben, wohin sich aber nur wenige ausländische Touristen verirren. Uns erwarten das Mündungsdelta des Rio Sado, das malerische Arrábida-Gebirge, ein einsames Kap und Traumstrände. Meine ganz speziellen Tipps für Sie:

- Markthalle in Setúbal
- Castelo von Sesimbra
- Cabo Espichel
- Porto Palafita da Carrasqueira
- Alcácer do Sal

Unser Lisboa-Abstecher war schön, aber auch anstrengend und so wird es jetzt Zeit, dass wir uns endlich Richtung Meer aufmachen.

Wir verlassen Vila Franca de Xira nach Süden, überqueren erneut den Tejo und bleiben dann auf der N10. Platt, weit und sonnenverbrannt ist die Landschaft, durch die die Nationalstraße zieht. Beidseitig sind viele landwirtschaftliche Betriebe angesiedelt, ab und zu weht ein kräftiger Mistgestank zu uns herein.

Bald schon kreuzen wir die N4, dann überqueren wir die A13 und die A2. Unsere N10 macht einen Rechtsknick und führt nun schnurstracks auf Setúbal zu. Südlich der stark befahrenen Straße gibt es einen Campingplatz:

020 Der einfache ***Camping da Gâmbia*** ist zwar überwiegend von Dauerbewohnern belegt, aber man steht ruhig und der Empfang ist sehr freundlich. Sie erreichen den Platz, wenn Sie kurz nach einer Ampel nach links Richtung Gâmbia abbiegen und dort nach rechts fahren (ausgeschildert), **GPS**: N 38°33'38" W 08°46'37". **Hinweis**: Den nachfolgend beschriebenen Picknickplatz können Sie von hier aus auch prima mit dem Fahrrad erreichen.

Wer es einsam und stimmungsvoll mag, sollte uns an das Mündungsdelta *(Estuário)* des Rio Sado folgen. Dazu biegen Sie am Kreisverkehr in **Gâmbia** in Richtung der gleichnamigen *Herdade* ab, folgen der befestigten Straße bis zum Ende und fahren dann rechts auf dem breiten, ebenen Sandweg noch 2,2 Kilometer. Hier im Naturschutzgebiet haben wir ein schönes **Picknickplätzchen** entdeckt, still und friedlich. Im Hintergrund sieht man zwar bereits die Schlote zahlreicher Fabriken in Setúbal qualmen, aber außer uns sind nur noch einige Männer da, die in ihren hüfthohen Gummistiefeln draußen an den Austernbänken stehen und die Säcke mit den edlen Muscheln wenden. *Und Flamingos, die etwas weiter weg eifrig im Schlick stochern!*

P **Estuário do Sado – N 38°32'05" W 08°46'49"**

Austernbänke im Mündungsdelta des Rio Sado

Weiter auf der N10 Richtung Westen möchten wir Ihnen eine pittoreske **Gezeitenmühle** am Rande von stillgelegten Salinen inmitten der malerischen Lagunenlandschaft ans Herz legen (N 38°31'44" W 08°48'24").

TOUR 3

Moinho de Maré da Mourisca

Täglich außer Mo. 9:30–19:30 Uhr, im Winter 10:00–17:00 Uhr, Eintritt frei.

Die alte Mühle ist liebevoll restauriert und ein ausgesprochen hübsches **Café** mit toller Terrasse angeschlossen. Auf dem Gelände gibt es auch zwei ausgeschilderte **Spazierwege** und **Vogelbeobachter** kommen hier voll auf ihre Kosten. Silberreiher und Störche stochern im Schlick und einige Flamingos dösen einbeinig vor sich hin.

Die Technik der **Gezeitenmühle** ist ebenso einfach wie faszinierend und zudem noch CO2-neutral: Ein Schleusenschieber wird geschlossen, wenn die Flut genügend Wasser in ein Lagunenbecken gedrückt hat. Bei Ebbe kann dieses Wasser nur durch die Mühle abfließen und setzt dort die sechs Mühlsteine in Gang.

Setúbal (98.500 Einwohner)

Völlig zu Unrecht lassen die meisten Portugal-Besucher Setúbal links liegen. Vielleicht ist es die Nähe zu Lisboa, welche die Großstadt in den Schatten gerückt hat. Dabei ist Setúbal völlig anders: Es fehlen die prachtvollen Plätze, die quirlige Altstadt ist geprägt von unzähligen kleinen Geschäften, Autos haben in den schmalen Gassen keinen Platz. *Der morbide Charme, den die Stadt versprüht, gepaart mit der lebhaften Geschäftigkeit im Zentrum und der reizvollen Lage zwischen Bergkette und Flussmündung macht den Reiz aus.* Also nichts wie hin!

Zum Parken folgen wir durch sämtliche Kreisverkehre der N10 bzw. der braunen Ausschilderung »Arrábida–*Praias*« bis in den Westen der Stadt. An einem kleinen Platz (*Praça Marquês de Pom-*

Praça Bocage im Herzen von Setúbal

bal, rechts) halten wir uns dann geradeaus Richtung Tróia–*Cais*. Wir sind nun auf der *Avenida Luísa Todi*, die sich parallel zum Ufer entlangzieht. Hier finden Sie viele kostenpflichtige Parkplätze, die sich für kleinere WOMOs während der Stadtbesichtigung anbieten, ebenso in den Seitenstraßen Richtung Fluss. Für Fahrzeuge über sechs Meter Länge wird es schwierig und Sie sparen sich viel Stress, wenn Sie den nachfolgend beschriebenen Campingplatz aufsuchen und die Stadt von dort aus in Angriff nehmen.

Ein Muss in Setúbal ist ein Besuch der geschäftigen **Markthalle** (***Mercado do Livramento***, *täglich außer Mo. 7:30–14:00 Uhr*), das ist das große rosafarbene Gebäude auf der Südseite der *Avenida Luísa Todi*. *In der imposanten Halle mit den hohen Stützen und den herrlichen Azulejos an den Wänden herrscht ein munteres Treiben*. Nicht nur die fantasievoll drapierten Fische und Meeresfrüchte lassen uns das Wasser im Mund zusammenlaufen, sondern auch das viele Obst und Gemüse, das in bunten Stapeln auf den Markttischen dargeboten wird.

Große Auswahl an Fisch gibt´s in der Markthalle von Setúbal

Doca dos Pescadore, Fischerhafen von Setúbal

Nördlich (also landseitig) schließt sich die Altstadt an die *Avenida Luísa Todi* an. Nur wenige Touristen tummeln sich in den malerischen Gassen. Ein Leser hat Setúbal einmal mit Havanna/Kuba verglichen. Ohne jemals dort gewesen zu sein würde ich sagen, das passt! Zahlreiche kleine Restaurants findet man am westlichen Ende der Innenstadt, im Viertel anschließend an den *Praça Marquês de Pombal*, den wir bereits von der Herfahrt kennen. Wir empfehlen Ihnen die ***Taberna O Pescador II*** *(Mo. geschlossen).*

Südlich, zum **Fischerhafen am Rio Sado** (***Doca dos Pescadores***) hin, reiht sich ebenfalls Tasca an Tasca, die Grills qualmen und es duftet umwerfend gut nach Fisch. Kein Wunder, besitzt Setúbal doch den drittgrößten Fischereihafen Portugals. *Die örtliche Spezialität ist übrigens Choco frito (gebratener Tintenfisch), dieser wird wirklich in jedem Restaurant angeboten.*

Zum Abschluss empfehlen wir Ihnen noch den Besuch des ***Museu do Trabalho Michel Giacometti*** (Museum der Arbeit), das in einer alten Konservenfabrik am östlichen Ende der *Avenida Luísa Todi* in der Nähe des Fährhafen untergebracht ist *(Di.–Fr. 10:00–18:00 Uhr, Sa. 14:00–18:00 Uhr, 1,50 €).*

Vor lauter Begeisterung für Setúbal hätten wir fast vergessen, dass wir jetzt ja endlich am Meer angelangt sind! So ruhig wie hier ist der Atlantik übrigens selten anzutreffen. Natürlich liegt dies zum einen daran, dass die Stadt eigentlich ja noch am Mündungsbecken des Rio Sado liegt, das zum offenen Meer hin durch die vorgelagerte Halbinsel Tróia geschützt wird, zum anderen daran, dass wir hier an einer Südküste sind.

Wir verlassen die Stadt auf der N10-4 entlang der Küste und haben hier auch noch einen Tipp für Sie: Mittags sind Sie im einfachen, urigen ***Restaurante Restinguinha*** bestens aufgehoben – vom Müllmann über das Rentnerpaar bis zum Polizisten sitzen hier alle an langen Tafeln mit Papiertischtüchern und lassen sich eines der leckeren Tagesgerichte schmecken (bei den letzten Häusern, linke Straßenseite).

Kurz danach passieren wir den hübschen **Praia Albarquel** – der zugehörige Parkplatz ist jedoch für WOMOs verboten.

Bald schon erreichen Sie eine Abzweigung, an der Sie eine Entscheidung treffen müssen: Links geht es zu **geradezu paradiesischen Badestränden** (und zum Campingplatz), rechts führt die Straße hinauf in die **Serra da Arrábida** – beide Strecken treffen weiter westlich wieder zusammen. Wir wollen aber nicht verheimlichen, was Sie im Sommer und an schönen Wochenenden bei der **Küstenvariante** erwartet: Die herrlichen Strände sind voll wie in Rimini! Allzu viele Parkplätze gibt es nicht, so dass auch der Straßenrand gnadenlos zugeparkt wird, dann bleibt nur eine Fahrspur übrig... Vor lauter Aufpassen sind Seitenblicke nicht möglich und es lässt sich nicht einmal zum kurzen Anhalten ein Plätzchen finden. Stress pur, das sollte man definitiv nur außerhalb der Ferienzeit und auch dann möglichst nicht am Schönwetter-Wochenende in Angriff nehmen. Wer jedoch das Glück hat, nicht in den Ferien unterwegs zu sein, darf die Strecke genießen. Ein dicker Wermutstropfen war jedoch bei unserem letzten Besuch ein WOMO-Parkverbotsschild am wunderschönen **Praia Figueirinha**. Ich freue mich, wenn Sie mich bezüglich der Parksituation auf dem Laufenden halten.

Fahrtechnisch gesehen ist die **Bergvariante** entspannter und kann mit grandiosen Blicken hinunter auf die Sandstrände und den langen Finger der Tróia-Halbinsel aufwarten. Zahlreiche Haltebuchten erlauben auch dem Fahrer, dies zu genießen. *Die üppige Vegetation ist ebenfalls beeindruckend: Myrten und wilde Oliven, Erdbeer- und Johannisbrotbäume sowie Zwergeichen säumen unseren Weg*. Diese völlig veränderte Landschaft erinnert eher an die Mittelmeerküste und ist, wie Sie im Laufe ihrer Fahrt noch sehen werden, untypisch für Portugal.

Absolute Traumlage: Franziskanerkloster in der Serra da Arrábida

Praia Figueirinha an der Südküste der Serra da Arrábida

021 *Ecoparque Prof. José Fernando Gonçalves*

GPS/Kontakt: N 38°30'11" W 08°55'43", Tel. 00351 265 423890, ecoparque-setubal.com. **Öffnungszeit**: Ganzjährig außer Februar. **Ausstattung**: Spielplatz, kleiner Lebensmittelladen mit Café nebenan. **Beschreibung**: Gepflegter Platz mit geschotterten Plätzen z.T. mit Schattenbäumen, schöner Blick aufs Meer (aber kein Zugang wegen Zaun!). Außerorts, zwischen Flussmündung und Küstenstraße gelegen. **Preis**: 14–31 €. **Zufahrt**: An der Küstenstraße westlich von Setúbal, ca. 150 m nach der Verzweigung Küste–Berge links. **Hinweis**: Keine Reservierungen möglich! Viel LKW-Verkehr auf der angrenzenden Straße. Im Sommer alle 30 Minuten Bus nach Setúbal und zu den Stränden weiter westlich.

Zuerst aber einmal passieren wir aber ein großes Zementwerk bevor wir nach links abbiegen (Richtung Arrábida). Auch hier müssen wir uns zunächst an den Ausläufern der Fabrik und staubigen Kalksteinbrüchen vorbeischlängeln. Bis zu einem Antennengipfel steigt die Straße bergan, um dann auf dem Bergrücken entlang zu führen. Damit eröffnen sich weite Blicke sowohl auf die Küste als auch ins Landesinnere. Wahrhaft malerisch ins Grün eingebettet ist das **Convento da Arrábida** – das ehemalige Franziskanerkloster, das heute einer Stiftung gehört, wirkt mit seinen vielen Einzelgebäuden fast wie ein kleines Dorf *(Mi., Sa. und So., nur nach tel. Voranmeldung: 00351 212 197620, 5€)*, Fotostopp N 38°28'21" W 08°59'45".

Nach dem Zusammentreffen mit der Küstenstraße schwenken wir ins Landesinnere ab. *Bald schon sind beidseitig der Straße Reben angepflanzt, wir befinden uns im Weinanbaugebiet Península de Setúbal*. Vielleicht besorgen Sie sich mal ein Fläschchen, uns schmecken die Weine dieser Gegend besonders gut!

Rechts im schattigen Eichenwald bietet sich der **Picknickplatz Alambre** (N 38°29'33" W 09°01'42") für eine Pause an. Wenig später halten wir uns gleich zweimal links und gelangen auf die N379 Richtung Sesimbra.

Blick auf Sesimbra vom Castelo

Kurz nach dem Kreisverkehr mit den tanzenden Schwertfischen bietet *Intermarché* rechts die Möglichkeit zur **Ver- und Entsorgung** (N 38°27'51" W 09°05'56"). In Santana halten wir uns bei einer Straßengabelung links und folgen dann in einer Linkskurve dem braunen Wegweiser zum Castelo. Von dessen Zinnen hat man einen herrlichen Blick auf **Sesimbra**, die Küste und das Arrábida-Gebirge. Unmittelbar bevor die Straße zur Burg ansteigt, lockt links ein schattiges **Picknickgelände** im Wald. Beim **Castelo de Sesimbra** (N 38°27'04" W 09°06'30") gibt es einen großen, ebenen Parkplatz und ein WC – leider ist das Tor nur von 7:00–20:00 Uhr *(im Winter bis 19:00 Uhr)* geöffnet. Auf dem ausgeschilderten Rundweg mit insgesamt 16 Stationen kommen Sie bei allen Sehenswürdigkeiten der großen Burganlage vorbei.

022 Sesimbra – *Camping Municipal Forte do Cavalo*

GPS/Kontakt: N 38°26'08" W 09°07'00", Tel. 00351 212 288508. **Öffnungszeit**: Ganzjährig, außer vom 6.–31. Jan. **Ausstattung**: Snackbar, Minimarkt (beides nach den Umbauarbeiten auf dem Platz nicht mehr geöffnet?), Spielplatz. **Beschreibung**: Gepflegter, einfacher Platz, terrassiert, wenig Schatten, ruhig. Am westlichen Ortsrand, oberhalb des Hafens gelegen, ca. 1,2 km zum nächsten Strand und 2 km in den Ort. **Preis**: 15 €. **Zufahrt**: Am Ortseingang von Sesimbra der Ausschilderung *Campismo/Porto Abrigo* rechts bergab folgen, nach 400 m nochmals rechts. Am Meer rechts, dann nach 1 km rechts steil bergauf.

Die N379 geleitet uns immer weiter nach Westen. In **Zambujal** gibt es **Dinosaurier-Fußspuren** zu bestaunen, hier ist einst Mama Dino mit Nachwuchs entlanggewackelt. *Unvorstellbar, dass diese Abdrücke rund 180 Millionen Jahre alt sind!* Die **Pegadas de Dinossauros** sind bei einer Kreuzung im Ort nach rechts braun ausgeschildert. Der kleine, unbefestigte Parkplatz ist nachts ruhig:

023 Zambujal – N 38°27'15" W 09°07'24"

Unser nächstes Ziel ist das Cabo Espichel. Im langgezogenen Dorf **Azoia** stoppen wir links beim ***Minimercado O Novo Regresso*** (N 38°25'50" W 09°11'07") und decken uns mit köstlichem lokalem Käse und aromatischen Mispeln *(Nêsperas)* ein. Auf dem Weg zum Kap wandelt sich die Landschaft, die Vegetation wird jetzt immer spärlicher. Die wenigen Bäume verstecken sich in den Talsenken, auf der Höhe ducken sich fladenförmige Büsche an den Boden.

Käse aus Azoia

Lediglich zwei Bauwerke stechen aus der kargen Landschaft heraus: Der **Leuchtturm** am Kap und die **Pilgerkirche Nossa Senhora do Cabo**, die wir zuerst erreichen. *Die verlassenen und zugemauerten Pilgerunterkünfte flankieren einen großen, staubigen Platz, der in der Mittagshitze flimmert*. An der Stirnseite schließt die Kapelle das Ensemble ab. Durch einen Torbogen links daneben erreicht man ein Schotterplateau, an dessen Rand die Welt wie mit scharfen Messern abgeschnitten scheint: Glatte Felskanten sinken hinab in die See, die Kargheit ringsum besitzt eine geradezu magische Ausstrahlung.

Spektakuläre Küste nördlich des Cabo Espichel

P Cabo Espichel – N 38°25'11" W 09°12'46"

Der Sandweg links führt zum Leuchtturm, wo echtes »Ende-der-Welt-Feeling« aufkommt.

Wenn man sich (vom Kap kommend) 400 Meter landeinwärts nach links wendet, so kann man zu Felsplatten nördlich einer kleinen Bucht marschieren. Auch hier gibt es zahlreiche, deutlich sichtbare **Dinosaurier-Spuren** zu bestaunen (***Pedra da Mua***, ausgeschildert).

Portugals wilder Westen: Pilgerkirche am Cabo Espichel

TOUR 3

Leuchtturm am Cabo Espichel

Haben Sie auch Lust auf einen Tag am Meer, bevor es wieder zurück gen Osten geht? Biegen Sie hinter Azoia links in Richtung Aldeia do Meco und folgen Sie dort dem »Praia«-Wegweiser nach links. Das WOMO wird auf dem Parkplatz hoch oben auf den Klippen über dem herrlichen Sandstrand zwar kräftig eingestaubt, aber der Badespaß ist es wert.

P Praia das Bicas – N 38°27'48" W 09°11'28"

Am Strand wundern wir uns, wo die ganzen grün eingeschlammten Menschen herkommen und machen uns auf, dies in Erfahrung zu bringen: *Ein Stück weiter nördlich gibt es einen kleinen Süßwasserfall und daneben wird eifrig mineralischer Schlamm von der Klippe gekratzt und sich damit eingeschmiert*. Wofür oder wogegen dies helfen soll lässt sich nicht in Erfahrung bringen, aber wenig später liegen wir auch grün in der Sonne...

Strandleben pur - Praia das Bicas

024 Gleich nebenan liegt der große ***Campimeco***. Der Platz ist ziemlich einfach ausgestattet und nicht wirklich schön, außerdem gibt es hier fast nur Mobilhomes, aber die Lage ist einfach super und das macht vieles wett! **GPS**: N 38°27'49" W 09°11'21".

Für die Fahrt zurück Richtung Setúbal nutzen wir anfangs die N379. Wir werden die Serra da Arrábida dieses Mal aber nördlich umfahren, da wir noch einen Abstecher nach Palmela planen. Die N379 mündet in die N10, auf der wir uns rechts halten. Rund um **Azeitão**, das wir nun passieren, liegen zahlreiche der großen Weingüter der Gegend, *wir sind auf der portugiesischen »Weinstraße« unterwegs*. Falls Sie den Wein von hier immer noch nicht gekostet haben, sollten Sie nun bei einer Adega die Gelegenheit ergreifen, wir passieren hier zahlreiche.

Wenig später gabelt sich die N10 wieder, wir halten uns weiter auf der N379 Richtung Palmela. Nicht nur Wein wird hier produziert; im Ortsteil Vila Fresca de Azeitão haben wir eine **Fliesen-Manufaktur** entdeckt, die Sie unbedingt ansteuern müssen: **Azulejos de Azeitão** (N 38°31'35" W 08°59'31"), 750 Meter nach der Abzweigung nach rechts ausgeschildert. Wunderschöne Fliesen entstehen hier in reiner Handarbeit, teilweise entsprechend den Techniken aus dem 16. Jahrhundert. Geduldig und freundlich kann man sich den Herstellungsprozess erklären lassen (auf Englisch, Französisch oder Portugiesisch) und den Angestellten bei Ihrer kreativen Arbeit über die Schulter schauen. Ein Laden ist ebenfalls angeschlossen – unsere mitgebrachten Kacheln haben bei allen Beschenkten zuhause großen Anklang gefunden!

Wunderschöne Fliesen entstehen hier in reiner Handarbeit, teilweise entsprechend den Techniken aus dem 16. Jahrhundert

Azulejos in Handarbeit

Auf geht´s hinüber zur Tróia-Halbinsel

Am Ortseingang von Cabanas entdecken wir links ein schattiges **Picknickgelände** mit Spielplatz. Nördlich eines markanten, windmühlengekrönten Bergrückens führt uns die Straße weiter nach **Palmela** (19.000 Einwohner). Nach links reicht der Blick bis in den südlichen Speckgürtel von Lissabon. Unser Ziel ist ein Aussichtspunkt (**Miradouro**, N 38°33'55" W 08°53'55") unterhalb der Burg von Palmela, mit fantastischem Blick auf Setúbal und die Rio-Sado-Mündung. Bleiben Sie auf der N379 bis zum Kreisverkehr mit der Flasche, dort biegen Sie rechts und folgen der Ausschilderung.

Natürlich sollte man es nicht verpassen, der Burg oberhalb ebenfalls einen Besuch abzustatten *(8:00–20:00 Uhr, im Winter bis 18:00 Uhr, Eintritt frei)*. Hier oben, auf den Burgzinnen stehend, ist unsere Entscheidung gefallen: Wir wollen uns die sandige, schmale Landzunge auf der Südseite der Mündungsbucht des Rio Sado genauer anschauen. Und am schnellsten kommen wir mit der Fähre dorthin!

Auf der N252 kehren wir daher schnurstracks nach Setúbal zurück und kämpfen uns noch einmal durch die Stadt. Den Weg bis zur *Avenida Luísa Todi* kennen wir ja noch (immer zuerst der braunen Ausschilderung »Arrábida–*Praias*«, dann Tróia–*Cais* folgen). Vor dem ***Porto de Setúbal*** ordnen wir uns auf der rechten Spur ein und gelangen so direkt in den Fährhafen (N 38°31'18" W 08°53'15").

Fähre zur Tróia-Halbinsel

Täglich ab 7:30 Uhr, WOMO einschließlich Fahrer 32€, jede weitere Person 4,30 €, Hunde erlaubt, Fahrzeit ungefähr 25 Minuten. Tickets gibt es direkt bei der Einfahrt in den Fährhafen, www.atlanticferries.pt.

Die Fähre bringt Sie tagsüber stündlich nach Süden. Sie müssen die Ferry nehmen, der Katamaran befördert keine Fahrzeuge. Mit viel Glück können Sie auf der Überfahrt einen Blick auf die seltenen, geschützten Flussdelfine erhaschen, die im Mündungsdelta leben. Zehn Cent vom Ticketpreis werden übrigens zu deren Schutz eingesetzt.

180 Kilometer ist der Rio Sado unterwegs, bevor er sich kurz vor seiner Mündung in eine riesige Lagunenlandschaft auflöst. In der fruchtbaren Landschaft, die zum **Naturreservat** erklärt wurde, gedeiht Reis und es leben über 200 Vogelarten hier. Nach Westen hin wird das Gebiet zum Meer von der fast 20 Kilometer langen **Tróia-Halbinsel** abgeschlossen. Ein Sand-Badeparadies, das an Sylt erinnert, nur dass es hier viel wärmer ist…

TOUR 3

Nach der Ankunft düsen wir direkt nach Süden, immer auf der Suche nach einer Parkmöglichkeit, damit wir uns endlich ins Wasser stürzen können. Aber Fehlanzeige, sämtliche Seitenwege sind viel zu sandig zum Befahren. Erst kurz vor Comporta werden wir dann endlich fündig, aber was für eine Enttäuschung: Bereits am Zufahrtsweg zum langen **Praia da Comporta** prangt ein Halteverbotsschild mit WOMO-Symbol…

Wer keine Strafe riskieren möchte, parkt besser im 1,5 Kilometer entfernten Dorf an und radelt oder marschiert dann den Weg zurück. Leider werden Sie diese Erfahrung noch öfter auf dem Weg nach Süden machen: Sogar tagsüber herrscht an vielen Strände WOMO-Parkverbot!

Die Straße überquert einen Damm zwischen Reisfeldern. In der alten Reisfabrik ist heute das ***Restaurante Museu do Arroz*** untergebracht *(Mo. geschlossen)*. Von hier aus sind es nur noch wenige Meter bis nach **Comporta**. Außerhalb der Sommermonate ist der kleine Ort ziemlich ausgestorben, hier gibt es fast nur Ferienhäuser. Und glücklicherweise auch eine Stellplatzmöglichkeit, so dass wir es doch noch schaffen, an einen unserer Lieblingsstrände zu kommen!

Schwer erreichbar, aber wunderschön: Praia da Comporta

025 Comporta

GPS: N 38°22'42" W 08°47'08". **Max. WOMOs**: 30. **Öffnungszeit**: Ganzjährig. **Ausstattung**: Ver- und Entsorgung, WC, Spielplatz nebenan. **Beschreibung**: Ebener, unbefestigter Platz (ziemlich sandig), nur am Rand etwas Schatten. Mitten im Dorf gelegen, ruhig. Cafés, Restaurants und Einkaufsläden fußläufig. **Zufahrt**: Von der N253-1 bei der 2. Ausfahrt links in den Ort, dann rechts halten.

Wir verlassen Comporta Richtung Nordosten. Eine kleine Straße leitet uns durch die sandige Dünenlandschaft. In den Dörfern, die wir durchqueren, sind in den letzten Jahren zahlreiche Ferienhäuser entstanden, teilweise architektonisch sehr interessant. Wer die Augen offen hält, kann auch die eine oder andere »quergestreifte« Schilfhütte, die für die Gegend typisch ist, erblicken.

Carrasqueira hat etwas ganz Besonderes zu bieten: Der **Porto Palafita** (N 38°24'46" W 08°45'24"), den man als einen kleinen, äußerst pittoresken Hafen mit Stegen auf fragilen Holzpfählen, die weit ins Brackwasser hineinragen, beschreiben könnte. Einzigartig in Europa und äußerst fotogen, sowohl bei Ebbe als auch bei Flut! Folgen Sie in Carrasqueira einfach immer der Straße und biegen Sie dann nach links. Der Hafen wird immer noch von den örtlichen Fischern genutzt, seien Sie also bitte rücksichtsvoll. Im Ort gibt es übrigens auch zahlreiche Restaurants, wir nutzen die Gelegenheit gleich einmal für ein leckeres Mittagessen.

Die N253 geleitet uns anschließend weiter nach Osten.

Der pittoreske Porto Palafita ist sowohl bei Ebbe als auch bei Flut fotogen

Alcácer do Sal: Schokoladenseite am Wasser...

Alcácer do Sal (8.000 Einwohner)

Der nette Ort mit der langen Geschichte verdankt seinen Reiz der harmonischen Lage am **Rio Sado**. Wir legen eine Pause ein und parken unser Gefährt noch vor der Brücke auf der südlichen Uferseite auf dem großen, unbefestigten Platz gleich hinter dem Restaurante.

026 Alcácer do Sal – N 38°22'12" W 08°30'30"

Von diesem Parkplatz hat man nicht nur einen tollen Blick auf das stolze Städtchen, das sich am gegenüberliegenden Ufer malerisch erhebt, sondern kann dieses über eine nahe Fußgängerbrücke auch schnell erreichen. »Salzburg«, so der übersetzte Name (arabisch *Al-Kasser*: die Burg, portugiesisch *Sal*: Salz) besitzt seit über 800 Jahren Stadtrechte. Bereits die Römer wussten die strategisch günstige Lage am Fluss zu schätzen und auch in der Neuzeit, in Folge der Nelkenrevolution Mitte der 70er-Jahre, machte sich die Stadt einen Namen als Hochburg der Landbesetzer im Alentejo.

Idyllische, schmale Gassen, gesäumt von weißen Häusern, ziehen sich hinauf zum **Castelo**. Wir empfehlen Ihnen einen Besuch im kleinen, aber sehenswerten **Archäologischen Museum** in der Krypta der Burg *(täglich außer Mo. 9:00–17:30 Uhr, Eintritt frei)*.

...und idyllische Altstadtgassen

Traurig zu sehen ist nur, dass selbst in einer scheinbar quirligen Kleinstadt im Zentrum so viele Gebäude dem Verfall preisgegeben sind.

Trotzdem fühlen wir uns hier so wohl, dass wir gleich über Nacht bleiben.

027 Alcácer do Sal – *Parque de Campismo*

GPS/Kontakt: N 38°22'49" W 08°30'59", Tel. 00351 265 612303. **Öffnungszeit**: 15. Jan.–15. Dezember. **Ausstattung**: Spielplatz, überdachte Picknickbänke. Supermärkte in der Nachbarschaft, Schwimmbad nebenan. **Beschreibung**: Kleiner, städtischer Platz mit großen, parzellierten Plätzen, reichlich Baumschatten. Sanitäranlagen alt, aber sauber, viele Katzen auf dem Platz. Ruhig, am nordwestlichen Ortsrand gelegen, Zentrum ca. 1,2 km entfernt. **Preis**: 12–16 €. **Zufahrt**: An der N5 Richtung Norden, links (hinter *Intermarché*, ausgeschildert).

Der *Intermarché* in der Nähe des Campingplatzes bietet übrigens die Möglichkeit zur **Ver- und Entsorgung** an (N 38°22'53" W 08°30'52").

Tour 4

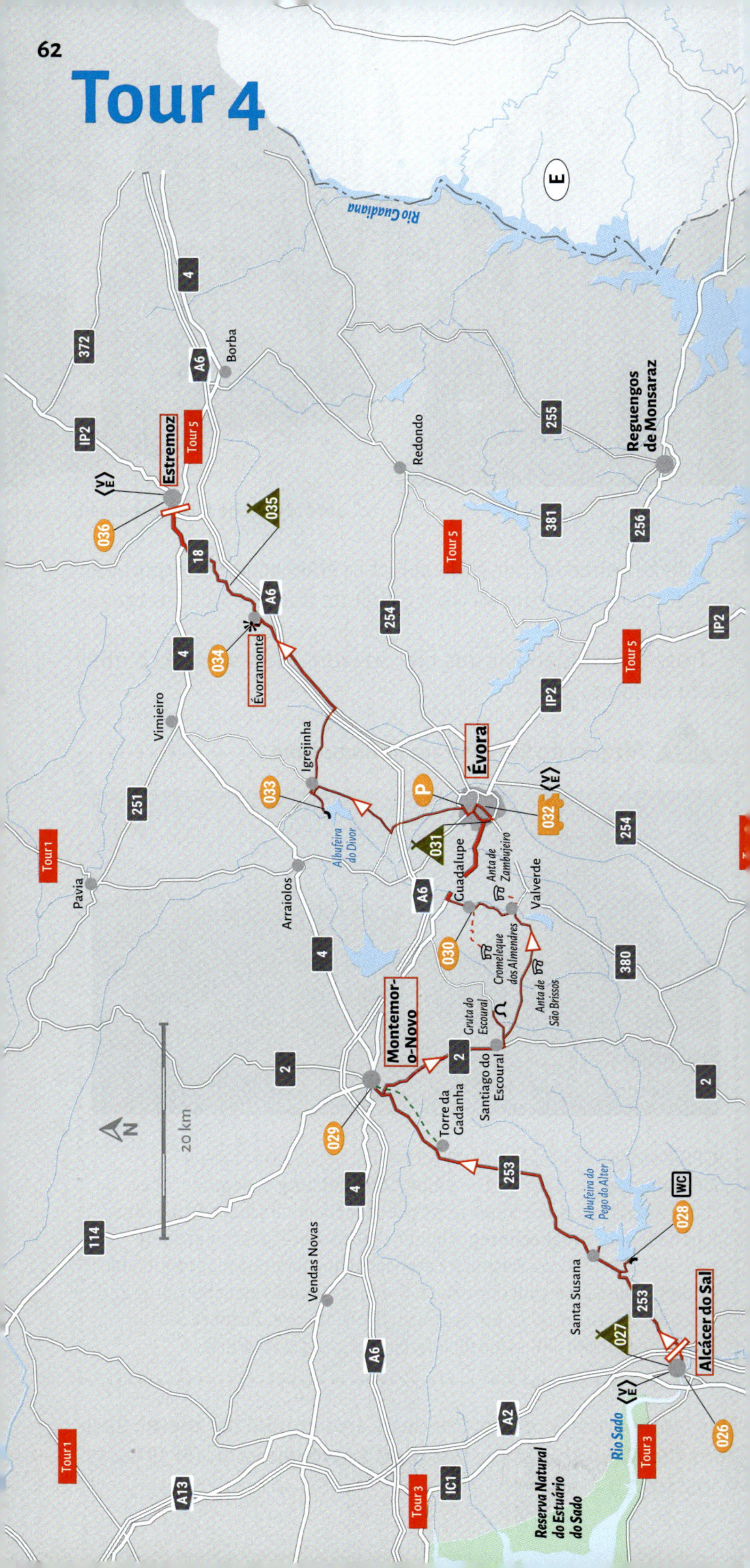

Rio Guadiana
E
Estremoz
Tour 5
Borba
Redondo
Reguengos de Monsaraz
Évoramonte
Vimieiro
Igrejinha
Albufeira do Divor
Évora
P
Guadalupe
Anta de Zambujeiro
Valverde
Cromeleque dos Almendres
Anta de São Brissos
Gruta do Escoural
Santiago do Escoural
Arraiolos
Pavia
Tour 1
Montemor-o-Novo
Torre da Gadanha
Albufeira do Pego do Alter
WC
Santa Susana
Alcácer do Sal
Vendas Novas
Rio Sado
Tour 3
Reserva Natural do Estuário do Sado
20 km
N
026
027
028
029
030
031
032
033
034
035
036
372
IP2
A6
4
18
254
255
381
256
251
2
380
253
114
A2
IC1
A13

Im Herzen des Alentejo
Von Alcácer do Sal nach Estremoz
190 km

Noch einmal tauchen wir ganz tief in das stille, melancholische Alentejo ein. Zahlreiche unvorstellbar alte Megalithanlagen können unterwegs besucht werden, aber auch einige geschichtsträchtige Städte und wehrhafte Dörfer liegen auf unserer Route. Ans Herz legen möchten ich Ihnen folgende Highlights:

- **Castelo von Montemor-o-Novo**
- **Cromeleque dos Almendres**
- **Évora**
- **Évoramonte**
- **Estremoz**

Großstadtluft haben wir nun geschnuppert und die ersten Erfahrungen mit der Küste gemacht – nun wird es wieder Zeit, tief in das beschauliche Alentejo eintauchen, schließlich gibt es noch so Einiges zu entdecken. Évora und Estremoz stehen bereits fest auf unserer Liste, mal schauen, was sich uns unterwegs noch so in den Weg stellt. Wir verlassen Alcácer do Sal vorbei an der Stierkampfarena und unterqueren wenig später die Autobahn. Gemütlich rollen wir dahin, entlang an leuchtend grün-gelben Reisfeldern, auf denen Scharen von Störche reichlich Nahrung finden. Bei einem Fotostopp am Rande der Felder stellen wir fest, auf was die Vögel möglicherweise so scharf sind: *Es wimmelt hier von Krebsen, überall sitzen sie und heben drohend ihre Scheren, wenn man sich nähert*.

Buffet für Störche im Reisfeld

Das Wasser für die Felder kommt vom Stausee Pego do Altar, den wir als nächstes ansteuern möchten. Und wir stellen fest, dass es hier nicht nur den Vögeln sehr gut gefällt: Der See ist auch bei WOMO-Touristen beliebt.

028 Albufeira do Pego do Altar

GPS: N 38°25'14" W 08°23'30". **Max. WOMOs**: 5. **Ausstattung**: WC, Dusche etwas oberhalb, gegenüber vom empfehlenswerten Restaurant. **Beschreibung**: Unbefestigter, schattenloser Parkplatz mit schönem Seeblick. Außerorts gelegen, sehr ruhig (Weg ist Sackgasse). **Zufahrt**: Von der N253 3,7 km hinter dem Abzweig nach Sta. Catarina rechts. Noch 2,2 km, dann links *(Barragem* ausgeschildert). **Hinweis**: Fährt man noch weiter über die Staumauer *(Barragem)*, so entdeckt man dort einen weiteren ebenen Parkplatz. WC, Dusche und Restaurant sind dann zwar weiter entfernt, aber im Sommer spendet die Felswand im Süden dort etwas Schatten. Baden ist übrigens direkt an der Staumauer nicht ratsam!

Eigentlich hatten wir geplant, unmittelbar vor **Montemor-o-Novo** (11.000 Einwohner) auf die N2 abzubiegen, aber die Burg, auf die wir geradewegs zufahren, macht uns neugierig auf die Stadt, die ihr auf der anderen Hügelseite zu Füßen liegt. Auf geht´s, Sie werden den kleinen Abstecher bestimmt nicht bereuen – sofern Sie unserer Wegbeschreibung und nicht Ihrem Navi folgen und nicht schwerer als 3,5 Tonnen sind. Bleiben sie zunächst geradeaus Richtung Montemor und im Ort immer Richtung Évora. Erst nachdem Sie die Mauer des Fußballstadions passiert haben, biegen Sie bei der nächstmöglichen Gelegenheit scharf rechts, dann geradeaus und links an der Stierkampfarena vorbei. Von nun an dürfen Sie der braunen Ausschilderung **Castelo** folgen, müssen eine Spitzkehre meistern und finden oben zur Belohnung einen gepflasterten Parkplatz.

029 Castelo de Montemor-o-Novo
N 38°38'37" W 08°13'00"

Innerhalb der nach Norden hin erhaltenen Burgmauern gibt es zwar nur noch vereinzelte, aber reizvolle Ruinen und überall tolle Ausblicke weit ins Land. Vom Parkplatz aus führt außerdem eine Treppenanlage hinunter in die Stadt. *Und eine richtig schöne Radtour können Sie in Montemor-o-Novo auch unternehmen:*

Ecopista do Montado

Weglänge 26 km hin und zurück.

Der Radweg verläuft auf einer Bahntrasse und ist teils (fein) geschottert, teils befestigt. Wir starten in Montemor-o-Novo am Largo Machado dos Santos, direkt beim alten Bahnhof (N 38°38'48" W 08°13'19"). Über eine alte Eisenbahnbrücke radeln wir Richtung Südwesten, durchqueren ganz gemütlich das Schutzgebiet **Serra de Monfurado** mit seinem schönen Stein- und Korkeichenbestand und stoßen schließlich bei Torre da Gadanha auf die jetzige Bahnlinie. Leider endet der Radweg hier schon, der Rückweg entspricht dem Hinweg.

Interessieren Sie sich für Höhlen oder das Leben in der Steinzeit? Dann sollten Sie unseren nächsten Programmpunkt nicht auslassen! Nahe dem Dorf **Santiago do Escoural**, an der Straße nach Évora, liegt ein echtes Kleinod:

Gruta do Escoural

In der Tropfsteinhöhle wurden Felsmalereien und Ritzungen aus der Altsteinzeit entdeckt. Vermutlich ist sie die einzige Höhle in Europa, in der diese etwa 20.000 Jahre alten Relikte noch im Original bewundert werden können! Der Zutritt zur Höhle musste jedoch auch hier reglementiert werden, da Licht und Feuchtigkeit den Malereien stark zusetzten. Daher bringt es nichts, direkt zur Höhle (N 38°32'39" W 08°08'16") zu fahren, sondern *man muss sich vorab für eine Führung anmelden (max. zehn Personen, Die.–Sa. 10:30 und 14:30 Uhr)*. Anmeldung im **Centro de Interpretação** in Santiago do Escoural, an der Durchgangsstraße (N 38°32'27" W 08°10'05", *Die.–Sa. 10:00–13:30 und 14:00–17:00 Uhr, Tel. 00351 266 857000).*

Bereits im Paläolithikum war die Gegend um Évora besiedelt. Aus dieser Zeit gibt es noch einige weitere beeindruckende Zeugnisse zu bewundern, folgen Sie uns (siehe Seite 22).

Hinter Santiago do Escoural halten wir uns zuerst Richtung Évora, biegen jedoch gleich wieder nach rechts und passieren wenig später den **Anta de São Brissos** (N 38°31'29" W 08°07'46"): Wie beim Anta de Pavia (Seite 28) wurde hier ein heidnischer Dolmen zur christlichen Kapelle umfunktioniert.

Anta de Zambujeiro

Nordöstlich von Valverde steuern wir zunächst den etwa 5.500 Jahre alten **Anta de Zambujeiro** an, der als einer der größten Dolmen der Welt gilt. Wir durchqueren das Dorf und halten uns Richtung Évora. Da die Anfahrt des Monuments allerdings durch tiefhängende Äste und große Schlaglöcher erschwert wird, empfehlen wir Ihnen, Ihr Gefährt unter Bäumen am Rand der Garagenhöfe und Stallanlagen der Landwirtschaftsschule abzustellen (N 38°31'53" W 08°00'54"). Von hier aus sind es noch etwa 1,1 Kilometer bis zum Anta (anfangs ausgeschildert, hinter dem letzten weißen Offenstall links auf den unbefestigten Sandweg, diesem immer geradeaus folgen).

Die Ausmaße des Anta de Zambujeiro sind wirklich beeindruckend: Sechs ovale Steinschuppen formen einen kreisförmigen Raum mit sechs Meter Durchmesser. Sie neigen sich am oberen Ende zueinander und bilden einen Kegelstumpf. Auch hier führt ein steinplattenflankierter Zugang zum eigentlichen Grabmal, das man leider wenig fotogen mit einem scheußlichen und eigentlich völlig überflüssigen Schutzdach versehen hat.

Im Nachbardorf findet man die vermutlich schönste Megalithanlage Portugals, diese ist (normalerweise) auch einfacher anfahrbar. Wer trotzdem keine Lust darauf hat oder sich den Weg nicht zumuten möchte (was bei Regen ratsam ist), kann auch direkt nach Évora weiterdüsen. Fahren Sie zuerst Richtung Anta Grande de Zambujeiro, bleiben Sie dann aber rechts auf der Asphaltstraße. Sie umfahren so den nur 2,90 m hohen Torbogen eines Aquädukts, kommen aber ebenfalls wieder auf die richtige Straße.

Ein magischer Ort: Cromeleque dos Almendres

Alle, die uns an einen wahrhaft magischen Ort in einer traumhaft schönen Landschaft folgen möchten, biegen in Valverde nach rechts Richtung ***Guadalupe***. Dort folgen wir der braunen Ausschilderung nach links zum **Cromeleque dos Almendres**. Am Dorfende gibt es einen kleinen Picknickplatz und in einem aus Kork errichteten Gebäude ist das Informationszentrum (mit WC) untergebracht. Hier können Sie sich nicht nur über den Zustand des Anfahrtswegs schlau machen, sondern auch nette Souvenirs erwerben.

030 Guadalupe – N 38°34'04" W 08°01'38"

Es beginnt nun eine etwa vier Kilometer lange, immer leicht bergauf führende staubige und schlaglochübersäte Waschbrettpiste, die mitten im Korkeichenwald, unweit der stehenden Granitblöcke, endet (Parkplatz mit ausreichend Platz zum Wenden). Bei unserem letzten Besuch war sie unproblematisch befahrbar, sogar ein Reisebus hat sich dorthin gewagt. Das, was einen erwartet, ist die Hoppelei auf jeden Fall wert: Mehr als 100 senkrecht in den Boden eingelassene Monolithe bilden ein Oval von der Fläche eines Fußballfeldes. *Das Monument ist unvorstellbare 7.500 Jahre alt und gilt als das größte dieser Art auf der Iberischen Halbinsel.* Auf einigen Steinen kann man übrigens kreisförmige Einkerbungen und andere Muster entdecken.

Auf dem Weg zum Cromlech gibt es auch noch einen **Menhir** zu entdecken – angesichts des beeindruckenden Steinkreises hat es dieser Monolith aber schwer, Bewunderer zu finden. Für den schmalen Fußweg dorthin sollten Sie festes Schuhwerk tragen, zum Lohn sind Sie hier gewöhnlich ganz alleine.

Fährt man von Guadaloupe aus nach Norden, so gelangt man auf die N14, die einen rasch zum nächsten Etappenziel bringt.

Évora (40.500 Einwohner)

Rings um die Altstadt, die bereits seit 1986 auf der Liste der Unesco-Weltkulturerbe steht, findet man einige Parkplätze, auf denen man auch mit dem WOMO stehen darf. Für den Bummel empfehlen wir Ihnen einen nördlich der Stadtmauer gelegenen – dieser ist zwar schattenlos und staubig, aber kostenlos und zudem wirklich geräumig, so dass auch große Fahrzeuge hier abgestellt werden können.

P Évora-Nord – N 38°34'36" W 07°54'43"

Templo Romano in Évora

Bleiben Sie auf der N114 (Richtung *Centro)*, bis Sie den Kreisverkehr vor der Stadtmauer erreichen, dort links (vierte Ausfahrt), auf der Ringstraße immer geradeaus, unter dem Aquädukt hindurch und beim nächsten Kreisverkehr rechts.

Lassen Sie uns nun aber zu unserem Rundgang durch die Stadt aufbrechen, an deren Mauern schon Römer, Mauren und portugiesische Könige gebaut haben: Vom beschriebenen Parkplatz aus marschieren wir durch das **Stadttor Porta de Avis** Richtung Zentrum, halten uns etwas nach links hinauf und erreichen so den wohlerhaltenen **römischen Tempel**, der eine wechselvolle Ge-

Der Praça do Giraldo ist eine echte Augenweide

schichte hinter sich hat: Im Mittelalter zog man Mauern zwischen den korinthischen Säulen ein und errichtete zusätzlich einen Zinnenkranz. Später war der kühle Raum zwischen den dicken Mauern gerade noch als Schlachthaus zu gebrauchen. Erst im letzten Jahrhundert wurde der unwürdige Zustand beendet – und *wir stehen vor einem der besterhaltenen römischen Bauwerke in Portugal.*

Rechts vorbei am **Stadtmuseum** kommen wir zur **Kathedrale** *(Sé)*. Das Hauptportal mit den zwölf Apostelfiguren ist Gotik in höchster Vollendung, der schlichte Innenraum wird aufgelockert durch die weiß gefugten Mauerquader. Im Chor findet auch farbiger Marmor Verwendung. Den eigentümlichen Vierungsturm schaut man sich am besten von außen an: Acht kleine Türmchen umgeben eine zentrale Spitze. Die beiden Türme über dem Portal unterscheiden sich deutlich. Beim Verlassen der Kathedrale gehen wir geradeaus in die *Rua 5 de Outubro* hinein, in der sich Kunstgewerbe- und Andenkenläden aufreihen. An ihrem Ende stoßen wir auf den herrlichen *Praça do Giraldo* mit dem **Turismo** auf der gegenüberliegenden Seite. Hier wenden wir uns nach links und spazieren am Platzende rechts die *Rua Romão Romalinho* hinunter bis zur ehemaligen **Klosterkirche São Francisco**. Statt sich jedoch die schönen Hufeisenbögen und die herrliche Kanzel anzuschauen sowie die vielen Seitenkapellen in dem hohen Kirchenschiff, marschiert der versammelte Touristenstrom nach rechts in die angebaute Kapelle **Capela dos Ossos** *(täglich 9:00–18:30 Uhr, im Winter bis 17:00 Uhr, 5 € einschl. Museum und Krippenausstellung).*

Die Inschrift über dem Zugang lautet:

»Unsere hier versammelten Gebeine warten nun auf deine«

Auch mit Knochen und Schädeln kann man Muster gestalten

In der **Knochenkapelle** haben Franziskanermönche über Jahrhunderte hinweg die Gebeine Verstorbener ordentlich aufgestapelt und kunstvoll drapiert, um an die Vergänglichkeit des menschlichen Lebens zu erinnern: Unterschenkel zu Unterschenkeln, Oberarm (oder Oberschenkel) zu Oberarmen, Schädel zu Schädeln. Teilweise sind sogar Muster aus Knochen gelegt, ziemlich makaber... Kontrastprogramm finden Sie im Obergeschoss, wo sich ein kleines Museum mit einer tollen, teilweise recht skurrilen, Ausstellung von internationalen Krippen befindet. Von der Terrasse aus hat man außerdem einen schönen Blick über die Altstadt. Jeden zweiten Dienstag findet übrigens auf einem großen Platz südlich der Stadtmauer ein bunter Markt statt.

In der Knochenkapelle haben Franziskanermönche über Jahrhunderte hinweg die Gebeine Verstorbener ordentlich aufgestapelt

Haben Sie eigentlich schon überlegt, ob und wo Sie in **Évora** übernachten wollen? Wenn es heiß ist im Alentejo empfehlen wir Ihnen den Campingplatz am Stadtrand:

031 Évora – *Camping Orbitur*

GPS/Kontakt: N 38°33'26" W 07°55'33", Tel. 00351 266 705109, www.orbitur.pt. **Öffnungszeit**: Ganzjährig. **Ausstattung**: Pool, Minimarkt, Snackbar, Spielplatz. **Beschreibung**: Angenehmer Platz mit parzellierten und freien Plätzen, Schattenbäume. Am südwestlichen Stadtrand gelegen, ca. 2,5 km ins Zentrum, Bushaltestelle vor der Tür. **Preis**: 15–29 €. **Zufahrt**: An der N380 (Évora Richtung Alcáçovas verlassen).

032 Évora – Parking Autocaravanas

GPS: N 38°33'48" W 07°55'00". **Max. WOMOs**: 30. **Ausstattung**: Ver- und Entsorgung. **Beschreibung**: Zweigeteilter, befestigter Parkplatz mit einzelnen Schattenbäumen, die Hälfte ist für WOMOs freigegeben. Laut wegen der nahen Straße, nachts herrscht wesentlich weniger Verkehr. Hallenbad nebenan, ca. 1,4 km ins Zentrum. **Zufahrt**: Von Süden auf der N380 kommend beim 2. Kreisverkehr rechts, nach 130 m links.

Intermarché bietet zudem die **Ver- und Entsorgung** an (N 38°33'11" W 07°54'46").

Wir verlassen Évora am Kreisverkehr vor dem großen Parkplatz im Norden in Richtung Igrejinha. Die Verkehrsführung ist etwas verwirrend, aber immerhin ist das Dorf gut ausgeschildert. In der Nähe von Igrejinha haben wir auf der Landkarte wieder einen Stausee entdeckt, der sich zwar nicht als badetauglich erweist, aber trotzdem ein angenehmes Plätzchen zu bieten hat. Kurz nachdem wir die A6 überquert haben biegen wir nach rechts ab. Das Dorf **Igrejinha** hat eine »Umgehungsstraße« bekommen, der Barragem do Divor ist gleich am Ortsanfang nach links ausgeschildert.

033 Albufeira do Divor

GPS: N 38°42'03" W 07°55'07". **Max. WOMOs**: 3. **Ausstattung**: Keine. **Beschreibung**: Ebene Fläche im Wäldchen am Seeufer (Schatten). Außerorts und einsam gelegen, aber lautes Hundegebell vom Hof nebenan. **Zufahrt**: In Igrejinha links, immer am Ortsrand entlang, nach 2,4 km links (ausgeschildert). **Hinweis**: Bei unserem letzten Besuch waren hier Bauarbeiten im Gange, es sieht so aus, als ob ein Picknickgelände angelegt werden würde. Fahren Sie über die Staumauer, falls man hier nicht mehr stehen kann, und versuchen Sie es dort (Wenden ist möglich).

Zurück in Igrejinha halten wir uns bei der großen Brunnenanlage am Ortsrand geradeaus und biegen am Ende der Straße rechts. Wir bleiben immer geradeaus, einmal durch das Dorf hindurch. Die meisten Häuser, die die Hauptstraße säumen, sind nicht größer als ein WOMO – vermutlich aber wesentlich dunkler innen, denn viele haben nur eine Tür, nicht einmal ein Fenster. Schnurstracks geht es dann nach Westen, schließlich unter der Auto-

Évoramonte ist einfach nur schön!

bahn hindurch und dann treffen wir auf die N18, auf die wir nach links einschwenken. Wir düsen parallel zur A6 dahin und erreichen **Évoramonte**, das aus zwei völlig voneinander getrennten Ortsteilen besteht: Im Tal führt die N18 durch das untere, ziemlich unscheinbare Dörfchen. Am Dorfplatz mit Palme geht es links steil hinauf zum **Castelo**.

034 Évoramonte

GPS: N 38°46'09" W 07°43'05". **Max. WOMOs**: 3. **Ausstattung**: Picknickbank, Infotafel, Aussichtsschaukel. **Beschreibung**: Ebener Schotterparkplatz mit toller Aussicht, fast schattenlos, WC oben im Dorf. Außerorts, zwar direkt an der Straße hinauf ins Dorf, aber nachts einsam und ruhig. **Zufahrt**: Im unteren Dorf Évoramonte links hinauf zum Castelo, nach 500 m links. **Hinweis**: Nach weiteren 400 m kleine Kapelle in einer Rechtsserpentine, hinter der man ebenfalls parken kann.

Äußerst eigenwillig: Castelo von Évoramonte

Der Schotterweg gegenüber führt geradewegs hinauf zum unteren Burgtor beim Friedhof. *Innerhalb der zinnengekrönten Mauern säumen einstöckige, strahlend weiße Häuschen mit gewaltigen Schornsteinen die holprigen Kopfsteinpflastergassen*. Überragt werden sie von der Burg, einem äußerst eigentümlichen Gebäude aus Zentralbau und vier flankierenden Rundtürmen. Der ganze Block wird scheinbar von zwei steinernen Tauen mit säuberlichen Schleifen zusammengehalten, im Inneren könnte man in drei Stockwerken rauschende Feste feiern und vom Flachdach weit in die Alentejo-Runde blicken *(täglich außer Mo. und Di. Vormittag 10:00–13:00 und 14:30–18:00 Uhr, im Winter nur bis 17:00 Uhr, 2 €)*. Wir kehren zur N18 zurück und setzen unseren Weg Richtung Estremoz fort.

035 ***Camping Alentejo***

GPS/Kontakt: N 38°47'36" W 07°41'11", Tel. 00351 936 799249, www.campingalentejo.com. **Öffnungszeit**: Ganzjährig. **Ausstattung**: Pool, kleine Bücherei, Tischtennisplatte. **Beschreibung**: Kleiner, sehr gepflegter Platz, Parzellen teilweise mit Schattenbäumen. Snacks und Getränke erhältlich, Brötchenservice. Außerorts, etwas unterhalb der N18 gelegen (Verkehrslärm deutlich hörbar), Umgebung ansonsten sehr idyllisch. **Preis**: 12–16 €. **Zufahrt**: Direkt an der N18, 3 km hinter Évoramonte Richtung Estremoz.

Den Rinderherden auf den Stoppelfeldern scheint die Sommerhitze nichts auszumachen, wir dagegen haben das Gefühl, dass die Temperatur von Kilometer zu Kilometer steigt. Wenn man das Fenster öffnet fühlt es sich an, als ob jemand mit dem Föhn hereinpusten würde. Klimaanlagen können ein Segen sein... *Diese hitzeflirrenden Felder mit den dösenden Rindern unter den einzelnen, weit ausladenden Korkeichen, überspannt vom endlos blauen Himmel, wird in Zukunft als Bild vor uns auftauchen, wenn wir das Wort Alentejo hören.*

Seit wir hier unterwegs sind begleiten uns immer und überall die landschaftsprägenden Korkeichen. Die Stämme sind jedoch völlig unterschiedlich: Manche sind rot, andere schwarz, dann wieder grau oder braun! Es sind die Stämme der Korkeichen, deren Farbe vom Zeitpunkt der letzten Schälung abhängt.

Kork/*Cortiça*

Portugal ist führend in der weltweiten Korkproduktion mit einem Marktanteil von über 50 Prozent, gefolgt von Spanien, Algerien und Marokko. Viele Tausend Arbeitsplätze hängen an diesen knorzigen Bäumen. Und zahlreiche Produkte werden daraus hergestellt: Neben Korken, Baustoffen und Schuhsohlen auch wunderschöne Schalen, Schmuck, Taschen, Geldbeutel und vieles mehr.

25 Jahre dauert es, bis die Rinde einer Korkeiche mit speziellen Äxten und viel Gefühl und Geduld erstmalig vom Stamm gelöst werden kann. Da der Baum als einziger seiner Art diese regenerieren kann, wird er von nun an alle neun Jahre geschält, was sein Wachstum übrigens nicht schädigt. Ist die Rinde frisch entfernt, so leuchtet der Stamm ockerrot. ***Die aufgepinselte Zahl zeigt das Jahr der letzten Schälung an: Zwei steht also für 2022, die Rinde darf nun mindestens wieder bis 2031 wachsen.***

Der Kork wird zunächst sechs Monate gelagert, anschließend gekocht und dann weiterverarbeitet. Erst ab der dritten Ernte taugt er jedoch zur Herstellung von Weinkorken, vorher ist er lediglich als Granulat für Bodenbeläge oder Dämmstoffe geeignet. Die eingeschlossenen Luftzellen verleihen dem Naturstoff sowohl seine Elastizität als auch die Fähigkeit, gut zu isolieren und zu dämpfen.

Im Lauf seines durchschnittlich 200-jährigen Lebens liegt der Ertrag eines Baumes bei etwa 1.000 Kilogramm. Korkwälder haben nicht nur eine hervorragende CO_2-Bilanz, sie gelten wegen ihrer Artenvielfalt zudem als wertvolle intakte Ökosysteme.

Estremoz (6.800 Einwohner)

Die IP2 führt an der Unterstadt vorbei, rechts oberhalb liegt die Oberstadt in der sternförmigen **Vauban-Festung**. Dorthin möchten wir Sie zuerst locken:

Gleich beim ersten Kreisverkehr biegen wir rechts *(Castelo)*. Bergauf durch Weinberge erreichen wir eine im Original erhaltene **Zugbrücke**. Rechts daneben, unmittelbar vor der Stadtmauer, gibt es eine ebene, asphaltierte Fläche, die große WOMOs zum Parken während der Besichtigung der Oberstadt nutzen können (N 38°50'31" W 07°35'43"). Wem der Platz zu abgelegen erscheint, der muss sich über die Zugbrücke wagen – **Hinweis**: Es gibt weder eine Höhen- noch Breitenangabe, ebenso wenig eine Gewichtsbeschränkung. Kleinlaster nutzen die Brücke völlig unbekümmert, während unserer Beobachtungszeit ist auch keiner stecken geblieben, also los!

Anschließend geht es nach links, immer an der Stadtmauer entlang. Die Kopfsteinpflasterstraße ist wieder breit und führt uns nach 200 Metern zu einem ebenen **Parkplatz** mit Schat-

Praça Luís de Camões mit Pelourinho

Arco de Santarém mit dem Bergfried im Hintergrund

tenbäumen und Ausblick gegenüber einer Kirche (N 38°50'35" W 07°35'49"). Von hier oben kann man sogar zu unserem letzten Ziel zurückblicken: Der kleine Turm auf dem Hügel am südwestlichen Horizont gehört zur Burg von Évoramonte.

Das Straßenbild der Oberstadt ist typisch für das Alentejo: Gerade, schmale Gassen, beidseitig von engstehenden Hausreihen flankiert, die den Blick in die weite Landschaft freigeben. Wir spazieren auf der *Rua Direita* schnurstracks hinauf zum **Castelo**. Innerhalb dessen Mauern stehen der ehemalige **Königspalast**, die dreischiffige **Kirche Santa Maria do Castelo** (mit zwei Bildern von El Greco), der mächtige **Bergfried** sowie das **Denkmal der Heiligen Isabel** (Ehefrau von König Dinis I.). Der Palast beherbergt heute übrigens eine der nobelsten *Pousadas* des Landes, was im krassen Kontrast zur auffälligen Armut der Oberstadt-Bewohner steht. Den Turm können Sie besteigen, fragen Sie an der Rezeption der *Pousada* nach. ***Hoffentlich haben Sie die Sonnenbrille nicht vergessen, denn als Baumaterial fand der glänzend weiße Marmor aus den Steinbrüchen der Umgebung Verwendung.***

Aber auch die Unterstadt hat Sehenswertes zu bieten. Wir rollen zurück zum Kreisverkehr auf der IP2 und halten uns rechts. An einer Abzweigung halten wir uns links (also nicht Richtung *Centro*, dort wird es nämlich eng!). Geradeaus geht es weiter, vorbei am Parkplatz der Stierkampfarena. An dessen Größe kann man ersehen, welche Bedeutung dieses Spektakel hier in der Gegend hat. Erst nach dem *Centro de Saúde* (weißes Gebäude mit Arkaden) biegen wir rechts, nehmen dann die dritte Straße rechts und landen auf dem ***Rossio*** *(Praça Marquês de Pombal)*. Auf dem riesigen, gepflasterten Platz wird nicht nur samstags von 8:00–13:00 Uhr **Wochenmarkt** abgehalten, sondern es gibt auch reichlich Parkplätze (außer eben von Freitag auf Samstag).

036 Estremoz, Rossio – N 38°50'34" W 07°35'08"

Von hier aus kann man prima zu Fuß einen Stadtrundgang starten und den Tag in einem der zahlreichen Restaurants ausklingen lassen.

Vor der Weiterfahrt haben Sie auch noch die Möglichkeit zur **Ver- und Entsorgung** bei der Tankstelle von *Intermarché* (N 38°50'46" W 07°34'55").

In der Oberstadt von Estremoz

Tour 5

Tour 5

Marmor, Stauseen und Liebesbriefe
Von Estremoz nach Beja
245 km

Durch Weinbaugebiete und zwischen Marmorbrüchen hindurch führt die Route allmählich nach Süden. Bei der Fahrt durch die bezaubernde Landschaft dürfen Sie sich freuen auf:

- **Herzogspalast in Vila Viçosa**
- **Albufeira de Odivelas**
- **Alvito**
- **São Cucufate**
- **Beja**

Wir verlassen Estremoz auf der N4 Richtung Osten. Schon am Ortsausgang entdecken wir die ersten Marmorsteinbrüche – und das ist erst der Anfang. Auf der N255 geht es nun Richtung Vila Viçosa. Wenn Ihr WOMO unter 3,5 Tonnen wiegt und Sie Wein mögen, sollten Sie noch bis zum Abzweig Richtung **Borba** (3.300 Einwohner) weiterfahren. *Borba lebt nicht nur vom Marmor: Der Ort ist in ganz Portugal bekannt für seine hervorragenden Weine.*

Bereits nach 200 Metern liegt rechts an der Hauptstraße die ***Adega Cooperativa de Borba***, wo man sich im Laden mit leckeren Tröpfchen eindecken kann *(täglich außer So. 9:00–19:00 Uhr, Parkplatz gegenüber)*.

Da es im Ort eng zugeht, kehren wir wieder zum Abzweig zurück. Die N255 erweist sich allerdings rasch als langweilig; kerzengerade zieht sie gen Südosten, zu sehen gibt es hier nichts. Biegt man jedoch nach 3,4 Kilometern nach links, so erreicht man Vila Viçosa auf einer Straße, die mitten durch die größten Marmorbrüche der Gegend führt.

Marmor/*Mármore*

Der Marmor aus Portugal ist weltbekannt, insbesondere der rosafarbene. Dieser wird im Umkreis von rund elf Kilometern um die Ortschaften Vila Viçosa, Estremoz und Borba abgebaut. In Estremoz findet man vorwiegend weißen und beigen Marmor, in Borba ist es eher der rosafarbene und in Vila Viçosa gibt es von allem etwas. Um die Jahrtausendwende waren noch etwa 200 Steinbrüche in Betrieb, heute sind es höchstens noch halb so viele. *Die Abbaulöcher sind bis zu 60 Meter tief, direkt neben der Straße türmen sich weiße Abraumhalden und gigantische Puderberge*. Einige Unternehmen verkaufen ihre Blöcke zur Verarbeitung weiter, während andere selbst über entsprechende Anlagen verfügen.

Marmor ist ein Weichgestein, welches sich aus den Mineralien Kalzit, Dolomit und Aragonit zusammensetzt. Es entstand durch Umwandlung von karbonatreichem Gestein unter Einwirkung von großem Druck und hohen Temperaturen. Viele Marmorarten sind eher mittel- bis großkristallin, der hiesige Marmor besitzt jedoch eine sehr feinkristalline Struktur. Marmor ist im Gegensatz zu Kalkgestein u.a. daran zu erkennen, dass die einzelnen Kristalle an den Spaltflächen schimmern.

Vila Viçosa (4.600 Einwohner)

Der frühere Sitz der Herzöge von Bragança gilt heute als Hauptort des portugiesischen Marmorabbaugebiets. Und beides hat sich im Stadtbild niedergeschlagen: Zahlreiche Gebäude sind aus dem edlen weißen Stein gebaut und das markanteste davon ist der 110 Meter lange **Paço Ducal**, in dem die Herzogsfamilie von 1500-1640 residierte.

Gleich am Ortseingang, geradeaus kurz hinter dem ersten Kreisverkehr, kann man sich im **Museu do Mármore** *(täglich*

TOUR 5

Der Marmorpalast der Herzöge von Bragança in Vila Viçosa

außer Mo. 9:30–13:00 und 14:30–18:00 Uhr, im Winter jeweils eine halbe Stunde früher, 1,50 €) über den Abbau des »Weißen Goldes« informieren und verschiedene Exponate bewundern (N 38°47'12" W 07°25'29").

Wenn Sie der Straße weiter folgen gelangen Sie geradewegs zum prächtigen **Herzogspalast** *(Di. 14:00–18:00 Uhr, Mi.–So. 10:00–13:00 und 14:00–18:00 Uhr, im Winter nur bis 17.00 Uhr, 7 €, englischsprachige Führung Mi., Do. und Fr. um 11:00 Uhr).*

Da ab dem Kreisverkehr vor dem Marmor-Museum aber ein Verbot für Fahrzeuge über 3,5 Tonnen gilt, fahren Schwergewichte ein Stück zurück, am Kreisverkehr Richtung Alandroal bis zum nächsten Kreisverkehr und erst dort bei der zweiten Ausfahrt Richtung Zentrum. So gelangt man zu einem riesigen unbefestigten Platz am Rand des historischen Ortszentrums, der sich als Parkplatz während der Besichtigung anbietet und wo am Rand sogar ein paar Bäume Schatten spenden.

037 Vila Viçosa – N 38°46'38" W 07°25'17"

Von hier aus sind es knapp 700 Meter zu Fuß zum Palast und auf dem Weg dorthin kommt man an einigen Restaurants vorbei. Das neben dem Parkplatz liegende städtische Freibad verspricht in der sommerlichen Hitze nach der Besichtigung wunderbare Abkühlung.

Auch die N254 führt uns anfangs zwischen Kränen, weißen Blöcken und Steinbrüchen hindurch. Und überall gewaltige weiße Hügel – Marmorstaub! Als wir das Marmortal endgültig verlassen, rollen wir auf einer Allee zwischen geschälten Korkeichen hindurch.

Redondo ist eine dieser typisch unbekannten Perlen im Alentejo: Ein entzückendes historisches Zentrum mit Burg, inner-

Kleine Stärkung zwischendurch: Galão und Tosta Mista

halb deren Mauern ebenfalls Wohnhäuser gebaut sind, alles ganz ruhig und beschaulich. Wir scheinen die einzigen Touristen zu sein, die durch die Kopfsteingässchen schlendern. ***Bekannt ist die Kleinstadt für ihre Töpfereien (Olarias)*** – wir können nicht widerstehen und fahren für den Rest des Urlaubs einige schöne Steingutschüsseln spazieren... Und wie fast überall gibt es hier auch ein Schwimmbad, was wir im Sommer im heißen Alentejo immer wieder sehr zu schätzen wissen – und einen Stellplatz!

038 Redondo

GPS: N 38°38'43" W 07°32'33". **Max. WOMOs**: >30. **Ausstattung**: Ver- und Entsorgung. WC, Dusche (beides im Winter geschlossen). **Beschreibung**: Großer unbefestigter Platz, etwas uneben, fast schattenlos, am südöstlichen Ortsrand. **Zufahrt**: In Redondo Richtung Évora halten. Am 4. Kreisverkehr links, nach 500 m rechts, dann der Ausschilderung *Zona Industrial* folgen.

Von Redondo geht es zuerst in Richtung Évora, wir biegen jedoch bereits 700 Meter nach dem Ortsschild nach links Richtung Santa Suzana (M534). Die Landschaft strahlt eine unfassbare Ruhe aus, leider überträgt sich diese nicht auf den Fahrer, da dieser nur damit beschäftigt ist den zahlreichen Schlaglöchern auszuweichen. Wer nicht gerne auf Straßen in schlechtem Zustand unterwegs ist, kann auch auf der R381/M513 nach Süden fahren.

Wir halten uns tapfer und rollen nach 11,5 Kilometern durch Santa Suzana und wenig später über die Staumauer des **Albufeira de Monte Novo** (gefühlt ist der Straßenzustand nun noch schlechter). Unmittelbar dahinter liegt rechterhand eine ebene, schattenlose Fläche mit Seeblick.

039 Albufeira de Monte Novo – N 38°30'43" W 07°42'42"

Der schier endlose Sternenhimmel entschädigt für die holprige Anfahrt und wir verbringen eine ruhige Nacht hier.

Der grobe Asphalt der Straße wird leider noch löchriger und so freuen wir uns, als wir kurz darauf auf die N256 treffen und das Gerüttel endlich ein Ende hat. Es sind gerade einmal zwei Kilometer, dann geht es auf der IP2 nach Süden (Richtung Beja) noch flotter dahin. In **Portel** legen wir wieder einen Zwischenstopp ein, *die hübsche Altstadt hat viel Flair*. Eine weithin sichtbare **Burg** überragt den Ort und ein Bummel durch die Gassen hinauf lohnt sich nicht nur wegen des schönen Rundumblicks.

TOUR 5

040 Portel

GPS: N 38°18'22" W 07°42'28". **Max. WOMOs**: 7. **Ausstattung**: Ver- und Entsorgung. **Beschreibung**: Befestigter Platz, eben und schattenlos. Am westlichen Ortsrand in einem ruhigen Viertel zwischen Polizei *(GNR)*, Gericht und freiwilliger Feuerwehr *(Bombeiros)*. **Zufahrt**: Ausfahrt Portel von der IP2, am Kreisverkehr Richtung Zentrum. Erste Straße rechts, nach 200 m links, dann wieder links.

Es wäre schade, wenn Sie von hier direkt nach Beja weiterdüsen würden. Den folgenden Schlenker nach Westen werden Sie bestimmt nicht bereuen!

Kerzengerade geht es auf der N384 in Richtung Viana do Alentejo, lediglich um den Albufeira do Alvito muss die Straße mehrere Haken schlagen. Direkt am Ufer, südlich von **Oriola**, gibt es einen idyllischen, privaten Stellplatz, der uns von Lesern empfohlen wurde, den wir aber auch noch nicht kennen.

041 Oriola – N 38°18'52" W 07°52'04"

Knapp vor dem Ortsschild von Viana siegt mal wieder die Neugierde und wir blinken rechts. Unser Ziel ist das **Santuário Nossa Senhora d´Aires**. *Die wuchtige barocke Wallfahrtskirche wurde 1804 eingeweiht und ragt weithin sichtbar aus der Ebene* (*täglich außer Mo. 9:00–12:30 und 14:00–18:30 Uhr, im Winter 8:30–12:30 und 14:00–17:30 Uhr*, N 38°20'29" W 07°59'08"). Zweimal jährlich findet hier eine Prozession statt, im April zu Pferde und am vierten Septemberwochenende als Messe. Wie groß dieses Kirchenfest sein muss, kann man sich anhand der riesigen Parkflächen, die hier eingerichtet sind, vorstellen. Vermutlich deshalb stehen überall auf den umliegenden Wiesen »Camping verboten«-Schilder. Links neben der Kirche kann man aber wunderbar an Picknicktischen pausieren.

Barocke Pracht im Alentejo: Wallfahrtskirche Nossa Senhora d´Aires

Viana do Alentejo (2.500 Einwohner) hat eine ungewöhnliche Burganlage zu bieten, die wir Ihnen gerne zeigen möchten: Fahren Sie beim Kreisverkehr am Ortseingang links leicht bergauf und bei der T-Kreuzung vor der Hügelkette rechts. Wenn Sie nun immer geradeaus bleiben, kommen Sie direkt zur **Burg**, die von König Dinis 1313 errichtet wurde *(täglich 10:00–13:00 und 14:00–18:00 Uhr, im Winter 9:30–13:00 und 14:00–17:30 Uhr,* N 38°19'55" W 08°00'07"). Die weißen Wände der eingebauten **Igreja Matriz** aus dem 16. Jahrhundert überragen die braunen Burgmauern. Neben WOMO-tauglichen Parkmöglichkeiten finden Sie hier auch das Turismo und öffentliche WCs.

Die weißen Wände der eingebauten Mutterkirche *(Igreja Matriz)* aus dem 16. Jahrhundert überragen die braunen Burgmauern

Wer im Gewirr der engen Einbahnstraßen von Viana nicht verzweifeln möchte, dem empfehlen wir, besser wieder zum Kreisverkehr am Ortseingang zurück zu fahren und dort nach links abzubiegen. Halten Sie sich bis zum zweiten folgenden Kreisverkehr immer Richtung Alcáçovas, dort müssen Sie sich entscheiden: Geradeaus gelangt man zum Stellplatz, links führt unsere Tour weiter Richtung Vila Nova de Baronia.

042 Viana do Alentejo

GPS: N 38°20'21" W 08°00'40". **Max. WOMOs**: 10. **Ausstattung**: Ver- und Entsorgung, Freibad *(Piscina)* und Stadtpark *(Parque Municipal)* nebenan. **Beschreibung**: Parkplätze mit wenig Schatten am westlichen Ortsrand. **Zufahrt**: In Viana do Alentejo immer Richtung Alcáçovas, bei der Feuerwehr *(Bombeiros)* links, nach 350 m rechts. **Hinweis**: Meiden Sie Sommerwochenenden, denn dann ist hier bis spät in die Nacht oft ziemlich viel los (laut).

Viana do Alentejo: Kirche hinter Mauern

Über Vila Nova de Baronia gelangen wir auf einer löchrigen Straße zum **Stausee von Odivelas**. Man kann hier, gleich hinter der Staumauer, am **Praia Fluvial de Odivelas** (N 38°11'02" W 08°06'47") wunderbar einfach nur ein paar Stunden den Bauch in die Sonne strecken, ein wenig im See planschen oder picknicken (schattige Parkplätze, Gaststätte, WC, Duschen, aber Hundeverbot). Und gleich nebenan ist ein sehr empfehlenswerter Campingplatz:

043 Albufeira de Odivelas – *Markádia*

GPS/Kontakt: N 38°11'02" W 08°06'13", Tel. 00351 284 763141, www.markadia.pt. **Öffnungszeit**: Ganzjährig. **Ausstattung**: Restaurant, Minimarkt, Spielplatz, Pool (kostet extra), Kanu-, Kajak- und Tretbootvermietung. **Beschreibung**: Großzügiger Platz in herrlicher Lage direkt am Stausee, naturnah, ruhig und friedlich, mit vielen Schattenbäumen. Unparzelliert und mit der Bitte, mindestens 10 m Abstand zum Nachbarn zu halten. Außerorts gelegen, mit vollem Kühlschrank anzureisen ist empfehlenswert. **Preis**: 21–32 €. **Zufahrt**: Von der N257 in Richtung Odivelas links abbiegen, hinter der Staumauer noch ca. 650 m geradeaus, dann links (ausgeschildert).

Rundwanderung nach Odivelas

Weglänge 12,5 km.

Wir starten am Eingang des Campingplatzes und kehren zuerst zurück zum Praia Fluvial, wo wir uns noch vor der Staumauer links bergab halten (Asphaltstraße). Nachdem wir den Kanal überquert haben, wenden wir uns auf den breiten, unbefestigten Fahrweg nach links. Nach 250 Metern biegt der Weg nach rechts und erreicht schließlich das Ende eines kleinen Seitenkanals, wo wir auf die andere Seite. Geradeaus geht es weiter, der Weg wird steiniger und führt in einem Linksbogen bergab. *Wir sind hier auf Weideland unterwegs, wundern Sie sich also nicht, wenn Ihnen Kühe begegnen*. Immer entlang eines Baches werden wird nach Südwesten geführt, bis wir schließlich nach insgesamt etwa 5,2 Kilometern **Odivelas** erreichen. Wenn man auf die N2 trifft kann man etwas abkürzen und sich gleich nach links wenden (dann muss man allerdings entlang der Straße gehen) oder zuerst noch ins Dorf marschieren (nach dem Überqueren der N2 rechts halten bis zu einer Kreuzung, dort auf Kopfsteinpflaster links bergauf). Nun müssen Sie ein paarmal links-rechts (achten Sie auf die Markierungen), bevor es schließlich im Linksbogen wieder bergab zurück zur N2 geht. Der Weg führt geradeaus weiter am Rand einer Zitrusplantage, immer leicht bergan. Nachdem wir den Bewässerungskanal erneut überquert haben, biegen wir in den nächstmöglich Sandweg nach links und dann gleich wieder rechts. Wir folgen dem Hauptweg durch Plantage führt, bis wir erneut den Rand der bewässerten Baumreihen erreichen. Hier geht es nun nach entlang (zuerst rechts), schließlich wieder über freies Feld, bevor wir wieder zum Abzweig zum Campingplatz rechts gelangen.

Wir haben die Tour mit dem Fahrrad (Mountainbike) gemacht, was problemlos machbar ist, lediglich die Wegführung über die Weide bergab ist technisch etwas anspruchsvoller.

Alvito (1.200 Einwohner)

Der nächste Ort entpuppt sich auch wieder als bezaubernd und lädt zum Anhalten und Umherschlendern ein (übrigens ziemlich genau auf halber Strecke zwischen Évora und Beja). Biegt man

Auch Störche wohnen im Mehrfamilienhaus...

Strahlend weiß: Ermida de São Sebastião

im Ort gleich die erste Straße rechts bergab bis zum großen Festplatz *(Parque de Feiras)* und dort links bis zur N258, so kann man dieser nach links folgen und sichtet schon bald die kleine **Ermida de São Sebastião**, die uns besonders gut gefällt. Hier oder noch etwas weiter geradeaus lässt sich das WOMO gut parken (N 38°15'28" W 07°59'26"). Glücklicherweise ist die Kapelle gerade geöffnet (was wohl eher selten der Fall ist) und so bekommen wir von der Frau mit dem Schlüssel gleich noch einige sehr engagierte Erklärungen zu den Fresken im Inneren geliefert. Viel verstehen wir leider nicht, aber beeindruckend ist es trotzdem! *Außer idyllischen Straßenzügen mit hübschen manuelinischen Toreingängen gibt es in Alvito eine Burg, die heute eine Pousada beheimatet, und weitere Kirchen zu bewundern.*

Alvito

Und lecker essen kann man hier auch, wir genießen die klassisch alentejanische Küche im ***Restaurante O Buraco da Zorra*** (beim Rathaus mit Uhrturm, *So. geschlossen*).

Von Alvito geht es in Richtung Beja. In **Vila Ruiva**, wo die Zeit stehengeblieben zu sein scheint, biegen wir nach links zum *Barragem* (am Ortsausgang **Brunnen** beim Waschhaus rechts). Bei der alten, vielbogigen und unbedingt sehenswerten **römischen Brücke** mutet die Landschaft geradezu biblisch an: Friedlich grasende Schafe zwischen knorzigen Ölbäumen, außer dem Summen von Bienen ist kein Geräusch zu hören. Selbst der Straßenbelag scheint noch aus alter Zeit zu stammen. Trotzdem hält auch hier die Neuzeit allmählich Einzug: Immer mehr der bäuerlichen Kulturlandschaft, die das Bild des Alentejo prägt, wird plattgemacht, eingeebnet und zu Plantagen umgewandelt, in denen niedrige Olivenbäume und Rebstöcke in Reih und Glied stehen – mit allen Nachteilen einer intensiven Landwirtschaft...

Römische Brücke bei Vila Ruiva

Unser Ziel ist der nahe **Stausee**, doch vorher schlägt das Sträßchen noch einen Bogen durch die Hügellandschaft und durchquert Albergaria dos Fusos. Erst danach zweigen wir rechts in Richtung See ab (dieser ist hier mit **Barragem do Albergaria dos Fusos** ausgeschildert). Vor der Staumauer kann man nach links zum neuen Praia Fluvial abbiegen. Bei unserem letzten Besuch war hier noch Baustelle, im Oktober 2023 sollte auch eine WOMO-Servicestation mit Parkmöglichkeit eröffnet werden. Geben Sie Bescheid, wenn Sie vorbeikommen, was daraus geworden ist.

044 Praia Fluvial Albergaria dos Fusos
N 38°17'15" W 07°55'06"

Rundwanderung nach Vila Alva

Weglänge 9,5 km.

Wir fahren über den Staudamm und parken das WOMO direkt am Ende links. Dann folgen wir dem breiten Erdweg entlang des Ufers nach Osten. Die Abzweige links zum See lassen wir unbeachtet, sie erweisen sich als Sackgassen. 1,8 Kilometer hinter dem Stellplatz zweigt ein schmalerer Weg in einer Rechtskurve nach links ab, diesem folgen wir (ab hier beginnt der Rundweg, den wir im Uhrzeigersinn gehen). Nun muss man wegen der vielen abzweigenden Trampelpfade und Fahrspuren ein bisschen aufpassen: Zuerst behalten wir die Richtung Osten bei, dann schwenken wir nach rechts zu einem Häuschen. Von dort peilen wir leicht bergab ein etwas größeres Haus an. Der Weg wird wieder breiter und ist nun nicht mehr zu verfehlen. Leicht bergauf geht es weiter bis **Vila Alva**, das uns mit einem schönen **Aussichtspunkt** (*Miradouro*) mit Picknickbank erwartet.

Auf der gepflasterten Straße gehen wir ein Stück geradeaus in das Dorf hinein und marschieren dort die erste schmale Gasse rechts bergab. Weiter rechts nach unten sind wir schnell bei den letzten Häusern angelangt und gehen am Ende des gepflasterten Wegs geradeaus weiter, schließlich den Hügel links hinauf. Oben treffen wir auf eine unbefestigte Fahrstraße, der wir nach rechts folgen. Immer geradeaus treffen wir auf die Stelle, an der wir unseren Rundweg begonnen haben und gehen gemütlich zurück.

Zurück in Albergaria dos Fusos wenden wir uns am Ortsausgang links nach Vila Alva. Wir durchqueren das Dorf, was scheinbar nicht allzu oft vorkommt – wir sind ein echter Hingucker; jeder, dem wir begegnen, dreht den Kopf und schaut uns verwundert nach. Am Ortsausgang entdecken wir beim Waschhaus auf der linken Seite einen **Brunnen**. Unser nächstes Ziel ist Vidigueira, aber bereits vier Kilometer vor dem Städtchen weist ein braunes Schild zu den römischen Ruinen von São Cucufate. Ein schmales Teersträßchen führt zum bescheidenen Heim eines römischen Großgrundbesitzers. Der gepflasterte Parkplatz ist übrigens stellplatzgeeignet, leider ziemlich schräg, aber nachts schön ruhig.

045 São Cucufate – N 38°13'21" W 07°50'43"

São Cucufate

Täglich außer Mo. und Di. Vormittag 10:00–12:30 und 14:30–18:30 Uhr, im Winter 10:00–13:00 und 14:00–17:30 Uhr, 3 €.

Das großartige Gebäude mit den flankierenden Doppelbogentürmen überdauerte nur deshalb die wechselvollen Jahrhunderte, weil es lange Zeit als Kloster genutzt wurde. Aus dieser Zeit sind umfangreiche Fresken in der »Klosterkirche« erhalten. Ob die Mönche sich auch in den Kalt- und Warmbädern geaalt haben, ist nicht überliefert. Auffällig ist am Baustil der feine Wechsel zwischen Naturstein und Ziegelschichten. *Auch wer bereits andere römische Ruinen in Portugal besichtigt hat, wird von São Cucufate beeindruckt sein.* Ausgrabungsfunde sind im Museum Casa do Arco im benachbarten Vila do Frades ausgestellt.

Interessante Materialwechsel in São Cucufate

Hinter Vila do Frades gelangen wir auf die N18/IP2 und sind kurz darauf schon in **Beja**. Das Wahrzeichen der Stadt, der 40 Meter hohe Torre de Menagem, ragt schon Kilometer vor der Stadtgrenze über der Straße empor.

Beja (22.200 Einwohner)

Zuerst stellt sich die Frage nach einem Parkplatz – Beja ist eng, verwinkelt und besteht aus Einbahnstraßen. Eine unbefestigte, schattenlose Freifläche am nordwestlichen Stadtrand bietet auch großen WOMOs Platz und von hier aus sind Sie rasch bei der Burg.

P Beja, Praça de Touros – N 38°01'11" W 07°52'05"

Sie wollen über Nacht bleiben? Dann steuern Sie den städtischen Campingplatz an:

046 Beja – *Camping Municipal*

GPS/Kontakt: N 38°00'28" W 07°51'44", Tel. 00351 284 311911. **Öffnungszeit**: Ganzjährig. **Ausstattung**: Campingplatzüblich, städtisches Freibad nebenan (ermäßigter Eintritt für Camper). **Beschreibung**: Einfach und ziemlich in die Jahre gekommen, aber sehr sauber und mit ausgesprochen freundlicher Rezeption. Etwas staubig (oder bei Regen matschig), da alles unbefestigt ist, einige Schattenbäume. Innerorts und verkehrsgünstig gelegen, trotzdem ziemlich ruhig. **Preis**: 7–12 €. **Zufahrt**: Von Norden kommend auf der IP2 immer geradeaus Richtung Mértola, erst beim 3. Kreisverkehr links (Beja Zentrum). Beim nächsten Kreisel rechts und dann links (kleines blaues Einzelschild).

TOUR 5

Torre de Menagem in Beja

Berühmt ist Beja eigentlich nicht wegen seiner Bauwerke, sondern wegen fünf Liebesbriefen! Aber schön der Reihe nach...

Unseren Stadtrundgang beginnen wir beim zinnengeschmückten **Torre de Menagem** *(täglich 9:30–12:00 und 14:00–17:15 Uhr, 2 €)*. *Man sollte die Mühe nicht scheuen und die 183 Stufen nach oben erklimmen, der Blick vom fast 40 Meter hohen Turm in die Weite des Alentejo ist grandios!*

Im **Castelo** *(täglich 9:30–12:30 und 14:00–18:00 Uhr, Eintritt frei)* befindet sich auch das ***Turismo***, wo wir uns zuerst einmal mit einem Stadtplan ausstatten lassen.

Gegenüber dem Burgfried schlendern wir in die schmale *Rua D. Manuel I.* Nach wenigen Metern kann man rechts durch ein Tor in einen Innenhof, den ehemaligen Armenfriedhof, gelangen, dahinter ist der Eingang zur **Igreja de Nossa Senhora da Piedade** *(täglich 9:30–12:30 und 14:00–18:00 Uhr)*. Die Kapelle gehört zum danebenliegenden gleichnamigen Krankenhaus und lässt uns staunen: *Die vergoldete Holz-Innenverkleidung aus dem 17. Jahrhundert ist prächtig*, wirkt aber ein wenig wie Kulisse. Und tatsächlich bekommen wir erklärt, dass diese vermutlich vor die ursprüngliche Steinauskleidung der Kirche geschraubt wurde. Die Holzausstattung stammt wohl aus einem aufgegebenen Kloster in der Nähe. Noch immer sind genauere Forschungen nicht möglich, es fehlt das Geld und die Voruntersuchungen der zuständigen Denkmalbehörden. Wir sind gespannt, ob sich diese Vermutungen irgendwann einmal bestätigen werden, bisher war der Zustand des Innenraums bei jedem Besuch der gleiche. So oder so ist die Igreja de Nossa Senhora da Piedade ein Schmuckstück!

Der prächtige Innenraum der Igreja de Nossa Senhora da Piedade

Wir folgen weiter der Gasse, biegen nach links und gelangen so zum *Praça da República*, dem Hauptplatz der Stadt. Den eigenwilligen Charakter der **Misericórdia-Kirche** mit ihrem riesigen Portikus versteht man erst, wenn man ihre ursprüngliche Bedeutung kennt: Eine schnöde Markthalle sollte sie einst werden! Erst der Anbau einer Kapelle erhob sie zum Gotteshaus. Ein Blick noch auf den zentralen **Pelourinho**, dann bummeln wir die *Rua dos Infantes* am anderen Ende des Platzes entlang und erreichen den *Largo da Conceição* mit der **Bronzestatue der Königin Leonor**. Nebenan, im **Convento de Nossa Senhora da Conceição**, das auch das

Santa Maria-Kirche

Museu Regional beherbergt *(täglich außer Mo. 10:00–12:30 und 14:00–17:30 Uhr, 2 €)*, lebte von 1640–1723 die Nonne Mariana Alcoforado. *Ihre Liebesbriefe an den Chevalier de Chamilly, in den sie sich unsterblich verliebt hatte und der ohne sie in seine Heimat Frankreich zurückgekehrt war, wurden über Nacht weltberühmt* und von Rainer Maria Rilke vom Französischen ins Deutsche übertragen.

Wir bestaunen nacheinander die prunkvoll mit vergoldeten Holzschnitzereien ausgestattete Klosterkirche, den Kreuzgang mit den schönen blau-gelben Azulejos und den wohl einmaligen Kapitellsaal, dessen zentrale Säule eine über und über bemalte Kuppeldecke trägt. Im kleinen Wappensaal ist der Grabstein der Familie Alcoforado zu sehen und im ersten Obergeschoss eine archäologische Sammlung.

Einst Markthalle, heute Kirche

Von der bronzenen Leonor sind es nur wenige Schritte zur **Igreja Santa Maria** mit ihren vier eigenwilligen weißen Türmchen. Während der maurischen Herrschaft diente sie als Moschee. Rechts neben dem Gotteshaus können wir Ihnen das traditionelle ***Restaurante O Alentejano*** wärmstens empfehlen, wir haben hier hervorragend zu Mittag gegessen.

Geht man links an der Kirche vorbei und biegt dann nochmals links in die *Rua Dr. Aresta Branco*, so wird man direkt zum Castelo geführt. Auf dem Weg dorthin fallen uns die teils prächtigen Bürgerhäuser auf, schmiedeeiserne Gitter deuten Minibalkone an. Rechts, unmittelbar vor dem Castelo, werfen wir noch einen Blick in die **Kathedrale** *(Sé)* von Beja und bewundern die unzähligen Azulejos. Wer in der Stadt die Augen offen, kann im Straßenraum übrigens auch immer wieder Street-Art entdecken.

Dona Leonor 1458–1525

Auf dem Rückweg zum Campingplatz sind wir uns einig: Beja muss man gesehen haben!

Auch das ist Beja: Leerstand und Verfall...

Tour 6

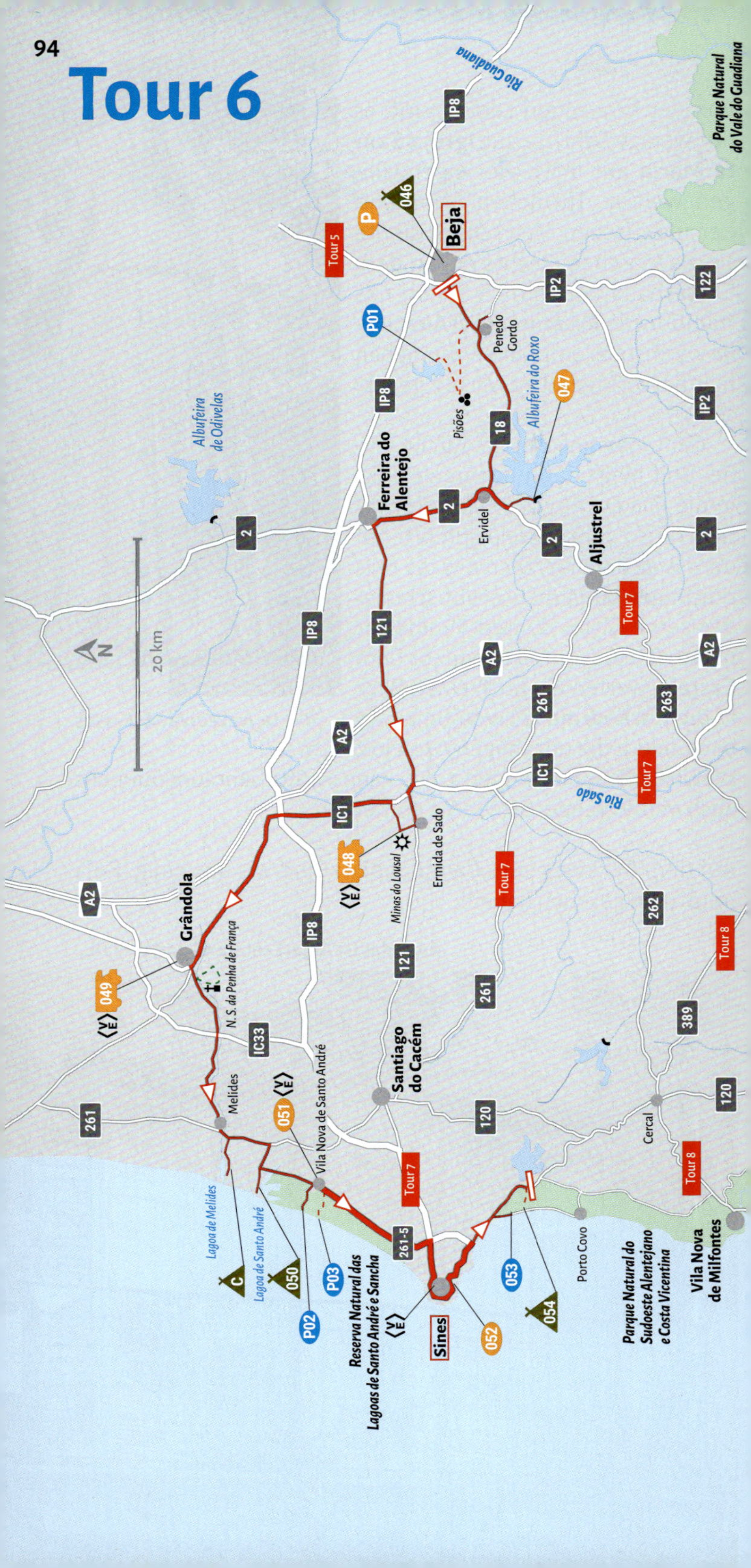
Rio Guadiana
Parque Natural do Vale do Guadiana
IP8
046
P
Beja
Tour 5
P01
Penedo Gordo
IP2
122
Albufeira do Roxo
047
Pisões
18
IP8
Albufeira de Odivelas
Ferreira do Alentejo
2
Ervidel
Aljustrel
Tour 7
20 km
N
121
A2
261
263
IC1
Rio Sado
Ermida de Sado
Minas do Lousal
048
V E
Grândola
N. S. da Penha de França
049
IC33
262
Tour 8
389
120
Santiago do Cacém
Melides
051
Vila Nova de Santo André
Cercal
Lagoa de Melides
Lagoa de Santo André
C
050
P02
P03
Reserva Natural das Lagoas de Santo André e Sancha
261-5
Sines
052
053
054
Porto Covo
Parque Natural do Sudoeste Alentejano e Costa Vicentina
Vila Nova de Milfontes

Zurück ans Meer
Von Beja nach Sines
230 km

Auf unserem Weg zurück ans Meer treffen wir auf eine römische Villa und eine alte Pyrit-Mine, der wir einige bunte Seen verdanken. Je nach Jahreszeit säumen üppig blühende Wiesen oder sonnenverbrannte braune Felder die Straße, ruhig geht es ganzjährig zu. Am Atlantik erwarten uns dann gleich zwei Lagunen, die Strandläufer, Vogelbeobachter und Wasserratten entzücken. Nicht entgehen lassen sollten Sie sich:

- **Pisões**
- **Minas do Lousal**
- **Lagoa da Santo André**
- **Spaziergänge am Praia de Monte Velho**
- **Sines**

Auch vor den Toren von Beja gibt es Sehenswertes zu entdecken. Folgt man der N18 Richtung Aljustrel, so stößt man schon bald auf den braunen Wegweiser, der nach Pisões weist (N 37°59'55" W 07°57'02"). Wir holpern knapp vier Kilometer über eine Waschbrettpiste bevor wir vor einem eingezäunten Gelände stehen, auf dem wir zahlreiche Ruinen entdecken:

Die römische Villa von Pisões

Noch immer wird hier hauptsächlich geforscht, was erklären dürfte, weshalb es keine befestigte Zufahrt und keinen richtigen Parkplatz gibt. Besichtigungen sind möglich, sollten aber vorab angemeldet werden: visitas@uevora.pt *(täglich außer Mo. 9:00–12:30 Uhr und 14:00–17:00 Uhr, 3 €).*

Hypokaustenanlage: Schon die Römer wussten warme Füße zu schätzen

Die römische Villa aus dem 1.–4. Jahrhundert n. Chr. gilt als eine der bedeutendsten und am besten erhaltenen in Portugal. Die Ruinen eines Herrenhauses mit sage und schreibe 48 Zimmern wurden hier 1967 zufällig bei landwirtschaftlichen Arbeiten entdeckt. Die Wohnbereiche sind anhand der Mauerreste noch gut erkennbar, herrliche **Mosaiken** vereinfachen oft die Deutung der einzelnen Räume. Bemerkenswert ist die **Hypokaustenanlage** der Bäder (unterirdische Beheizung) und das Schwimmbecken mit fast olympischen Ausmaßen. Ein nicht mehr vorhandener Stausee nebenan diente der ständigen Wasserversorgung und sicherte so die Existenz des riesigen Landguts. **Reste der Staumauer** sind ebenfalls noch erhalten.

Nur zwei Kilometer von hier entfernt können Sie sich anschließend am Strand des (neuen) Stausees abkühlen.

P01 Praia Fluvial dos Cinco Reis – N 38°00'59" W 07°56'02"

Zurück auf der N18 kann man nach nur 700 Metern am Ortsanfang von Penedo Gordo die Gelegenheit zum Wasserbunkern oder für ein Päuschen nutzen: Links in Richtung Santa Clara de Louredo abbiegen und noch 500 Meter bis zu einem kleinen Picknickplatz mit Brunnenhaus rollen, dem **Fonte das Cavadas**. Den Wassertank können Sie auch direkt an der N18, hinter Santa Vitória am Straßenabzweig rechts beim **Fonte da Avenida füllen.**

Fonte da Avenida

Nahe Ervidel haben wir auf der Landkarte einen Stausee, den **Albufeira do Roxo**, erspäht – den wollen wir uns natürlich auch genauer anschauen und machen den nächsten Abstecher: Gleich am Ortsanfang halten wir uns links (gegenüber der Abzweigung Park mit Spielplatz).

047 Albufeira do Roxo

GPS: N 37°56'12" W 08°04'52". **Max. WOMOs**: 3. **Ausstattung**: Picknickbänke. **Beschreibung**: Befestigter Parkplatz am Stausee, kleine Parkanlage mit Rasenfläche und Palmen. Außerorts gelegen, aber nur selten einsam (wird gerne zum Übernachten genutzt). **Zufahrt**: Auf der N2 südlich von Ervidel links (ausgeschildert), dann 1,9 km bis zum Stausee, vor der Staumauer links. **Hinweis**: Das Gelände um den See wird oft von Schäfern mit Herde beweidet. Die Hütehunde interessieren sich normalerweise nicht für Menschen und WOMOs, können anderen Hunden gegenüber aber sehr aggressiv werden!

Unsere eigentliche Fahrtrichtung ist jedoch der Norden. Die N2 wird hinter Ervidel zu einer schattigen Allee, fast wie in einem Tunnel brausen wir dahin. Leider sind die Bäume an der Straße die letzten der ursprünglichen Vegetation, denn auch hier sind flächendeckend Pfirsich- und Olivenplantagen angelegt.

Von der bäuerlichen Kulturlandschaft zur industrialisierten Landwirtschaft

Seit wir im Alentejo unterwegs sind, stellen wir immer wieder (und immer öfter) mit Entsetzen fest, wir sich die Landschaft hier von Jahr zu Jahr verändert: ***Abseits der Küste ist oftmals nichts mehr übrig von der melancholischen Schönheit dieser leeren Gegend***, die einst geprägt wurde von mächtigen Stein- und Korkeichen zwischen Weizenfeldern oder riesigen Viehweiden. Stattdessen öde Plantagen, Oliven, Mandeln, Pfirsiche oder Weinreben in unendlichen, kerzengeraden Reihen, intensiver Anbau. An der Küste werden diese von gigantischen Foliendächern abgelöst, unter den Beeren und kleine Gemüsesorten heranwachsen...

Billige Arbeitskräfte sind in einer Gegend, in der die meisten jungen Leute aufgrund schlechter Zukunftsaussichten weggezogen sind, Mangelware. Und so kamen ein niedriger Mindestlohn, arbeitssuchende Migranten aus Asien und reichlich Leerstand in den Dörfern den Agrarmultis gerade Recht: Aus Nepal, Pakistan, Indien, Thailand, Vietnam oder Bangladesch wurden junge Männer angeworben; sie schuften heute oftmals als Tagelöhner auf den Plantagen und leben nicht selten unter menschenunwürdigen Bedingungen in Containern, überfüllten Zimmern oder halbverfallenen Häusern. Wer eine Aufenthaltsgenehmigung bekommt (beantragt werden kann diese nach einem halben Jahr Aufenthalt mit steuerpflichtiger Arbeit), kann zumindest den Schritt aus der Illegalität tun und der eine oder andere schafft es auch, die harte Arbeit auf der Plantage hinter sich zu lassen und beispielsweise ein Geschäft mit asiatischen Lebensmitteln zu eröffnen. Wird sich hier eine Parallelgesellschaft mit wenig Berührungspunkten zur portugiesischen Landbevölkerung entwickeln? Oder gibt es eine Chance für ein Miteinander, da viele Portugiesen aufgrund ihrer ebenfalls von Auswanderung wegen Armut geprägten Geschichte ähnliche Erfahrungen irgendwo in der Welt gemacht haben?

Wenn man nach der Anzahl der Aufkleber auf Pfosten geht, scheint der Rückhalt in der Bevölkerung trotz der Schaffung von Arbeitsplätzen nicht sonderlich groß zu sein.

Sehr beschaulich geht es zu in Ferreira do Alentejo

Kurz vor **Ferreira do Alentejo** (4.700 Einwohner) passieren wir linkerhand, direkt an der N2 einen hübschen Picknickpark mit Brunnen (***Parque de Lazer da Fonte Nova***).

Eigentlich würde uns die N2 gar nicht durch Ferreira führen, wir möchten uns aber ein wenig die Beine vertreten und biegen daher am ersten Kreisverkehr rechts und am zweiten links (geradeaus gesperrt für Fahrzeuge über 3,5 Tonnen). Nach 600 Metern, auf einer kleinen Verkehrsinsel, erspähen wir die skurrile **Capela do Calvário** aus dem 17. Jahrhundert. Die Kuppel des kleinen Rundbaus ist mit Steinen gespickt und erinnert uns spontan an einen weißen Schokokuss mit Krokantsplittern. Wir suchen uns einen Parkplatz in der Nähe und entdecken ein herrliches verschlafenes Kleinstädtchen – Alentejo pur! Ein *Bica* am Tresen im Café, ein Päuschen auf einer Bank am schönen *Praça Dias Ferreiras*, dann geht es weiter.

Die Kuppel des kleinen Rundbaus ist mit Steinen gespickt und erinnert spontan an einen weißen Schokokuss mit Krokantsplittern

Entlang der N121, gleich hinter Ferreira do Alentejo hat moderne Fotovoltaik das Getreide verdrängt, die neue Technik lässt grüßen. Wenig später wachsen jedoch wieder Olivenbäume und -bäumchen, als Spalier in strengen Reihen gezogen. Sonnenblumen und die goldgelben Stoppeln der Weizenfelder beleben das Panorama.

Nach Canhestros unterqueren wir wieder die A2. *Erneut säumen nun unzählige Korkeichen die Straße, die wenigen Wege nach rechts und links bilden die Einfahrten zu großen Herdades.* Unmittelbar bevor wir die IC1 erreichen, gibt es links die Möglichkeit, eine Pause im Schatten alter Alleebäume einzulegen – wegen der Nähe zu zwei großen Straßen ist es aber nicht sonderlich ruhig hier.

Gerade einmal 1,3 Kilometer bleiben wir auf der IC1 nach Norden, bevor wir diese wieder nach links verlassen. Dabei überqueren wir den Rio Sado. Kaum zu glauben, dass dieses Flüsschen so ein riesiges Mündungsgebiet hervorbringt (Tour 3)!

TOUR 6

Der Reiz alter Minen: Lousal

Ein kleiner lohnender Abstecher bringt uns zu den Minen von Lousal. In Ermidas do Sado geht es unter der Eisenbahnlinie hindurch, dann biegen wir in die zweite Straße rechts und folgen dieser zwei Kilometer bis Faleiros, wo wir nach links schwenken. Wenig später stehen wir vor den alten Gebäuden der **Minas do Lousal** *(Arqueologia Industrial, täglich außer Mo. 10:00–18:00 Uhr, Kombiticket Museum und Zentrum 10 €, nur Museum 5,50 €, www.lousal.cienciaviva.pt*, N 38°02'09" W 08°25'34"). *Von 1900 bis 1988 wurde hier Pyrit (Eisenkies, sogenanntes »Katzengold«) abgebaut, sowohl an der Oberfläche als auch bis in 500 Meter Tiefe*. Außer einem sehenswerten **Minenmuseum** ist in den alten Gemäuern ein spannendes interaktives Bildungszentrum eingerichtet, das wechselnde Ausstellungen und Aktionen (hierfür ist aber meistens Voranmeldung notwendig) anbietet. Unbedingt unternehmen sollte man den (kostenlosen) Spaziergang über das Gelände auf dem angelegten Holzpfad, vorbei an zwei gefluteten offenen Gruben, deren schwefelhaltiges Wasser so bunt leuchtet, dass man gar nicht mehr darüber nachdenken muss, ob es möglicherweise giftig sein könnte...

Industriearchitektur-Geschichte live

Schön bunt, aber vermutlich auch ganz schön giftig: Gefluteter Tagebau

Unterwegs passiert man auch den Eingang zur **Galeria Waldemar**, einem Schacht, der im Rahmen einer Führung besucht werden kann *(mindestens 4 Teilnehmer, während der portugiesischen Schulferien täglich außer Mo. 15:00 Uhr, 8 €, sonst nur Sa.–So. 15:00 Uhr)*. Der morbide Charme der Industriearchitektur und das beeindruckend farbenfrohe Gelände drumherum gefallen uns ausgesprochen gut und wir verweilen viel länger hier, als ursprünglich angedacht. Aber auch das ist kein Problem: Nebenan gibt es ein Café – und gerade einmal 300 Meter entfernt einen Stellplatz!

048 Minas do Lousal

GPS: N 38°02'09" W 08°25'44". **Max. WOMOs**: 12. **Ausstattung**: Ver- und Entsorgung (weiterer Wasserhahn hinter der Markthalle), Strom. **Beschreibung**: Ebener Platz, teilweise parzelliert (leider etwas eng). Neben der kleinen Markthalle des Weilers Lousal gelegen. **Zufahrt**: In Minas do Lousal geradeaus weiter, vorbei am Hotel, dann links, noch 140 m, links (ausgeschildert). **Hinweis**: Ohrstöpsel notwendig, dauerkläffender Hund nebenan.

In der Nähe gibt es einen kleinen Stausee, zu dem man schön spazieren kann (ausgeschildert mit »*Tapada*«, Wildpark).

Am nächsten Morgen düsen wir zurück bis Faleiros, dieses Mal aber geradeaus weiter geradewegs zur IC1 und dort nach links. Auf der Straße herrscht für portugiesische Verhältnisse ziemlich viel Verkehr. Hier sind alle unterwegs, die sich die Maut auf der parallel verlaufenden A2 sparen möchten. Aber bis zu unserem nächsten Ziel sind es nur gut 20 Kilometer, das halten wir aus!

Grândola (10.300 Einwohner) hat eigentlich nichts Besonderes zu bieten, ***trotzdem kennt in ganz Portugal (und nicht nur dort) jeder den Namen der Kleinstadt!***

Grândola, vila morena

Das damals verbotene Lied »*Grândola, vila morena*« (braune Stadt, was sich jedoch nicht auf die Farbe der Gebäude, sondern auf die der umliegenden abgeernteten Felder bezieht) des Liedermachers José »Zeca« Afonso wurde am 25. April 1974 um 25 Minuten nach Mitternacht im Radio gespielt – als verabredetes Startzeichen für den Putsch einer linksgerichteten Gruppe innerhalb des Militärs. Ein Großteil der portugiesischen Bevölkerung stellte sich hinter die Aufständischen und glücklicherweise verlief die Revolution weitgehend widerstandslos, es gab lediglich vier Todesopfer, die aber tragischerweise unbewaffnete Demonstranten waren.

Der Name »Nelkenrevolution« rührt daher, dass die Bevölkerung den aufständischen Soldaten Nelken in ihre Gewehrläufe steckte. Nach 17 Stunden und 25 Minuten war eine Diktatur gestürzt, die 40 Jahre lang in Portugal geherrscht hatte. Wie bedeutend diese friedliche Revolution für das Land war, lässt sich daran erahnen, dass es sicher keine Stadt und kein Dorf in Portugal gibt, an dem nicht zumindest ein Straßenname nach den wichtigen Daten dieser Tage benannt ist.

In der Stadt selbst erinnert ein **Denkmal** in der Nähe des Wasserturms an dieses Ereignis (N 38°11'02" W 08°34'05"), auf dessen Vorderseite der Liedtext und auf der Rückseite die Menschenrechte der UN Charta festgehalten ist.

049 Grândola

GPS: N 38°11'02" W 08°33'51". **Max. WOMOs**: 6. **Ausstattung**: Ver- und Entsorgung, Supermärkte und Restaurants in der Nähe. **Beschreibung**: Großer asphaltierter Parkplatz, der auch von Lkws genutzt wird. Am nördlichen Ortsrand bei den Sportanlagen und dem Messeplatz gelegen. **Zufahrt**: Grândola auf der IC1 fast ganz umrunden, Ausfahrt Grândola-Norte. Beim Kreisverkehr links, dann wieder links, Parkplatz rechts. **Hinweis**: *Continente* , nur etwa 400 m weiter nördlich direkt an der N120, bietet ebenfalls 4 WOMO-Parkplätze an (N 38°11'27" W 08°33'57").

Die Straße Richtung Küste schlängelt sich idyllisch durch die kleine **Serra de Grândola**. Bereits nach 1,2 Kilometern kann man links am Straßenrand parken und zu einer kleinen, abwechslungsreichen Runde zu Fuß aufbrechen (N 38°10'17" W 08°35'12").

Seltene Begegnung: Rotgestreifter Ölkäfer

Rundwanderung zur Ermida da N. S. da Penha de França

Weglänge 3 km.

Je nach Wasserstand ist diese Wanderung eventuell nicht immer möglich! Wir folgen einem breiten Sandweg über den Bach nach links. Bereits nach 150 Metern biegen wir nach rechts und wandern nun dem Hauptweg immer bergauf. Nach insgesamt 1,1 Kilo- und etwa 100 Höhenmetern erreichen wir die kleine Kapelle, die 1670 auf einem der höchsten »Gipfel« der Serra de Grândola erbaut wurde.

Der Rückweg führt geradeaus weiter, dann geht es links bergab. Bei einer Wegkreuzung im Tal halten wir uns wieder links und kommen so zurück zum geparkten Fahrzeug.

Kaum ein Fahrzeug kommt uns bei der Weiterfahrt entgegen, wir genießen jeden Straßenmeter. Hinter Melides wird es sandig und wir können das Meer schon riechen. **Reisfelder** (***Arrozais de Melides***) ziehen sich bis zum Atlantik. *Wenn die Pflanzen in sattem, saftigem Grün stehen ist dies ein herrlicher Anblick!* Von der Straße nördlich der Lagune hat man die schönsten Blicke (150 Meter auf der N261 Richtung Norden, dann links zum Friedhof/*Cemitério* abbiegen).

Wir halten uns auf der N261 nach Süden und biegen 1,3 Kilometer hinter Melides rechts zur **Lagoa de Melides**.

Der überwiegend von Dauercampern belegte ***Parque de Campismo de Melides*** bietet nur wenige WOMO-Stellplätze vorne neben der Rezeption an, **GPS**: N 38°07'51" W 08°46'53".

Wenig später folgt zwar ein großer Parkplatz, dort verhindern aber sowohl ein WOMO-Halteverbotsschild als auch 2,40 Meter hohe Schattendächer das Parken. Für einen Strandtag bleibt Ihnen also nur der Straßenrand: Die mit dem Meer verbundene Lagune bietet auch den Kleinsten ruhige Badefreuden, die Großen können sich am etwa 300 Meter entfernten, endlosen Strand austoben.

Toll für Vogelbeobachter und Strandläufer: Lagoa de Melides

Wildes Meer oder ruhige Lagune? Freie Wahl an der Lagoa de Santo André

Viel größer ist die weiter südlich gelegene **Lagoa de Santo André**, die durch einen breiten Sandwall vom Meer abgetrennt ist. Hier beginnt ein **Naturreservat**, das sich entlang der Küste fast bis Sines zieht. Es gibt einige Spazierwege, bei denen nicht nur Ornithologen auf ihre Kosten kommen. Flamingos bevölkern die Wasserflächen zu fast allen Jahreszeiten und diese erkennen auch die Amateure unter den Vogelliebhabern.

050 Vila Nova de Santo André – *Parque de Santo André*

GPS/Kontakt: N 38°06'36" W 08°47'13", Tel. 00351 269 708550, www.fcmportugal.com. **Öffnungszeit**: Ganzjährig, außer am 24. und 25. Dez. **Ausstattung**: Restaurant. **Beschreibung**: Großer Platz im Pinienwald mit vielen Dauercampern, veraltete aber saubere Sanitäranlagen. Ca. 800 m Fuß- und Radweg zum breiten Sandstrand, direkter Zugang zur Lagune leider nicht möglich. Außerorts gelegen. **Preis**: 11–20 € (einschl. Strom). **Zufahrt**: Von der R261 geradeaus Richtung Lagoa de Santo André, dort links (ausgeschildert).

Auch hier gibt es am Ende der Stichstraße theoretisch einen Parkplatz am Strand, praktisch werden sie davor aber mit einem Schild an der Durchfahrt gehindert. *Es bleibt Ihnen also wieder nur das Parken entlang der Zufahrtsstraße oder das Aufsuchen des Campingplatzes*. Dann können Sie wählen, ob es lieber das bewegte Meer oder die ruhige Lagune sein soll oder vielleicht doch gar kein Wasser und eher ein Marsch am scheinbar endlosen Sandstrand. Beide Badeplätze sind ausgesprochen hübsch, in den Sommermonaten ist hier aber auch recht viel los. Für Kinder ist die Landseite ideal, einen SUP-Verleih gibt es hier auch. Ausklingen lassen können Sie Ihren Strandtag im empfehlenswerten ***Restaurante Chez Daniel*** an der Zufahrtsstraße.

An einem sonnigen Augusttag ist kaum vorstellbar, was für ein schreckliches Unglück sich hier vor gut 60 Jahren zugetragen hat:

Der schwarze Tag von Santo André

Am Nachmittag des 9. Januar 1963 spielte sich hier eine Tragödie ab: An diesem Tag wurde in der Lagune mit einem großen Schleppnetz gefischt, wofür viele Arbeitskräfte notwendig sind. Etwa 60 Männer hatten sich für diese Art der Fischerei entschieden, weil das Meer wegen des schlechten Wetters zu aufgewühlt war, um hinaus zu fahren. In schweren Ölklamotten und oberschenkelhohen Stiefeln standen sie in ihre Arbeit vertieft halb im Wasser und sahen so die riesige Welle nicht, die heranrollte, immer höher anschwoll, über den Strand schwappte und die gesamte Lagune unter sich begrub. In Windeseile bildeten sich Strudel und Strömungen, 17 Männer konnten sich nicht mehr retten und ertranken.

Fährt man weiter nach Süden, so kann man noch vor Vila Nova de Santo André rechts auf einem Wanderparkplatz halten. Dort startet der 1,9 Kilometer lange, ruhige ***Percurso do Salgueiral da Galiza***, ein schöner Rundweg über Holzstege.

Mitten in der Einsamkeit werden wir am Ortseingang von Vila Nova de Santo André geradezu überfallen vom Übergang der R261 in eine vierspurige Schnellstraße. Vor lauter Schreck flüchten wir nach rechts und machen eine angenehme Entdeckung:

P02 Praia de Monte Velho

GPS: N 38°04'50" W 08°48'30". **Max. WOMOs**: 2. **Ausstattung**: Keine. **Beschreibung**: Kleiner, schattenloser Parkplatz hinter den Dünen, Strand über Holzsteg zugänglich. *Startpunkt zweier kurzer, landschaftlich wunderschöner Wanderungen (Wandertafeln vor Ort)*. **Zufahrt**: Beim 1. Kreisverkehr am Ortseingang von Vila Nova de Santo André rechts, 2,8 km auf Asphalt bis zum Meer. **Hinweis**: 400 m landeinwärts gibt es einen zweiten, unbefestigten Parkplatz (Startpunkt der zweiten Wanderung).

Herrlicher Spaziergang vom Praia de Monte Velho nach Norden: ***Percurso Pedestre do Poço dos Caniços* (1,8 km)**

Praia Vasco da Gama, der Stadtstrand von Sines

Vila Nova de Santo André (10.300 Einwohner) hat keinen alten Ortskern – eine Retortenstadt, vermutlich irgendwann für die Familien der Arbeiter der nahegelegenen Industriestadt Sines aus dem Boden gestampft. Manchmal sind aber auch hässliche Stellplätze praktisch, besonders wenn sie eine kostenlose Ver- und Entsorgung bieten:

051 Vila Nova de Santo André – *Intermarché*
N 38°03'54" W 08°46'46"

Kurz hinter dem Ort lockt eine völlig überdimensionierte Abfahrt mit der Beschilderung »Praias«. Wir staunen nicht schlecht, als wir gleich nach dem bestens ausgebauten Kreisverkehr auf einer breiten, holprigen Waschbrett-Sandpiste landen. Diese wartet nun seit vielen Jahren (glücklicherweise) vergeblich auf die Teermaschine und endet erst nach 2,8 Kilometern einsam beim Strandparkplatz mit Picknickbänken, WC und einem Steg hinab zum langen Sandstrand.

P03 Praia da Fonte do Cortiço – N 38°03'19" W 08°49'14"

Die vierspurige Schnellstraße wird schließlich zur Autobahn, die uns rasch zu unserem nächsten Ziel bringt.

Sines (12.500 Einwohner)

Die Stadt ist die Heimat des großen Seefahrers Vasco da Gama. Heute wäre er wohl Kapitän eines Tankers geworden, denn hier ist das portugiesische Zentrum der Erdölverarbeitung. Wohin das Auge auch blickt: Röhren, Rohre, Riesentanks – und die Nase erschnüffelt dazu den typischen Geruch...

Blühender Judasbaum in der Burg von Sines

Aber Erdöl bringt Geld! Sines ist ein schmuckes Städtchen mit blumengeschmücktem Altstadtkern, der zum Bummeln einlädt. Wir verlassen den ersten Kreisverkehr nördlich der Stadt sofort wieder rechts und gelangen so auf die A26, die Sines auf der Seeseite umrundet (**Achtung**: Zahlreiche Bremsschwellen!). Wer eine Möglichkeit zur **Ver- und Entsorgung** braucht, steuert beim übernächsten Kreisverkehr nach rechts *(Zona Comercial)* und sucht dort *Intermarché* auf (N 37°57'55" W 08°51'31").

Folgt man dann weiter der A26, so blickt man links auf gigantische Petrochemieanlagen, rechts auf den Atlantik, so richtig Lust zum Anhalten bekommt man da zugegebenermaßen nicht. Halten Sie durch, irgendwann unterquert man eine Brücke und hat plötzlich Palmen neben sich. Hier beginnt die Schokoladenseite von Sines, die Welt sieht gleich viel freundlicher aus und der Geruch ist auch wie weggeblasen. Vorbei am Hafen geht es immer geradeaus der Strandpromenade folgend. Hier kann man einige Parkplätze entdecken, einen Aufzug, der einen bequem hinauf in die Altstadt bringt, WCs, einen Spielplatz und natürlich auch den windgeschützten (und kleinkindgeeigneten!) **Praia Vasco da Gama**. Wer lieber gleich in der Altstadt parkt, biegt am Ende der Promenade nach links oben. Kleine WOMOs nehmen den Parkplatz links unmittelbar vor dem **Castelo** (N 37°57'19" W 08°51'57"). Fahrer größerer Fahrzeuge biegen zum Parken bei diesem Platz rechts und in die nächste Straße links (N 37°57'21" W 08°51'52"). Dann viel Spaß beim Spaziergang durch das kleine historische Zentrum! Einen tollen Tipp haben wir auch noch: In der ***Adega de Sines***, *Rua Gago Coutinho* 40, gibt es sehr leckeres, günstiges Essen in ausgesprochen netter Atmosphäre *(So. geschlossen,* gleich hinter der Burg).

Sie wollen über Nacht in der Stadt bleiben? Dann fahren Sie am Ende der gepflasterten Strandpromenade geradeaus weiter bis zum Kreisverkehr, dort rechts und dann wieder links. Auf dem befestigten Parkplatz am Hafen finden Sie drei WOMO-geeignete Plätze allerdings sind sie schattenlos und alles andere als idyllisch.

052 Sines, Porto Serviços – N 37°56'56" W 08°51'42"

Südlich der Stadt kommen Badewütige nochmals voll auf ihre Kosten. Fahren Sie beim Kreisverkehr weiter geradeaus (Richtung Cercal) und schließen Sie beim Passieren des Industriehafens und des Kraftwerks am besten die Augen. Naja, zumindest alle außer dem Fahrer, der sollte bei den rotweiß-geringelten Schornsteinen den Blinker rechts setzen. Hier liegt der schöne **Praia de São Torpes** mit einigen (schattenlosen) Park- und Einkehrmöglichkeiten.

053 Praia de São Torpes

GPS: N 37°55'32" W 08°48'21". **Max. WOMOs**: 10. **Ausstattung**: Keine. Restaurants und Surfschule nebenan. **Beschreibung**: Ebener asphaltierter Parkplatz, schattenlos. Außerorts, hinter Strand und Straße gelegen. **Zufahrt**: Südlich von Sines nach Porto Covo abzweigen, nach 600 m links. **Hinweis**: Der Parkplatz liegt an der Grenze des Parque Natural, bisher wird das Übernachten hier geduldet (das kann sich jederzeit ändern!). Diese Duldung führt aber dazu, dass der Platz meistens knüppelvoll ist, das muss man mögen. Bei Nordwind kann es aufgrund der Nähe zu den Raffinerien außerdem gewaltig stinken.

Weitere, äußerst reizvolle Badestrände folgen bis Porto Covo. Unmittelbar beim Parkplatz beginnt jedoch auch der **Parque Natural do Sudoeste Alentejano e Costa Vicentina**, der sich bis an die Südküste zieht. Und das heißt, dass Sie hier nirgends mehr Übernachten bzw. kein Campingverhalten mehr ausüben dürften (siehe Seite 136). Auf vielen Parkplätzen, insbesondere auf denen, die direkt am Strand liegen, ist leider zwischenzeitlich sogar das Parken (tagsüber) für WOMOs verboten! Ausweichen kann man übrigens auch auf den nahen Campingplatz.

054 *Parque de Campismo de São Torpes*

GPS/Kontakt: N 37°54'29" W 08°47'36", Tel. 00351 269 632105, www.campigir.com. **Öffnungszeit**: Ganzjährig. **Ausstattung**: Brötchenservice. **Beschreibung**: Einfacher Platz, alles alt, aber sauber. Wenig Schatten, Fußweg zum Strand ca. 500 m (dort gibt es auch 2 Restaurants). Viele Katzen auf dem Platz. **Preis**: 18–45 €. **Zufahrt**: Von Sines kommend auf der N120 Richtung Cercal, dann rechts (ausgeschildert). Die 1,5 km lange, unbefestigte Zufahrtsstraße ist ziemlich schlecht.

Tour 7

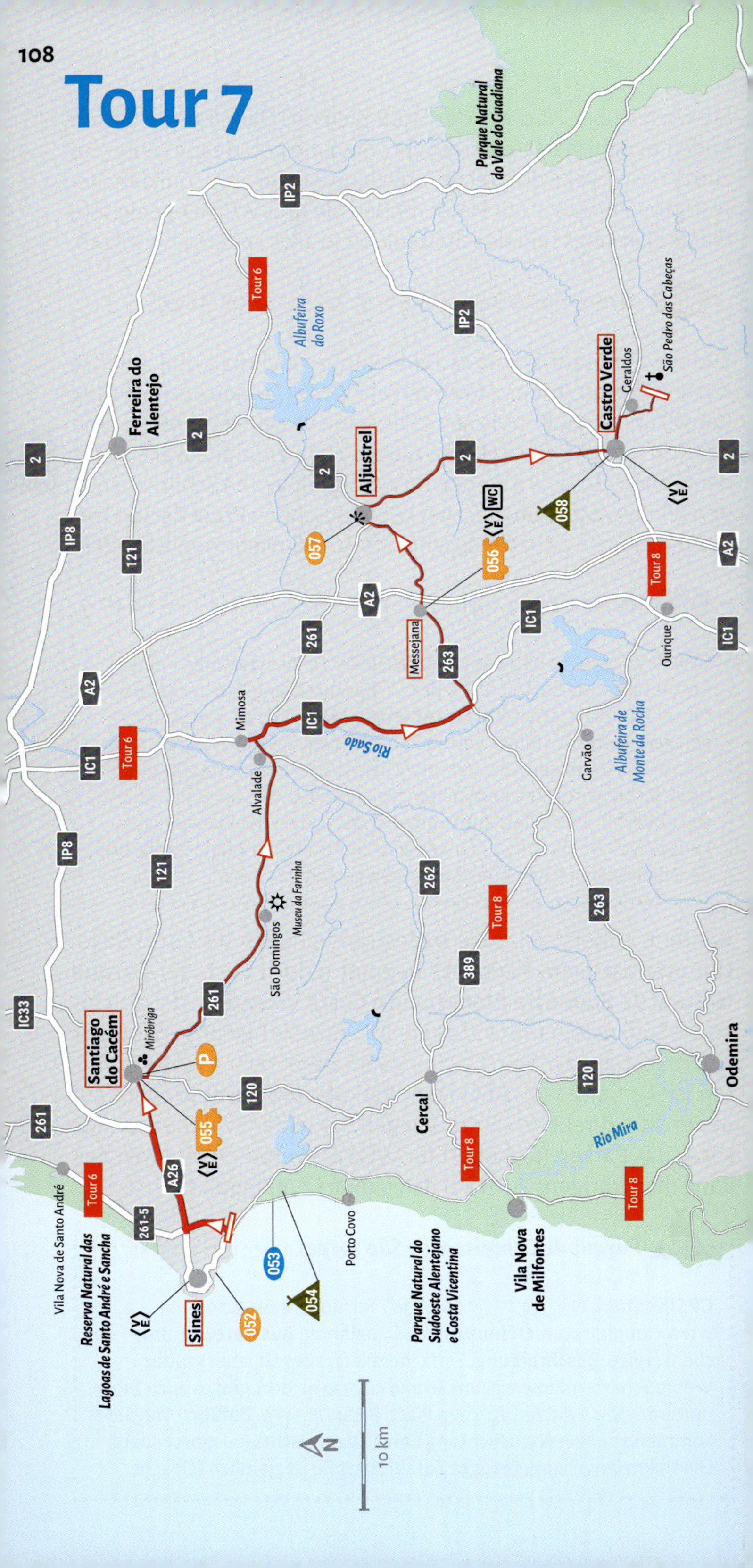
Parque Natural do Vale do Guadiana
IP2
Tour 6
Albufeira do Roxo
Ferreira do Alentejo
2
Aljustrel
Castro Verde
Geraldos
São Pedro das Cabeças
IP8
121
057
056
WC
058
A2
Tour 8
261
Messejana
263
IC1
Ourique
Mimosa
Rio Sado
Alvalade
Garvão
Albufeira de Monte da Rocha
São Domingos
Museu da Farinha
262
389
IC33
Santiago do Cacém
Miróbriga
P
120
055
Cercal
Odemira
Rio Mira
A26
261-5
Vila Nova de Santo André
Reserva Natural das Lagoas de Santo André e Sancha
Sines
052
053
054
Porto Covo
Parque Natural do Sudoeste Alentejano e Costa Vicentina
Vila Nova de Milfontes
N
10 km

Durch das Baixo Alentejo Von Sines nach Castro Verde

130 km

Auf den ersten Blick scheint Ihnen diese Tour vielleicht die unspektakulärste des Buches zu sein. Dann hätten Sie aber übersehen, dass wir unterwegs eine der interessantesten Hinterlassenschaften der Römer in Portugal passieren. Und die zahlreichen kleinen Orte, die den typischen Alentejo-Charme versprühen, gehören noch zu den unentdeckten Perlen des Landes. Lassen Sie sich verzaubern von:

- **Santiago do Cacém**
- **Römische Ruinen von Miróbriga**
- **Messejana**
- **Castro Verde**
- **Landschaft bei São Pedro das Cabeças**

Nachdem wir in den letzten Tagen das Strandleben rund um Sines lange und ausgiebig genossen haben, machen wir uns nun auf, eine weitere Tour ins Hinterland des Alentejo zu starten. Zunächst geht es vierspurig auf der A26 gen Osten, dann müssen Sie aufpassen, dass Sie die unscheinbare Ausfahrt nach Santiago nicht verpassen. Kennen Sie von früher noch das Gefühl des Magenkribbelns beim Überfahren einer Straßenkuppe? Diese kerzengerade Straße ist noch nicht eingeebnet, hier können Sie das noch einmal ausleben!

Santiago do Cacém (7.900 Einwohner)

Santiago, der Heilige Jacob, nach dem die Stadt benannt ist, ist seit alter Zeit der portugiesische Nationalheilige, der mächtige Beistand im Kampf gegen die Mauren. Wir fahren direkt auf einen kegelförmigen Berg zu, er ist gekrönt von der ehemaligen **Templerburg**.

Blick auf Santiago do Cacém

TOUR 7

Auf dem Weg zur Burg von Santiago

Dort hinauf führt unser erster Weg dann auch, 500 Meter nach der Bahnunterführung folgen wir dem Wegweiser zum **Castelo**. Am Beginn einer Aussichtsstraße ist rechts ein großer, aber ziemlich schräger **Parkplatz** – und diesen müssen Sie auch nutzen. Alle weiterführenden Straßen führen schmal durch die verwinkelte Altstadt wieder hinab zur Hauptstraße und sind für WOMOs gesperrt.

P Santiago do Cacém – N 38°01'02" W 08°41'58"

Vom Parkplatz aus ist man zu Fuß in wenigen Minuten bei der Burg und im historischen Zentrum. *Unterhalb der Burgmauern steht die Igreja Matriz, über deren Portal man den Heiligen Jacob zu Pferde im Kampf gegen die Mauren bewundern kann*. Hier begegnen wir auch erstmals dem **Rota Vicentina** (Tipps und Infos, Seite 302). Santiago ist einer der Endpunkte

des 263 Kilometer langen »Historischen Weges«, der uns Richtung Süden immer wieder begegnen wird. Auf einer Tafel können Sie sich einen Überblick verschaffen und schon einmal darüber nachdenken, ob Sie vielleicht die eine oder andere Etappe in Angriff

nehmen möchten. Wir schlendern neugierig ins Innere der Burg und staunen nicht schlecht, als wir auf dem städtischen Friedhof stehen. Von hier aus kann man auf die Burgmauern klettern und den herrlichen Ausblick bis zum Meer genießen. Auf der Aussichtsstraße (***Passeio das Romeirinhas***, etwa einen Kilometer lang), die den Burgberg im Süden und Osten umrundet, schlendern wir zurück zum Parkplatz. Praktischerweise hat die Stadt auch einen Stellplatz zu bieten, es gibt also keinen Grund, gleich weiterzuhetzen:

055 Santiago do Cacém

GPS: N 38°00'45" W 08°41'40". **Max. WOMOs**: 8. **Ausstattung**: Ver- und Entsorgung. Hallenbad und Park nebenan, Supermärkte in der Nähe. **Beschreibung**: Leicht schräge, gepflasterte Fläche mit Schattenbäumen (Achtung: Teilweise tiefhängende Äste!), am südwestlichen Ortsrand gelegen. **Zufahrt**: In Santiago Richtung Lagos/Cercal, dann rechts bergab, ausgeschildert *(Parque Urbano Rio de Figueira/Piscinas)*.

Schattige Plätzchen findet man im Stadtpark von Santiago

Direkt neben dem Stellplatz befindet sich der schöne **Parque Urbano Rio de Figueira**. Hier lässt sich wunderbar die Zeit vertrödeln: Picknickbänke, ein Schwimmbad für Groß und Klein *(So. geschlossen)*, WC, Spielplatz, Volieren mit Federvieh, Volleyballfeld, Fitnessparcour.

Santiago hieß einst zur Römerzeit Miróbriga. Am Ortsende (Richtung Beja) biegen wir rechts zur malerischen blau-weißen **Windmühle** (***Moinho do Quintinha***, *Di.–Sa. 9:00–13:00 und 14:00–17:00 Uhr, Eintritt frei)*.

Bäderanlage in Miróbriga

Folgt man der Straße weiter, so gelangt man zu den **Ruinas Romanas de Miróbriga** (N 38°00'38" W 08°41'09", *Di.–Sa. 9:00–12:30 und 14:00–17:30 Uhr, So. 9:00–12:30 und 14:00–17:30 Uhr, 3 €*). Reste der Badeanlagen mit Wasserkanälen, Badebecken und Ruheräumen sind genauso gut zu erkennen wie das umfangreiche Forum mit seinen Verwaltungsgebäuden. In einem kleinen, modernen Museum, das man als erstes betritt, werden verschiedene Funde ausgestellt. Auf Wunsch erhält man dazu eine englischsprachige Broschüre. Die Ruinen von Miróbriga sind erstaunlich gut erhalten und absolut sehenswert!

Die N261 führt uns, anfangs recht kurvig, weiter ins Landesinnere. Bald schon säumen wieder geschälte Korkeichen die Straße, das Rot der Stämme leuchtet in der Sonne. *Immer öfter sehen wir nun auch schwarze Schweine (**Porco preto**) auf den Weiden herumstromern und nach Eicheln wühlen*. Auf vielen Speisekarten im Alentejo taucht *Secreto de Porco preto* auf, das ist das »versteckte Filet vom schwarzen Schwein« (ein vor dem Lendenspeck liegender Muskel im Rückenbereich des Schweins) – unbedingt probieren, sehr lecker!

Im Frühjahr strotzt hier alles in Grüntönen und herrliche, artenreiche Blumenwiesen leuchten in den schönsten Farben. Schwer vorstellbar, dass hier spätestens ab Juli alles braun ist...

São Domingos hat ein kleines, sehenswertes **Mehlmuseum** zu bieten (***Museu da Farinha***, *Do. und Fr. 14:00–18:00 Uhr, 2 €,* N 37°55'48" W 08°32'17"), das sich in einer restaurierten Mühle befindet.

Bei Avalade stoßen wir zuerst auf die N262 (Richtung A2 Sul), dann auf die IC1. Eigentlich würde unsere Tour nun weiter nach Süden führen (also nach rechts), wenn Ihnen jedoch der Magen knurrt, sollten Sie noch ein paar Meter links nach **Mimosa** fahren. Entlang der Straße haben sich hier gleich mehrere Restaurants und Snackbars angesiedelt, die den »Mautflüchtlingen« auf der Landstraße reichlich gutes Essen zu günstigen Preisen anbieten. Am Dorfende rechts finden Sie Parkplätze, wir haben im direkt benachbarten ***Restaurante São Sebastião da Mimosa*** auch gut gegessen (im vorderen Raum Snackbar/Schnellrestaurant, hinten normale Gaststätte).

Mit vollem Bauch wenden wir nach einem üppigen Mittagessen und folgen der IC 1 nun nach Süden. Hier fällt uns einmal mehr auf, was wir schon öfter bemerkt haben: Nach der Essenszeit ist Vorsicht auf der Straße geboten – viele Portugiesen genießen auch mittags ihren Wein zum Essen und gerne auch einen Schnaps oder anderes Hochprozentiges zum Kaffee danach und das macht sich anschließend leider im Fahrverhalten bemerkbar!

Auf der bestens ausgebauten Straße kommen wir rasch voran. Bereits nach gut zehn Kilometern biegen wir links ab. **Hinweis**: Der Abzweig ist noch groß, danach wird die Straße aber schmal und holprig. Große WOMOs fahren besser weiter nach Süden und nehmen dann die N263 Richtung Osten. Unser Ziel ist **Messejana** (800 Einwohner): Niedrige weiße Häuser, mit blau umrandeten Türen und Fenstern, ein hübscher Pelourinho mitten auf dem dreieckigen Hauptplatz und erstaunlicherweise vier sehenswerte Kirchen. *Im Mittelalter war Messejana ein bedeutender Ort und besaß sage und schreibe 14 Kirchen und Kapellen*. Am besten gefallen uns hier aber einfach die schwer in Worte zu fassende Unaufgeregtheit und die beschauliche Gelassenheit.

056 Messejana – *Quinta da Cerca*

GPS: N 37°49'54" W 08°14'49". **Max. WOMOs**: 15. **Öffnungszeit**: Ganzjährig. **Ausstattung**: Ver- und Entsorgung, Strom, WC, Duschen, Schwimmbad (Juni bis Mitte September öffentlich). **Beschreibung**: Privater Platz, eben und unbefestigt, mit wenigen Schattenbäumen. Umzäunt (angegebene Telefonnummer anrufen, falls das Tor geschlossen ist). Ruhig am südwestlichen Ortsrand gelegen, Dorfzentrum fußläufig (ca. 400 m). **Preis**: 9 €. **Zufahrt**: Bei der Kreuzung kurz vor Messejana rechts (geradeaus, Richtung *Centro*, gesperrt für Fahrzeuge >3,5 t!), nach 650 m links am blauen Zaun entlang. Zweimal rechts, dann noch 120 m bis zur Einfahrt.

Nach **Aljustrel** (5.700 Einwohner) ist es nicht weit. Die Kleinstadt, in der bereits Römer und später Mauren lebten, war bis 2008 vom Bergbau geprägt. Geologisch gesehen liegt Aljustrel, ebenso wie Lousal (Tour 6) und Mina de São Domingos (Tour 12), im sogenannten Iberischen Pyritgürtel, hier wurde Zink abgebaut.

Als guter Ausgangspunkt für einen Bummel erweist sich die oberhalb des Städtchens liegende **Kirche Nossa Senhora do Castelo**. Und die Aussicht von hier oben weit hinein ins Land ist einfach grandios!

057 Aljustrel – Nossa Senhora do Castelo

GPS: N 37°52'51" W 08°10'1.0". **Max. WOMOs**: 2. **Ausstattung**: Keine. **Beschreibung**: Gepflasterter Parkplatz mit tollem Ausblick, schattenlos. Am Ortsrand, unterhalb einer Wallfahrtskirche gelegen. Das Zentrum ist über die Treppe in kurzer Zeit erreichbar. **Zufahrt**: Beim Kreisverkehr mit dem Förderturm rechts nach Aljustrel hinein, 2. Straße links, dann der Ausschilderung folgen (1,1 km). **Hinweis**: Leser berichten von lauten Jugendlichen abends und bis spät in die Nacht, evtl. besser das Wochenende meiden.

Typisch für das Alentejo: Gasse mit Ausblick

Den höchsten Punkt des Hügels kennzeichnet eine Landmarke, ringsum kann man archäologische Ausgrabungen bestaunen, die über einen Holzsteg erreicht werden können. Zum Städtchen hin thront die Kirche, von der aus die **Escadaria da Senhora do Castelo**, eine prächtige Treppenanlage, den Hang hinab führt.

Beim Kreisverkehr am Stadtausgang bewundern wir noch eine alte Lok aus den blühenden Bergbauzeiten, bevor wir auf der N2 weiter Richtung Süden rollen.

Castro Verde (5.300 Einwohner)

Die königliche Basilika ist heute übrigens wieder strahlend weiß

In dem friedlichen, etwas verschlafen wirkenden Landstädtchen steht die königliche Basilika, die **Basílica Real,** auch **Igreja de Nossa Senhora da Conceição** genannt, ganz oben auf unserer Liste (N 37°41'52" W 08°04'56", beim zweiten Kreisverkehr geradeaus und beim folgenden links). *Das Kirchenschiff ist innen über und über mit prächtigen blau-weißen Azulejos ausgekleidet, die in riesigen*

Die imposante Windmühle auf dem Festplatz von Castro Verde

Kampfszenen den Sieg über die Mauren in einer bedeutenden Schlacht verherrlichen (täglich außer Mo. 10:00–12:30 und 14:00–18:00 Uhr, im Winter 9:30–12:30 und 14:00–17:30 Uhr, 2–4 €. So. Messe 12:00–13:00 Uhr). Von dieser Schlacht werden wir Ihnen gleich noch mehr erzählen, diese Tour endet sozusagen auf dem Schlachtfeld.

Wer mehr vom sympathischen Castro Verde sehen möchte, steuert den riesigen, schattenlosen Festplatz am südlichen Stadtrand, den *Largo da Feira*, zum Parken an (N 37°41'48" W 08°05'17").

Der friedliche Eindruck täuscht: Das sanfte Hügelland war (wahrscheinlich) Schauplatz einer blutrünstigen Schlacht

Am dritten Oktoberwochenende findet hier allerdings ein großes, dreitägiges Volksfest statt, dann klappt die Sache mit dem Parkplatz natürlich nicht. Aber nicht nur Fläche gibt es hier reichlich, auch eine stattliche **Windmühle** verschönert den Platz. Südlich davon bietet *Intermarché* **Entsorgung** und *Lidl* gegenüber zusätzlich auch eine **Versorgungsmöglichkeit** an.

Eine unschlagbar günstige Möglichkeit zum Übernachten bietet zudem der städtische Campingplatz:

058 Castro Verde – *Camping Municipal*

GPS/Kontakt: N 37°42'18" W 08°05'17", Tel. 00351 286 320150. **Öffnungszeit**: Ganzjährig. **Ausstattung**: Campingplatzüblich, öffentliches Freibad nebenan (vergünstigter Eintritt). **Beschreibung**: Gepflegter Platz mit parzellierten WOMO-Stellplätzen auf Rasengitter, wenig Schatten. Sehr sauber und freundlich, N123 hörbar. Am nordwestlichen Stadtrand, Innenstadt fußläufig (ca. 1,2 km bis zur Basilika). **Preis**: 9 €. **Zufahrt**: Von Aljustrel kommend 160 m nach dem 1. Kreisverkehr rechts, noch 300 m, dann rechts (ausgeschildert).

Die Geschichte um den großen Kampf sind wir Ihnen noch schuldig und dazu möchten wir Sie an den Tatort führen: Südwestlich der Stadt tobte am 25. Juli 1139 eine entscheidende Schlacht, überliefert als ***Batalha de Ourique***. Afonso Henriques siegte dabei über die Mauren und wurde als Afonso I. zum ersten König von Portugal gekrönt. Man vermutet, dass sich das Kampffeld 2,5 Kilometer vor den Toren der Stadt befindet. Auf der N123 Richtung Mértola weist ein braunes Schild nach rechts. Hinter Geraldos windet sich die Straße 2,3 Kilometer sanft durch Wiesen und Schweineweiden, bevor wir auf einem Hügel vor der Kapelle **São Pedro das Cabeças** den Zündschlüssel umdrehen (N 37°40'40" W 08°02'09").

Und zum Schluss der Tour noch ein *Tipp für alle ornithologisch Interessierten*: In der fast steppenartigen Gegend östlich von Castro Verde lebt eine der größten Trappen-Populationen Europas.

Tour 8

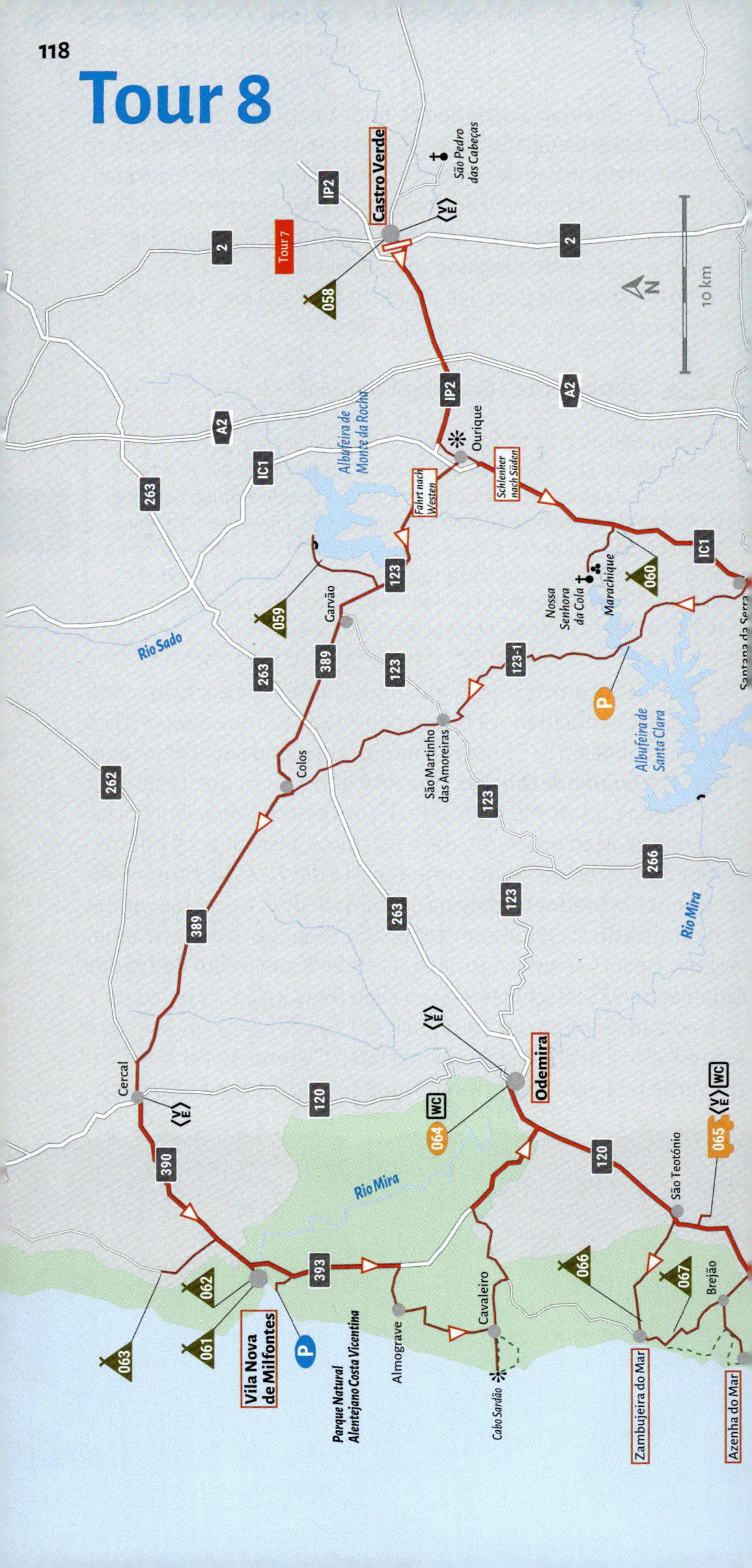
Castro Verde
São Pedro das Cabeças
Tour 7
2
IP2
058
A2
IC1
263
Albufeira de Monte da Rocha
Ourique
Fahrt nach Westen
Schlenker nach Süden
123
059
Carvão
Nossa Senhora da Cola
Marachique
060
Santana da Serra
Rio Sado
389
123-1
P
São Martinho das Amoreiras
Albufeira de Santa Clara
Colos
262
266
Rio Mira
120
Odemira
Cercal
WC
064
065
390
393
São Teotónio
062
061
063
066
067
Vila Nova de Milfontes
Parque Natural Alentejano Costa Vicentina
Almograve
Cavaleiro
Cabo Sardão
Zambujeira do Mar
Brejão
Azenha do Mar
10 km
N

Vom Alentejo an die Costa Vicentina
Von Castro Verde nach Zambujeira do Mar
205 km

Zwei Varianten bekommen Sie geboten, um nach Westen an den Atlantik zu gelangen. Dort erwarten Sie weite Strände, herrliche Buchten und die grandiose, wilde Steilküste, die sogar Störche so zu faszinieren scheint, dass sie in der Gischt brüten. Meine Empfehlungen:

- **Castro da Cola**
- **Vila Nova de Milfontes**
- **Cabo Sardão**
- **Strände bei Zambujeira do Mar**
- **Hafen von Azenha do Mar**

In Castro Verde steuern wir mal wieder zur IP2 und schwenken in Richtung Ourique, der »Hauptstadt des alentejanischen Schweines«, ein. Zum wiederholten Mal kreuzen wir die Autobahn Lisboa-Algarve und mussten uns früher dafür immer böse Kommentare unserer Töchter anhören: Schließlich könnten wir es uns ja einfacher machen und gleich nach Süden fahren, immer dieses Zickzack-Gegurke,...

Nördlich von **Ourique** (2.800 Einwohner) biegen wir nach links auf die IC1. Bereits nach einem Kilometer lockt uns das Schild »**Miradouro**« – eigentlich stand das Städtchen ja gar nicht auf unserer Liste, aber auf einen tollen Ausblick zu verzichten, bringen wir dann doch nicht übers Herz. Ein hübscher, schattiger Park mit Laubengängen erwartet uns, dazu ein herrlicher Blick in die unendliche Landschaft und über die nette Kleinstadt (N 37°39'16" W 08°13'35").

Hinweis: Da die Zufahrt relativ steil und oben auch nicht viel Parkfläche vorhanden ist, sollten große WOMOs auf den kleinen Abstecher zum Aussichtspunkt verzichten.

Am Miradouro in Ourique

Für die Weiterfahrt bieten sich nun zwei Alternativen an: Direkt weiter nach Westen auf der N123 mit einem Abstecher an einen Stausee oder besser gesagt zu den Resten eines Stausees in herrlich ruhiger, friedlicher Umgebung. Oder lieber doch noch einen Schlenker nach Süden?

Fahrt nach Westen auf der N123

Wir verlassen Ourique auf der N123 Richtung Cercal/Odemira. Ganz allmählich wird die Vegetation wieder üppiger: Eukalyptusbäume, Pinien, Oliven – und *Störche bewohnen wieder fast jeden Strommasten entlang der Straße*. Die großen Masten werden sogar wie ein Mehrfamilienhaus auf mehreren Ebenen belagert. Zum Abschied aus dem Landesinneren bekommen wir noch einen landschaftlich sehr schön gelegenen, aber fast ausgetrockneten Stausee geboten, nach genau zehn Kilometern auf der N123.

059 *Parque de Campismo Monte da Rocha*

GPS/Kontakt: N 37°43'03" W 08°18'15", Tel. 00351 968 511887. **Öffnungszeit**: Ganzjährig. **Ausstattung**: Pool. **Beschreibung**: Schöner, relativ neuer Platz, gepflegte Sanitäranlagen, (noch) kleine Schattenbäume. Sehr friedlich und ruhig, perfekt zum Abschalten. Ziemlich abgelegen am Westufer des (fast ausgetrockneten) Stausees gelegen, schöner Ausgangspunkt für Radtouren. **Preis**: 10 €. **Zufahrt**: An der N123 zwischen Ourique und Garvão rechts zum Barragem do Monte da Rocha abbiegen, nach 3,5 km rechts (ausgeschildert).

Baden ist im See nicht möglich, aber falls Sie Räder dabei haben, können Sie auf der Straße schön bis zum Staudamm weiter nördlich radeln (das ***Restaurante A Rocha*** war bei unserem letzten Besuch geschlossen). Die Einsamkeit dieser Gegend ist absolut faszinierend!

Bei Garvão wird die N123 dann zur N389. Wie ein Tunnel sind die flankierenden Bäume teilweise geschnitten und wir rollen (meistens) gut beschattet dahin. In Colos treffen wir mit denjenigen zusammen, die sich für unsere Alternativroute entschieden haben:

Schlenker nach Süden

Südlich von Ourique gibt es die ziemlich einsam und malerisch gelegenen ***Ruinen von Castro da Cola*** *zu entdecken* (N 37°34'41" W 08°18'03"). Neben der **Wallfahrtskirche Nossa Senhora da Cola** liegen die Mauerreste des befestigten Dorfes Marachique aus dem Mittelalter malerisch auf einem Hügel unter knorzigen Eichen. Wie so oft finden sich aber auch an diesem Ort »Schichten« aus verschiedenen Epochen übereinander. Die ältesten Funde werden einer Nekropole aus der Bronzezeit zugeschrieben.

Castro da Cola: Wallfahrtskirche, Ruinen und viel Einsamkeit

060 *Camping Serro da Bica*

GPS/Kontakt: N 37°34'04" W 08°15'51", Tel. 00351 286 516750, www.campingserrodabica.com. **Öffnungszeit**: Ganzjährig. **Ausstattung**: Gemeinschaftsraum mit TV, kleiner Bibliothek, usw. **Beschreibung**: Schöner, terrassierter Platz mit vielen Bäumen, sehr gepflegt, holländische Leitung. Idyllische Lage, außerorts, allerdings ist die nahe IC1 hörbar. Toller Ausgangspunkt für Radtouren. **Preis**: 20 €. **Zufahrt**: Von der IC1 9,6 km südlich von Ourique links abbiegen, dann noch 400 m (ausgeschildert).

Bis Santana da Serra bleiben wir noch auf der IC1, dann biegen wir rechts ab und folgen dem schmalen, kurvigen Sträßchen. Schon bald überqueren wir einen ersten Ausläufer des **Albufeira de Santa Clara**, aber erst unmittelbar vor der zweiten Brücke legen wir einen Stopp ein.

P Ponte de Salvador – N 37°33'46" W 08°20'29"

Breiter wird das Sträßchen Richtung Norden nicht, aber dafür wird der Asphalt – zumindest kurzzeitig – deutlich rauer. **São Martinho das Amoreiras** ist ein ganz nettes Dörfchen, das einige schöne Fotomotive hergibt. Hier halten wir uns kurz rechts, um dann aber gleich wieder nach links auf die N123-1 Richtung Colos abzubiegen.

In Colos treffen unsere beiden Routenvarianten dann wieder zusammen und wir sausen unter Piniendächern weiter nach Westen. In **Cercal** entdecken wir neben der Gemeindeverwaltung *(Junta de Freguesia)* eine auffallend saubere **Ver- und Entsorgungsmöglichkeit** (N 37°47'53" W 08°40'25"). Am Ortsende (links) werden übrigens Tonnen von abgeschälten Korkrinden gelagert, wir mussten einfach staunend anhalten, das sieht man nicht oft.

Vila Nova de Milfontes (5.700 Einwohner)

Das reizende Städtchen liegt wirklich traumhaft »*entre o rio e o mar*«, also zwischen dem (tosenden) Meer und dem (ruhigen, breiten) Fluss. *Im Juli und August wissen logischerweise sehr viele Urlauber dies zu schätzen und es ist entsprechend voll*. Außerdem schätzt man Wohnmobilisten hier nicht besonders, es ist kaum ein Parkplatz ohne entsprechendes Verbotsschild zu finden.

Wen dies nicht schreckt oder wer nicht unbedingt zur Hauptsaison herkommt und bereit ist, auf einem der Campingplätze zu übernachten, wird sich in Milfontes mit seinem schönen Zentrum und den Traumstränden, die jedem etwas bieten, mit Sicherheit hier wohlfühlen.

Blick auf Milfontes vom Südufer des Rio Mira

Abendstimmung in Milfontes an der Mündung des Rio Mira

Die Anfahrt ist allerdings erst einmal wenig verlockend: Schlagartig nimmt der Verkehr zu, beidseitig der Straße zahlreiche Foliengewächshäuser, Plastik flattert im Wind. Halten Sie durch, es lohnt sich!

Der Ort schmiegt sich nördlich an die Mündung des Rio Mira, im Zentrum mit den vielen Restaurants und Cafés bewegt man sich besser zu Fuß oder per Rad, denn hier herrscht WOMO-Durchfahrtsverbot. Nahe dem Ort liegen der geschützte **Praia do Farol** und in der nächsten Bucht der **Praia do Carreiro da Fazenda**. Direkt am Fluss fühlen sich besonders Kinder am flachen **Praia da Franquia** wohl (hier ist das Wasser auch wärmer!).

Im Süden, auf der gegenüberliegenden Flussseite, rollen die großen Wellen am **Praia das Furnas** heran. Erreichbar ist dieser mit dem WOMO über die Brücke (Seite 125) oder mit einer kleinen Personenfähre, die allerdings auch nur während der Badesaison verkehrt. Allen, die sich nur tagsüber etwas umschauen wollen, können wir eigentlich nur eine staubige Brache am südöstlichen Ortsrand zum Parken empfehlen (N 37°43'34" W 08°46'56"), wo auch bei unserem letzten Besuch noch kein WOMO-Verbotsschild aufgestellt war. Immerhin verkehrsgünstig ist dieser gelegen, weder zum Aussichtspunkt an der Mündung noch ins Zentrum ist es weit. Vielleicht sollte man das als Wink des Schicksals nehmen, denn wo viele Touristen sind, da gibt es auch eine entsprechende Anzahl an Campingplätzen. Milfontes hat immerhin gleich drei zu bieten:

061 Vila Nova de Milfontes – *Camping Milfontes*

GPS/Kontakt: N 37°43'55" W 08°46'59", Tel. 00351 283 996104,

www. campingmilfontes.com. **Öffnungszeit**: Ganzjährig. **Ausstattung**: Pool (kostet extra), Spielplatz, Snackbar, gut sortierter Minimarkt, Billardtische. **Beschreibung**: Netter Platz im Eukalyptus-Pinienwald, Untergrund gepflastert oder sandig, freie Platzwahl. Am nordöstlichen Ortsrand gelegen, ca. 800 m Fußweg zum Strand. **Preis**: 15–22 €. **Zufahrt**: Im Ort ausgeschildert, nahe dem folgenden Platz. **Hinweis**: Keine Angst, man steht hier nicht eng, wir kuscheln nur mit Freunden.

062 Vila Nova de Milfontes – *Campiférias*

GPS/Kontakt: N 37°43'46" W 08°46'59", Tel. 00351 283 996409, www.campingcampiferias.com. **Öffnungszeit**: Ganzjährig. **Ausstattung**: Bar/Restaurant, Billardtisch. **Beschreibung**: Netter Platz unter Bäumen, ähnlich dem vorbeschriebenen. Am nordwestlichen Ortsrand gelegen, ca. 800 m Fußweg zum Strand. **Preis**: 14–19 €. **Zufahrt**: Im Ort ausgeschildert, nahe dem vorbeschriebenen Platz. **Hinweis**: Hundeverbot!

063 Vila Nova de Milfontes – *Camping Orbitur Sitava*

GPS/Kontakt: N 37°46'48" W 08°47'00", Tel. 00351 283 890100, www.orbitur.pt. **Öffnungszeit**: Ganzjährig. **Ausstattung**: Pool, Spielplatz, Bar/Restaurant, Minimarkt. **Beschreibung:** Großer Platz im Pinienwald hinter dem Praia do Malhão (dorthin ca. 700 m Fußweg). Außerorts, nördlich von Milfontes gelegen. **Preis**: 14–30 €. **Zufahrt**: Auf der N390 von Cercal kommend beim Kreisverkehr rechts Richtung Porto Covo/*Parque do Campismo*. Noch 4,3 km, dann links.

Restaurants gibt es viele in Milfontes, wir haben in den beiden

folgenden sehr lecker gegessen:

Restaurante O Pescador do Moura, *Rua da Praça 18* (ganz in der Nähe der beiden örtlichen Campingplätze, *Di. geschlossen*, die *Caldeirada* hier ist großartig!) und ***Restaurante A Fateixa***, *Largo do Cais* (am Fluss beim Fähranleger, *Mi. geschlossen*).

Einfach köstlich:
***Caldeirada* (Fischeintopf)**

Der Praia das Furnas an einem ruhigen Nebeltag

Überquert man den Fluss in Richtung Süden, so kann man gleich nach der Brücke rechts auf einen Parkplatz einschwenken und einen Blick zurückwerfen. 2,5 Kilometer nach dem Ende der Brücke führt ein Asphaltsträßchen im spitzen Winkel zurück zum Praia das Furnas. Kurz darauf geht es zum Strand hinab, wo Sie einen schönen Badetag verbringen dürfen. Eine Gaststätte gibt es hier ebenfalls, außerdem Picknickbänke.

P Praia das Furnas – N 37°42'52" W 08°47'06"

Das Sträßchen führt weiter zum Fluss, hier gibt es nochmals einen Parkplatz, auf dem WOMOs jedoch nicht parken (und, anders als PKW, von der Gegenseite auch nicht einfahren) dürfen.

5,5 Kilometer südlich des Praia das Furnas biegen wir rechts nach Almograve. *Den Abstecher an den wunderschönen gleichnamigen **Praia de Almograve** können Sie sich aber sparen, hier gibt es Durchfahrts- und Parkverbote für WOMOs!*

Einsam wird es, wenn man am Kreisverkehr im Dorf weiter Richtung Süden fährt. Entlang der Straße wird intensiv Landwirtschaft betrieben, selbst Rollrasen wird hier »angebaut«. Jedoch ist er nicht für einen der vielen Golfplätze an der Algarve bestimmt, sondern für die großen Fußballarenen in ganz Europa. Und immer öfter sehen wir nun auch die folienbedeckten Felder, auf denen Erd-, Him- oder Heidelbeeren wachsen und von denen wir Ihnen bereits auf Seite 97 berichtet haben.

Der Rollrasen ist nicht für einen der vielen Golfplätze an der Algarve bestimmt, sondern für die großen Fußballarenen in ganz Europa

Im Dörfchen Cavaleiro geht es rechts ab zum **Cabo Sardão**. Rund um das Leuchtturmareal erwarten Sie fantastische Klippen, grandiose Ausblicke und meistens reichlich Wind. Die Urgewalt, mit der die Wellen gegen die Felsen donnern, hinterlässt einen unvergesslichen Eindruck!

Entenmuscheln/*Percebes*

Dort, wo die Brandung am heftigsten tobt, fühlen sich die Entenmuscheln am wohlsten. An der Steilküste und den Felsen, die vom Meer umspült werden, wachsen sie, ihre etwa fingerlangen Stiele kleben an den Felsen fest. Diejenigen, die sie sammeln, setzen sich dabei großen Gefahren aus und nicht selten kommt es zu Unfällen. Kein Wunder, dass die köstlichen Meeresfrüchte, die übrigens keine Muscheln, sondern Krebstiere sind, ihren Preis haben.

TOUR 8

Auch wenn sie nicht gerade appetitlich aussehen, sollten Sie die Delikatesse unbedingt einmal probieren. Im Restaurant bekommt man sie einfach gekocht, manchmal mit einem Dipp (völlig überflüssig!) serviert und man isst sie, indem man mit dem Fingernagel die »Kralle« vom Stiel trennt und das Innere dann einfach herausdreht. Köstlich!!!!

Cabo Sardão mit Bilderbuch-Leuchtturm

Was für ein Ausblick!

Wem der Sinn nach Bewegung steht, der sollte sich Richtung Süden aufmachen – hier führt ein bequemer, breiter Weg (übrigens Teil des sogenannten »Fischerwegs«, der wiederum eine Variante des *Rota Vicentina* ist) oberhalb der bizarren Klippen durch die heideähnliche Landschaft und bietet weite Blicke auf den tosenden Atlantik. Zum Rundweg wird der Spaziergang, wenn man nach links abbiegt und über Cavaleiro und die Straße zurück zum Kap marschiert (Länge etwa vier Kilometer).

Ist Ihnen schon aufgefallen, dass das Meer auch für Störche ein Sehnsuchtsort zu sein scheint? Einen anderen Grund kann es nicht dafür geben, dass die Vögel in den Klippen, inmitten der Gischt, nisten. Hier kann man tatsächlich von oben in die Nester schauen.

Zurück in Cavaleiro fahren wir geradeaus ins Landesinnere und schwenken rechts auf die N393 zu unserem nächsten Ziel.

Blick auf Odemira

TOUR 8

Odemira (5.400 Einwohner)

Die N120 führt uns noch über einen kleinen Bergrücken hinweg. In einer Linkskurve werfen wir beim **Miradouro de Santa Maria** erste Blicke auf die Kleinstadt am Rio Mira. Gleich am Ortsschild ist auf der rechten Seite ein kleiner Picknickplatz mit **Brunnen** eingerichtet, parken kann man jedoch nur auf der gegenüberliegenden Straßenseite. Hier führt auch die Straße zum Parkplatz am Fluss, wo links auf Rasenpflaster auch WOMOs stehen dürfen (öffentliches WC nebenan).

064 Odemira – N 37°35'51" W 08°38'52"

Über die geschwungene Fußgängerbrücke gelangt man schnell ins Zentrum sowie in die hübsche kleine Grünanlage am nördlichen Flussufer. Auf den schattigen Parkbänken dort kann man wirklich herrlich entspannen und beim Blick in die trägen Fluten des Rio Mira vor sich hinträumen.

Wir bummeln ein wenig durch das Städtchen und beobachten die vielen *Schwalben, die unter den Dachüberständen hier noch Platz für ihre Nester finden.*

Schwalben lieben es dicht an dicht

Die Möglichkeit zur **Ver- und Entsorgung** bietet *Intermarché* (N 37°35'59" W 08°37'53", ausgeschildert am nordwestlichen Ortsausgang der N123). Am Kreisverkehr lohnt es sich, der Ausschilderung zur hübschen, renovierten **Windmühle** *(Moinho de Vento)* zu folgen, die wir bereits erspäht haben *(01. Aug.–30. Sept., Di.–Sa. 9:00–12:00 und 13:00–17:00 Uhr*, dann wird hier auch Mehl gemahlen, das man kaufen kann). Parken sollten Sie jedoch unterhalb und zu Fuß die Sackgasse hochmarschieren. Die Mühle thront äußerst fotogen auf einem Bergrücken, der Ausblick reicht weit nach Süden. Der größenwahnsinnige Ziegenbock, der uns oben zum Kampf herausforderte, war hoffentlich nur zufällig da, ansonsten kehren Sie besser gleich um...

Typisch portugiesisch: Die Windmühle in Odemira

Von Odemira führt unsere Tour weiter in den Süden, über São Teotónio nach Zambujeira do Mar. Die N120 kurvt um grüne Hügel und durch Eukalyptuswälder.

065 São Teotónio – *Águas Vivas*

GPS/Kontakt: N 37°29'48" W 08°42'59", Tel. 00351 937 422685. **Max. WOMOs**: 14. **Öffnungszeit**: Ganzjährig. **Ausstattung**: Ver- und Entsorgung, Strom, Dusche, WC, Waschmaschine. **Beschreibung**: Privater, gepflegter Platz, gekiest und schattenlos, ruhig. Netter, deutschsprachiger Betreiber. Außerorts gelegen, guter Ausgangspunkt für Spaziergänge und Radtouren. **Preis**: 12 €. **Zufahrt**: In São Teotónio beim Kreisverkehr auf der N120 Richtung Lagos, nach 1,3 km links (ausgeschildert).

Praia dos Alteirinhos südlich von Zambujeira do Mar

Zambujeira do Mar (950 Einwohner)

Das Dorf in pittoresker Lage bietet Bilderbuch-Strände und fantastische Sonnenuntergänge. Dass die Umgebung zwischenzeitlich von Plastik-Gewächshäusern und folienbedeckten Feldern geprägt wird, vergisst man glücklicherweise schnell, wenn man von den Klippen aus die Traumbuchten bewundert. Im Juli und August sowie an Schönwetter-Wochenenden ist der Ort aber auch äußerst beliebt, Anfang August kommen noch die Besucher eines mehrtägigen Musikfestivals dazu (MEO Sudoeste, 07.–10. Aug. 2024) – dann schlägt man besser einen ganz weiten Bogen um Zambujeira...

In der übrigen Zeit kann man jedoch den felsumrahmten Sandstrand unterhalb des Dorfes genießen und nach dem Baden in einem der zahlreichen Restaurants in Fisch und Meeresfrüchten schwelgen. Leider standen es bei unserem letzten Besuch auf den strandnahen Parkplätzen in und um Zambujeira überall neue WOMO-Durchfahrts- oder Parkverbotsschilder, so dass Sie auf einen der beiden folgenden Campingplätze ausweichen sollten.

TOUR 8

066 Zambujeira do Mar – *Camping Villa Park*

GPS/Kontakt: N 37°31'32" W 08°46'32", Tel. 00351 283 958407, www.campingzambujeira.com. **Öffnungszeit**: Ganzjährig. **Ausstattung**: Pool, Spielplatz, Bar, Minimarkt. **Beschreibung**: Schöner, gepflegter Platz mit vielen Schattenbäumen. Am östlichen Ortsrand gelegen, ca. 800 m ins Dorfzentrum und 1,1 km vom Strand entfernt. **Preis**: 15–25 €. **Zufahrt**: Direkt an der Zufahrtsstraße nach Zambujeira do Mar gelegen, beim Wasserturm links.

067 Breijão – *Monte Carvalhal da Rocha*

GPS/Kontakt: N 37°29'42" W 08°47'12", Tel. 00351 919 833529, www.montecarvalhaldarocha.com. **Öffnungszeit**: Ganzjährig. **Ausstattung**: Großer Pool (kostet extra), Restaurant/Snackbar, Billardtische (alles nur 01. Juni–30. Sept). **Beschreibung**: Schöner schattiger Platz, terrassiert im Eukalyptuswald, gepflegt. Außerorts gelegen, ca. 500 m Fußweg zum Strand. **Preis**: 17–30 €. **Zufahrt**: Von der N120 Richtung Süden rechts nach Brejão, nach 4,5 km rechts. **Hinweis**: Haustiere im August nicht erlaubt.

Zambujeira do Mar - Dorf in toller Lage und mit fantastischen Stränden

Auf dem Weg vom oben beschriebenen Campingplatz zum Praia do Carvalhal staunen wir übrigens nicht schlecht, als wir Zebras, Büffel, Strauße und andere Wildtiere auf einer riesigen Weide grasen sehen.

Ein kleiner Abstecher nach Süden lohnt sich von Breijão aus: Den pittoresken kleinen Naturhafen von **Azenha do Mar** müssen Sie sich unbedingt anschauen. Das Fischerdorf liegt hoch oben auf den Klippen, steil führt die Straße hinunter und endet sozusagen im Meer, auf den letzten Metern liegen beidseitig die Boote am Rand – und als Landratte mag man sich gar nicht vorstellen, wie es sich wohl anfühlt, mit so einer Nussschale auf dem Atlantik unterwegs zu sein...

Am Praia do Carvalhal

Wanderung auf dem Fischerweg von Azenha do Mar nach Zambujeira do Mar

Weglänge 12 km, gut ausgeschildert (grün-blau).

Hier bietet sich eine wunderbare Gelegenheit, eine ganz besonders schöne Etappe des berühmten Fischerwegs zu erwandern:

Lassen Sie sich mit dem Taxi nach Azenha do Mar bringen. Nachdem Sie hier den **kleinen, spektakulären Hafen** bestaunt haben, starten Sie in der *Rua dos Pescadores* und gehen Richtung Norden. Anfangs führt der Pfad immer auf den Klippen entlang bevor er nach 1,9 km auf einen Fahrweg landeinwärts schwenkt. Nach 900 m erreichen wir die wenig befahrene Landstraße, der wir 800 m nach links folgen. Beim *Casa da Seiceira* geht es dann wieder links Richtung Meer, erneut auf einem breiten Sandweg. Diesen verlassen wir 650 m weiter nach rechts. Noch einmal geht es nach 200 m nach links, dann kommen wir wieder auf den Pfad auf den Klippen (dieser etwas umständliche Schlenker ins Landesinnere ist der Tatsache geschuldet, dass es Felsabbrüche am **Praia da Amália** gab).

In ständigem Auf und Ab geht es nun mit spektakulären Blicken auf den Praia dos Machados hinunter zum **Praia do Carvalhal** und anschließend wieder steil hinauf. Nach weiteren 3 km erreichen wir Zambujeira.

Im »Hafen« von Azenha do Mar

Tour 9

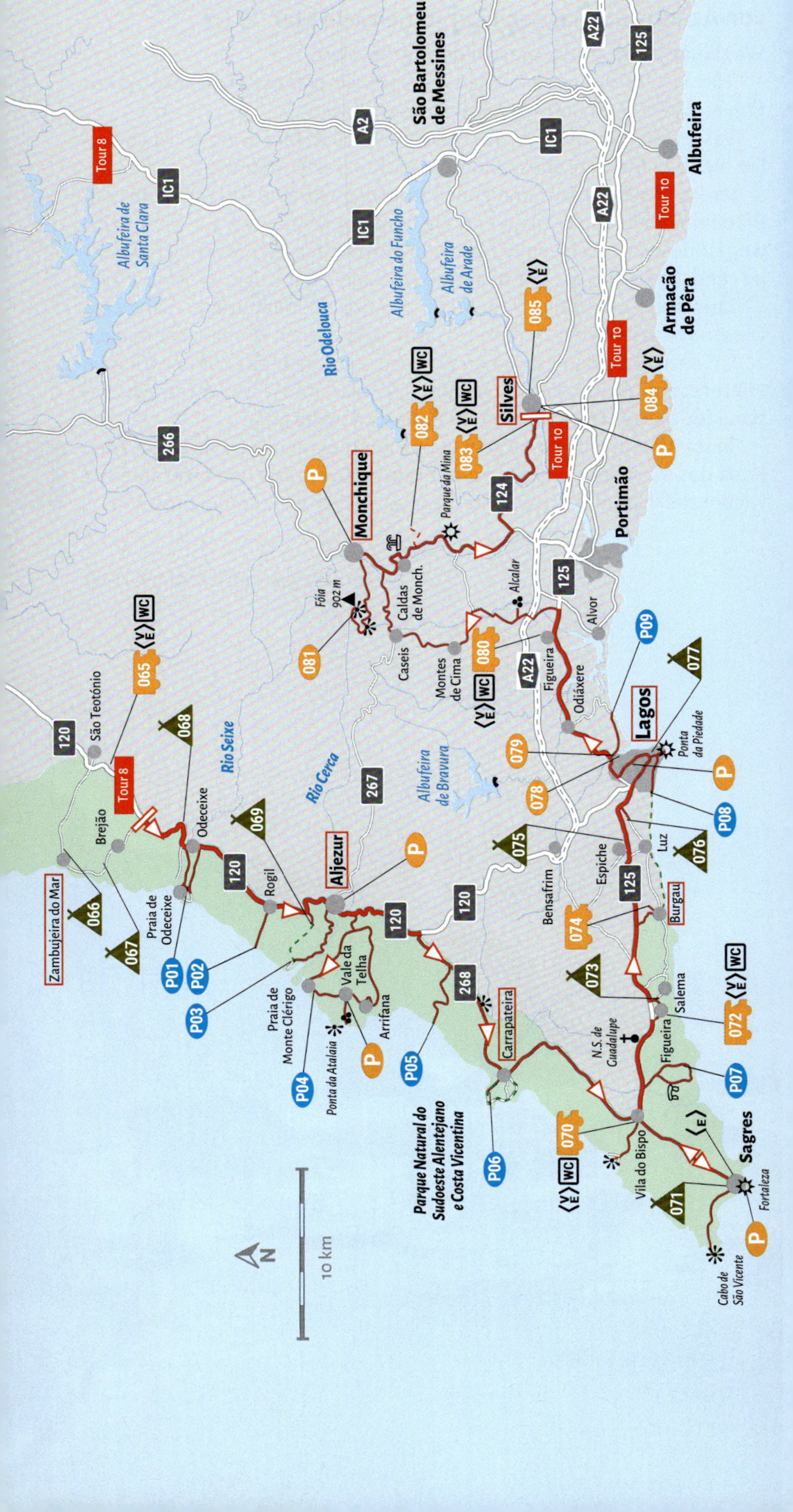

São Bartolomeu de Messines
Albufeira
Armacão de Pêra
Silves
Portimão
Monchique
Caldas de Monch.
Parque da Mina
Alcalar
Fóia 902 m
Caseis
Montes de Cima
Figueira
Odiáxere
Alvor
Lagos
Ponta da Piedade
Luz
Espiche
Bensafrim
Burgau
Salema
Figueira
N.S. de Guadalupe
Vila do Bispo
Sagres
Fortaleza
Cabo de São Vicente
Carrapateira
Parque Natural do Sudoeste Alentejano e Costa Vicentina
Arrifana
Vale da Telha
Praia de Monte Clérigo
Ponta da Atalaia
Aljezur
Rogil
Praia de Odeceixe
Odeceixe
Brejão
Zambujeira do Mar
São Teotónio
Rio Seixe
Rio Cerca
Rio Odelouca
Albufeira de Santa Clara
Albufeira do Funcho
Albufeira de Arade
Albufeira de Bravura
Tour 8
Tour 10
A2
A22
IC1
125
266
120
267
268
124
065
066
067
068
069
070
071
072
073
074
075
076
077
078
079
080
081
082
083
084
085
P01
P02
P03
P04
P05
P06
P07
P08
P09
10 km
N

Der Westen der Algarve
Von Zambujeira do Mar nach Silves
390 km

Diese Tour bietet reichlich Kontrastprogramm: Von der faszinierenden Costa Vicentina geht es an Europas südwestlichsten Punkt, schließlich auf den höchsten Gipfel der Algarve und von dort in eines der ehemals kulturellen Zentren der Mauren auf der Iberischen Halbinsel. Meine Highlights:
- **Praia de Vale Figueiras**
- **Cabo de São Vicente**
- **Fóia (bei schönem Wetter!)**
- **Lagos**
- **Silves**

Nachdem uns die Strände der Costa Vicentina bisher so gut gefallen haben, wollen wir mehr davon. Richtung Süden reihen sie sich wie Perlen an der Kette auf, also los!

Über Brejão gelangen wir wieder auf die N120 und passieren bereits knapp vier Kilometer später den nächsten Campingplatz.

068 *Camping São Miguel*

GPS/Kontakt: N 37°26'17" W 08°45'19", Tel. 00351 926 680611, www.campingsaomiguel.com. **Öffnungszeit**: Ganzjährig. **Ausstattung**: Pool, Kinderbecken, Restaurant, Pizzeria, Bar, Minimarkt (jeweils April-Oktober), Billardtisch, Spielplatz, Tennisplatz, Fahrradvermietung. **Beschreibung**: Schöner Platz im Pinienwald mit vielen Einrichtungen, im Juli/August ziemlich voll und trubelig. Etwas abseits gelegen, der nächste Strand ist mehrere Kilometer entfernt. **Preis**: 14–24 €. **Zufahrt**: Direkt an der N120 (links), 1,5 km vor der Abfahrt Odeceixe. **Hinweis**: Hundeverbot 01. Juni–15. Sept.!

Im kleinen Weiler Baiona, den wir kurz nach dem Campingplatz passieren, können Sie links im ***Café Conchinha*** gutes Brot kaufen *(Pão Alentejano)*. *Mit dem Überqueren der Brücke über den Rio Seixe erreichen wir schließlich die südlichste, touristisch am besten erschlossene und sicherlich auch bekannteste Provinz des Landes: Die Algarve* (im Portugiesischen übrigens männlich, also der Algarve. Da sich im Deutschen aber der weibliche Artikel eingebürgert hat, übernehmen wir diesen). Von der Südküste stammen die Bilder, die man von den portugiesischen Stränden vor Augen hat – aber lassen Sie sich überzeugen, dass die Algarve viel mehr zu bieten hat.

Freistehen verboten!

In der Provinz Algarve wird hart durchgegriffen, wenn es um »Wildcampen« geht, insbesondere im Parque Natural ist dies strikt verboten!

Die GNR *(Guarda Nacional Republicana)* kontrolliert ganzjährig und verhängt bei Nichtbeachtung von Park- oder Durchfahrtsverboten empfindliche Strafen. Diskussionen, dass auf einem Schild WOMOs mit Alkoven abgebildet seien, Sie aber einen Kastenwagen haben oder ein Wohnwagen zu sehen ist, Sie aber doch ein WOMO fahren, sind sinnlos. Wir haben von Lesern Rückmeldung erhalten, dass dies von der GNR auch als WOMO-Verbot ausgelegt und entsprechend bestraft wird. Wir können also nur raten, sich an das Verbot zu halten, egal was für ein Symbol Sie auf dem Schild erblicken (siehe auch Seite 279). Sämtliche Strandparkplätze, die wir an der Costa Vicentina angeben, darf man nur tagsüber *(8:00–20:00 Uhr)* nutzen)!

TOUR 9

Um an den **Strand von Odeceixe** zu gelangen, gibt es daher nur folgende Möglichkeiten: Sie können mit dem Fahr- oder einem anderen Zweirad vom vorbeschriebenen Campingplatz aus den Weg auf der Nordseite des Flusses bis zum Meer fahren (etwa 4,7 Kilometer, eben) und dort parken. Um zum Hauptstrand gegenüber zu kommen, müssen Sie dann aber den sauberen Fluss durchwaten (bei Ebbe problemlos möglich). Oder Sie fahren nach der Brücke rechts, streifen das quirlige Dorf Odeceixe und parken das WOMO rechts auf einem der Längsparker. Dann schnappen Sie sich ebenfalls Ihr Fahr- oder sonstiges Zweirad und radeln immer geradeaus bis zum Strand (etwa 3,1 Kilometer, eben).

Die dritte Möglichkeit wäre, ebenfalls mit dem WOMO nach der Brücke rechts abzubiegen, Odeceixe hinter sich zu lassen und sich so dem herrlichen Strand zu nähern. Allerdings werden Sie noch vor **Praia de Odeceixe** von einem WOMO-Durchfahrtverbotsschild nach links abgedrängt und gezwungen, bergauf zu

Praia de Odeceixe

fahren. Oben gibt es einen großen, staubigen und schattenlosen Parkplatz, auf dem Sie zumindest tagsüber parken dürfen.

P01 Praia de Odeceixe – N 37°26'16" W 08°47'54"

Ein aussichtsreicher Spaziergang bringt Sie rasch zum wunderschönen **Praia das Adegas** (FKK) – *zum Hauptstrand beim Dorf ist es jedoch ein kleiner Fußmarsch mit 50 Höhenmetern, aber die Anstrengung lohnt sich.*

Entlang der N120 hat 2023 ein Feuer gewütet, schwarz verkohlte Bäume säumen die Straße. In **Rogil** gibt es zahlreiche Geschäfte, Cafés und Snackbars, das Dorf bietet sich für einen Pause an. Am Hauptplatz zweigt ein ausgeschilderter Weg zum einsamen **Praia do Vale dos Homens** ab (Zufahrtsstraße in schlechtem Zustand). Der schattenlose Parkplatz liegt oberhalb der Steilküste, zum mit Felsen durchsetztem Sandstrand führt eine lange Holztreppe hinunter.

TOUR 9

P02 Praia do Vale dos Homens – N 37°22'55" W 08°49'02"

069 *Camping Serrão*

GPS/Kontakt: N 37°20'22" W 08°48'46", Tel. 00351 282 990 220, www.campingserrao.com. **Öffnungszeit**: Ganzjährig. **Ausstattung**: Pool, Snackbar/Restaurant, Minimarkt, Spielplatz, Tennisplatz. **Beschreibung**: Unbefestigte Plätze in einem Eukalyptuswäldchen, schattig und ruhig. Außerorts gelegen, zum Strand ca. 3,5 km. **Preis**: 16–26 €. **Zufahrt**: Auf der N120 2,9 km südlich von Rogil in einer Linkskurve rechts abbiegen (ausgeschildert). **Hinweis**: Wer Berge nicht scheut, kann von hier aus direkt zum Praia da Armoreira radeln (unbefestigter Weg, ca. 3,5 km und 100 Höhenmeter).

Die Berge, die links der N120 aufragen, gehören bereits zur Serra de Monchique, dorthin werden wir Sie auch noch führen! Noch bevor wir Aljezur erreichen, zweigt beim Sportzentrum ein grobes Asphaltsträßchen mit vielen geflickten Schlaglöchern rechts ab zum **Praia da Amoreira**. Vorbei an einem schattigen **Picknickplatz** kurven wir durch ein Tal. Kurz nachdem wir neuen Belag unter den Rädern haben, liegt rechterhand der für WOMOs tagsüber erlaubte Parkplatz.

P03 Praia da Amoreira – N 37°21'01" W 08°50'23"

Die restlichen 400 m (WOMO-Durchfahrtsverbot) bis zum *kinderfreundlichen Traumstrand* müssen Sie dann noch zu Fuß zurücklegen. Ein Restaurant gibt es hier übrigens auch.

Blick auf Aljezur vom Castelo aus

TOUR 9

Aljezur (3.400 Einwohner)

Das »Dorf der Brücken« (so die Bedeutung des arabischen Namens), besteht eigentlich aus zwei Ortsteilen – den neuen (Igreja Nova) lassen wir aber im wahrsten Sinn des Wortes links liegen. Interessanter ist nämlich das alte Dorf, auf das wir dann geradewegs zusteuern. Es scheint wie eine Schwalbennesterkolonie an den Hang geklebt, darüber thront die Ruine des **Castelo** mit maurischem Turm, der bereits im 10. Jahrhundert von Arabern gebaut wurde. Noch vor der Brücke lassen wir das WOMO rechts auf einem Parkplatz hinter der Markthalle stehen (auf dem linken Parkplatz herrscht WOMO-Verbot!).

P Aljezur – N 37°19'04" W 08°48'10"

Der Burgturm verspricht einen großartigen Ausblick und so nehmen wir den steilen Aufstieg durch Kopfsteinpflastergässchen in Angriff. Das Schwitzen lohnt sich, wir werden nicht enttäuscht.

Wer sich anschließend im Meer abkühlen möchte, kann bei einer Rundfahrt die Strände südlich von Aljezur abklappern. Von der N120 zweigen wir hierfür nach rechts ab und steuern zunächst den **Praia de Monte Clérigo** an, wo sich eine Handvoll Häuser pittoresk an eine Sandbucht schmiegen. Am besten parken Sie noch vor der Bucht oberhalb in der Linkskurve oder entlang der Straße nach unten, kurze WOMOs können auch auf einen freien Parkplatz gegenüber den ersten Häusern hoffen. Da der Parkplatz im Dorf für WOMOs gesperrt ist, gibt es ansonsten nur noch eine Alternative hinter dem Dorf an der Straße bergauf.

P04 Praia de Monte Clérigo – N 37°20'15" W 08°51'16"

Polvo mit Süßkartoffelpüree

Hoffentlich ist es nun gerade Mittagszeit, denn dann sollten Sie es sich unbedingt im ***Restaurante O Sargo*** schmecken lassen (das Auge isst mit, dafür müssen Sie etwas tiefer als sonst in Portugal üblich in die Tasche greifen).

Unsere Rundfahrt führt weiter zur Ferienhaussiedlung Vale da Telha. Wir halten uns gleich beim ersten Kreisverkehr rechts und folgen der Straße am Rand der Siedlung, so kommen wir zum Abzweig zu den Ruinen am **Ponte da Atalaia**. Aber auch hier werden wir von einem WOMO-Durchfahrtverbotsschild ausgebremst, daher parken wir bei der Bauruine in der nächsten Straße.

P Ponte da Atalaia – N 37°18'57" W 08°52'04"

TOUR 9

Etwa einen Kilometer müssen Sie zur Steilküste marschieren, dafür werden Ihnen dort fantastische Blicke geboten. Wir können uns gar nicht sattsehen am tiefen Blau des wilden Atlantiks. Von allen Seiten peitscht er gegen die Klippen und Felsen, die aus dem Wasser ragen wie die gezackten Rücken schlafender Drachen. Eine fantastische Sandbucht liegt uns im Norden zu Füßen und wir können keinen einzigen Pfad entdecken, der hinab führt.

Von allen Seiten peitscht der Atlantik gegen die Klippen und Felsen, die aus dem Wasser ragen wie die gezackten Rücken schlafender Drachen

Das Motorrad steht zwischenzeitlich hoffentlich nicht mehr da...

Fast übergangslos geht die Ferienhaussiedlung in das benachbarte Surfermekka **Arrifana** über. Dort ist es mit dem WOMO-Parken aber ganz schwierig, wir ersparen uns den Ort daher und kehren lieber wieder zur N120 zurück. Kurz darauf passieren wir links neben der Straße einen **Picknickplatz mit Brunnen** *(Parque de Merendas de Santa Susana)*.

Sieben Kilometer südlich von Aljezur führt die N120/IC4 als direkte Verbindung weiter nach Lagos. Wir bleiben rechts auf der N268 Richtung Sagres. Unmittelbar nach dem Abzweig könnte man rechts unter Bäumen beim nächsten **Picknickplatz** erneut einen Stopp einlegen. Nach 2,5 Kilometern weist ein Schild nach rechts zum **Vale Figueiras** und bei uns siegt die Neugier. Hoppeln Sie mit uns über die löchrige »Patchworkstraße«, die später in Schotter übergeht, Sie werden bestimmt nicht enttäuscht sein. Knapp fünf Kilometer muss man durchhalten, dann kommt die Belohnung (aber auch hier ist der Parkplatz 400 Meter vom Strand entfernt).

P05 Praia de Vale Figueiras – N 37°14'53" W 08°51'50"

Nicht ganz einfach anfahrbar, aber lohnenswert: Praia de Vale Figueiras

Die Landschaft wird hügeliger und die N268 kurviger. *Von einem kleinen Picknickplatz auf der gegenüberliegenden Straßenseite kann man die Sicht auf das malerische Dorf Bordeira genießen.* Dann schwenkt die Straße nach Westen ab und nähert sich wieder dem Atlantik. Plötzlich sichten wir eine Riesendüne – **Carrapateira** ist erreicht!

Kurz nach der Brücke biegen wir nach rechts und steuern den **Praia da Bordeira** an. Hinter dem Strand erstreckt sich eine flache Lagune, deren Wasser sogar angenehme Temperaturen aufweist, ideal für Familien mit (Klein-) Kindern. Hier haben wir in den vergangenen Jahren schon so manchen Strandtag verbracht, *leider ist der untere Parkplatz mittlerweile für WOMOs verboten.* Wir folgen daher der Straße weiter zum Kamm der Riesendüne hinauf. Entlang der Straße oberhalb der gewaltigen Sandbucht dürfen Sie parken (bitte schräg, nicht parallel zur Straße!) und können den Strand über einen Holzsteg erreichen.

Das Badeparadies Praia da Bordeira bei Carrapateira

P06 Praia da Bordeira – N 37°11'45" W 08°54'26"

TOUR 9

Fahrrad-Rundtour bei Carrapateira

Weglänge 10 km.

Da wir mit dem WOMO nicht weiterfahren dürfen, steigen wir auf´s Fahrrad um. Wir folgen einfach der Fahrstraße und erreichen nach einem Kilometer das Cabo Pontal, wo die Straße von Südwesten nach Süden schwenkt. Nicht nur die Ausblicke auf den Atlantik sind grandios, man kann auch die Überreste eines muslimischen Fischerdorfes aus dem 12. Jahrhundert am Porto do Forno besichtigen. Die Straße senkt sich zum **Praia do Amado** ab, der sich für eine Badepause anbietet. Wie Robben tummeln sich hier die Surfer im Wasser. Hier schwenken wir ins Landesinnere, radeln nach Nordosten und erreichen nach knapp zwei Kilometern die N268. Bereits 200 Meter später stehen wir in **Carrapateira**, das wir durchqueren und auf der Nationalstraße bleiben, bis wir wieder zum Abzweig zum **Praia da Bordeira** kommen. Hier folgt schließlich das anstrengendste Wegstück, 35 Höhenmeter müssen bis zum Ausgangspunkt noch überwunden werden.

Die Verpflegung kommt unterwegs übrigens auch nicht zu kurz: Am Porto do Forno gibt es ein Restaurant, am Praia do Amado eine Snackbar und in Carrapateira natürlich alles.

Die Küstenstraße bei Carrapateira bietet beim Radeln tolle Ausblicke

Da wir mit dem WOMO nicht weiterfahren dürfen, geht es zurück nach Carrapateira. Hier lohnt sich ein Besuch des kleinen ***Museo do Mar e da Terra*** *(Mo.–Fr. 9:00–15:30 Uhr, 3 €)*. Das Museum ist an der Hauptstraße ausgeschildert (von Norden kommend erste Straße links nach oben – gehen Sie jedoch besser zu Fuß hinauf: Die Straße ist ziemlich steil, es gibt keine Parkplätze in WOMO-Größe und kaum Platz zum Wenden!). Mit dem WOMO den wunderschönen, südlich von Carrapateira gelegenen **Praia do Amado** anzufahren ist übrigens vergebliche Liebesmüh: Vor beiden Parkplätzen werden Sie mit WOMO-Durchfahrtverbotsschilder ausgebremst.

Richtung Süden geht es auf der N268 weiter zwischen Eukalyptusbäumen. In deren Schatten machen wir eine Pause auf einem weitläufigen **Picknickplatz** (N 37°06'53" W 08°53'50").

Vila do Bispo (1.500 Einwohner)

Immerhin von oben kann man den Praia da Cordoama bewundern

Das Dorf liegt eingebettet in einer Talsenke und wird von einem Wasserturm überragt. Hier geht es links nach Lagos, geradeaus zur südwestlichsten Ecke Europas bei Sagres und rechts zur Küste, wo die Strände jedoch nicht mit dem WOMO anfahrbar sind. Also eines nach dem anderen: Wir biegen gleich bei der ersten Abfahrt ins Dorf und beim Sportplatz rechts. Vor dem empfehlenswerten ***Restaurante A Eira do Mel*** *(So. und Mo. geschlossen)* schwenken wir rechts und folgen der erstaunlich guten Straße bergauf. Das Picknickgelände kurz hinter der Kuppe ist leider mit einer Höhenschranke ausgestattet und die Zufahrt zum **Praia do Castelejo** ist mit einem Wohnwagen-Durchfahrtverbotsschild ausgestattet (gilt auch für WOMOs). Direkt an der Verzweigung gibt es rechts einen großen, ebenen Platz, den man tagsüber nutzen kann, wenn man auf´s Fahrrad umsteigen oder zu Fuß weitergehen möchte. Wir fahren beim Abzweig rechts und nehmen dann nach 300 Metern links den unbefestigten Weg, der zu einem großartigen **Aussichtspunkt** hoch über der Küste führt (N 37°06'19" W 08°56'19"). *Der Blick auf die Strände ist wirklich atemraubend!* Leider muss man es beim Anblick belassen, wenn man nicht auf´s WOMO verzichten möchte oder kann: Zum **Praia da Cordoama** geht es zwar auf der Asphaltstraße bergab, aber etwa 500 Meter vor dem Strandparkplatz wird man erneut durch ein WOMO-Verbotsschild ausgebremst (Wenden möglich, Parken dagegen nicht).

Keine Angst, ganz gefrustet müssen Sie nicht sein, eine Möglichkeit zum Übernachten gibt es im Dorf:

070 Vila do Bispo – *Vento Norte*

GPS/Kontakt: N 37°04'50" W 08°54'50", Tel. 00351 967 612678, ventonortevb.wixsite.com/ventonorte. **Max. WOMOs**: 27. **Öffnungszeit**: Ganzjährig. **Ausstattung**: Ver- und Entsorgung, Strom, WC und Dusche (kosten beide extra), Waschmaschine. **Beschreibung**: Einfacher, privater Feinkiesplatz, recht eng, eben und schattenlos (parkplatzähnlich). Ruhig am südwestlichen Ortsrand gelegen, Supermarkt nebenan. **Preis**: 10–15 € (einschl. Strom). **Zufahrt**: In Vila do Bispo der Ausschilderung *Lidl* folgen, der Platz liegt rechts daneben. **Hinweis**: Rezeption 9:00–13:00 und 15:00–19:00 Uhr (Juni–Sept.) bzw. 9:00–12:00 und 14:00–18:00 Uhr (Okt.–Mai).

Auf dem Lidl-Parkplatz nebenan gibt es übrigens acht sehr lange WOMO-Parkplätze, die man aber nur von 7:00–23:00 Uhr nutzen darf. Gut essen im Dorf kann man übrigens auch im ***Restaurante Ribeira do Poço*** *(Mo. geschlossen,* uns hat der *Arroz de Tamboril* hier sehr gut geschmeckt).

Auf den acht Kilometern von Vila do Bispo nach Sagres wird unser Bus kräftig vom Wind durchgeschüttelt und das Spurhalten auf der geraden Straße kostet richtig Kraft. Je näher wir dem Kap kommen, desto schräger werden die Bäume.

Sagres (1.900 Einwohner)

Im Ort bietet *Intermarché* links an der Hauptstraße die Möglichkeit zur **Entsorgung** (N 37°00'56" W 08°56'27"), Wasser gibt es nicht mehr (laut Supermarktmitarbeiter wurde damit geduscht und WOMOs abgewaschen – manchmal fehlen einem die Worte).

071 Sagres – *Camping Orbitur*

GPS/Kontakt: N 37°01'22" W 08°56'44", Tel. 00351 282 624371, www.orbitur.pt. **Öffnungszeit**: Ganzjährig. **Ausstattung**: Restaurant/Snackbar, Minimarkt, Spielplatz. **Beschreibung**: Großer Platz im Pinienwald, unbefestigte, zumeist parzellierte Stellplätze. Teilweise ziemlich uneben, so dass es für große WOMOs schwierig sein kann, gerade zu stehen. Wenig Stromkästen (langes Kabel oder Unabhängigkeit notwendig). Ruhig, nordwestlich abseits des Orts gelegen (Ortszentrum ca. 2 km, nächster Strand etwa 2,2 km entfernt). **Preis**: 15–30 €. **Zufahrt**: In Sagres Richtung Cabo de São Vicente fahren, dort nach rechts (ausgeschildert). 1 km der Straße folgen.

Wir biegen am Kreisverkehr hinter dem raketenförmigen Wasserturm zunächst rechts zum **Cabo de São Vicente**. Zunächst passieren wir eine Töpferei, dann geht es entlang der hohen Steilküste. Auf dem Parkplatz des wunderschönen **Praia do Beliche** darf man mit dem WOMO leider nicht parken, daher fahren wir gleich zum Kap durch. *Wenig später sichten wir den roten* ***Leuchtturm****, der über festungsartige Mauern hinweg sein Licht vom südwestlichsten Punkt Europas erstrahlen lässt*. Geparkt wird vor dem Gebäude am Straßenrand und auf dem Weg zum Kap werfen wir zuerst einmal ehrfurchtsvolle Blicke hinab zu den Wellen, die den Fuß der 60 Meter hohen Steilwand immer weiter aushöhlen.

TOUR 9

O fim do mundo – Das Ende der Welt

Solche extremen Punkte der Erde haben stets einen besonderen Platz in der Mythologie, hierzu gibt es immer Geschichten zu erzählen:

Bereits in römischer Zeit pflegten auf dem sturmumbrausten Plateau nachts die Götter zu ruhen. Im 4. Jahrhundert lief ein führerloses Schiff mit dem Leichnam des heiligen Vinzent, der zuvor in Valencia den Märtyrertod gestorben war, auf das Riff. Zwei Raben bewachten nun Jahrhunderte lang die Reliquie, bis sie ihren Weg nach Lissabon fortsetzte und dort 1173 eintraf. São Vicente wurde so zum Schutzheiligen der Hauptstadt.

Der Leuchtturm am Ende der (europäischen) Welt

Vielleicht haben Sie das Glück, an einer **Führung durch den Leuchtturm** *(Farol)* teilnehmen zu können: Eine schmale Wendeltreppe führt 24 Meter hinauf zu dem gläsernen Rondell, in dessen Mitte nachts eine 3.000-Watt-Birne strahlt. Um sie herum kreisen drei sogenannte Fresnel-Linsen, zusammengesetzt aus Hunderten von Glasprismen. Sie bündeln das Licht und werfen es 33 Seemeilen (56 Kilometer) weit über den Ozean hinweg. Keinen Felsen, keine Insel treffen sie auf ihrem Weg: Im Süden ist die Küste Afrikas weit entfernt, nach Westen folgen sie den Spuren der Entdecker nach Amerika...

Zur Führung gehört auch der Besuch eines **kleinen Museums**, in dem die gesamte Leuchtturmtechnik gezeigt wird. Dort stehen auch noch die Kompressoren für den Petroleumbetrieb, der bis 1926 der Vorläufer des Elektrobetriebs war *(täglich außer Mo. 10:00–18:00 Uhr, im Winter bis 17:00 Uhr, 1,50 €. Der Leuchtturm kann nur mittwochs besucht werden, von 14:00–16:00 Uhr in geführten Kleingruppen).*

Ein letzter Blick in die einsame Runde und vielleicht auch noch ein letzter dieser unglaublichen Sonnenuntergänge an der Westküste! *Und selbstverständlich fahren wir nicht wieder weg, bevor wir uns noch an der legendären »Letzte-Bratwurst-vor-Amerika«-Bude gestärkt haben!*

TOUR 9

Cafés und Kneipen gibt es zahlreich in Sagres

Ab jetzt geht es »um die Ecke« – in den nächsten Tagen sind wir in Portugals beliebtester Ferienregion unterwegs; *an der Südküste der Algarve geht es zumeist rummeliger zu als im übrigen Land*. Aber auch dort lassen sich nette Plätze, gute Übernachtungsmöglichkeiten oder einfach nur schöne und interessante Orte entdecken – wie beispielsweise die Festung von Sagres! Zurück am großen Kreisverkehr in Sagres geht es anschließend also nach Süden zur **Fortaleza**.

Fortaleza in Sagres

P Sagres – N 37°00'17" W 08°56'42"

Der schattenlose Tagesparkplatz *(8:00-22:00 Uhr)* eignet sich nicht nur zum Besuch der restaurierten Festung. Von hier aus ist es auch nicht weit zum **Praia do Tonel** im Westen der Landzunge oder zum **Praia da Mareta** im Osten.

Fortaleza de Sagres

Täglich 9:30–20:00 Uhr, Juli–Aug. bis 20:30 Uhr, im Winter 9:00–17:30 Uhr, 3 €.

Bis 1460 soll die Festung die berühmte **Schule Heinrich des Seefahrers** beherbergt haben. In ihr wurden die damals bekannten Navigationstechniken für die hohe See gelehrt, die schließlich den portugiesischen Entdeckern den Weg über die Weltmeere ermöglichten. Gleich hinter dem Eingang links findet man den »Beweis«: Eine über 40 Meter große »Windrose«, die erst 1928 entdeckt wurde. Allerdings hat sie 42 Segmente, eine richtige Kompassrose dagegen nur 32, theoretisch könnte es auch eine Sonnenuhr sein. Rechts hinter dem Eingang steht die Nachbildung eines der steinernen Wappenpfeiler, die man an der Küste neu entdeckter Kontinente aufzurichten pflegte, um den portugiesischen Besitzanspruch zu manifestieren. Das Innere der Festung ist weitestgehend leer, aber bei dem lohnenswerten, knapp zwei Kilometer langen Spaziergang rund um die weit ins Meer ragende Landzunge hat man immer wieder grandiose Blicke über das Meer und hinüber zum Cabo de São Vicente. Wir wollen Ihnen aber nicht verheimlichen, dass Historiker heute an der Existenz einer »Seefahrerschule« hier in Sagres zweifeln...Und Heinrich der Seefahrer hat übrigens nie selbst an einer Entdeckungsfahrt teilgenommen, er war lediglich der Initiator der Reisen!

Auf der N268 kehren wir nach Vila do Bispo zurück und schwenken dort nach Osten ein. Noch sind wir an einem abgelegenen Ende der Felsenalgarve, hier ist es noch recht einsam und wir möchten die Strände südlich von Raposeira erkunden.

Beliebt bei Surfern: Der Praia do Zavial

TOUR 9

Bereits nach 1,9 Kilometern sind diese an einer Ampel nach rechts ausgeschildert. Nach 450 m liegt rechts, unmittelbar neben der Straße, ein kleiner **Picknickplatz** mit Sitzgelegenheiten und Brunnen (2023 sind die Wasserhähne demontiert). Bei der folgenden Gabelung halten wir uns wieder rechts. Rechts, nahe der Straße kurz vor einem alleinstehenden Haus, scheint Obelix einen seiner Steine verloren zu haben, ein **Menhir** aus der Jungsteinzeit lässt uns kurz stoppen.

Die Straße führt weiter geradewegs zum kleinen, aber feinen, teils palmengesäumten **Praia da Ingrina**, leider wieder mit Parkverbotsschild (auch hier zwar Wohnwagensymbol, aber Sie wissen ja Bescheid). Die Nachbarbucht **Praia do Zavial** ist nicht weit entfernt und wenn Sie hier wieder einige Meter landeinwärts fahren, haben Sie hier sogar die Möglichkeit zum Strandbesuch. Die Bucht ist voller Surfer, die auf die eine Welle warten. Wem das zu langweilig ist, der kann auch das empfehlenswerte Strandrestaurant aufsuchen.

P07 Praia do Zavial – N 37°03'01" W 08°52'24"

Geradeaus düsen wir stets leicht bergauf zurück nach Raposeira und zur N125 und dort rechts. Auf der Anhöhe verlassen wir den Kreisverkehr nach links und biegen dann sofort wieder nach rechts ab auf die alte, parallel verlaufende Straße. Unser Ziel ist die **Ermida Nossa Senhora de Guadalupe**. *Die romanisch-gotische Kirche aus dem 13. Jahrhundert gilt als die älteste der Algarve*, hier soll schon Heinrich der Seefahrer gebetet haben *(täglich außer Mo. 10:00–13:00 und 14:00–18:00 Uhr, im Winter eine Stunde früher, 2 €)*. Nehmen Sie wieder den gleichen Weg zurück zur N125.

072 Figueira – *Caravan Park*

GPS/Kontakt: N 37°04'22" W 08°50'44", Tel. 00351 914 404284, www.figueiracaravanpark.com. **Max. WOMOs**: 50. **Öffnungszeit**: Ganzjährig. **Ausstattung**: Ver- und Entsorgung, Strom, WC, Dusche (kostet extra), Waschmaschine. **Beschreibung**: Geschotterter, privater Platz mit kleinen und großen Parzellen (Preisunterschied), wenig Schatten. Gepflegt und sauber, sehr freundlicher Eigentümer. Am westlichen Dorfrand gelegen, Strand (ca. 1,4 km) und Restaurants fußläufig. **Preis**: 12–14 €. **Zufahrt**: Von der N125 nach Figueira abbiegen, dort rechts (ausgeschildert).

Wer wieder einmal Lust auf ausgesprochen leckere Pizza und Salate hat, dem empfehlen wir in Figueira das nette ***O Sabor da Alegria*** *(an der Ecke Rua Direita, gegenüber dem Wegweiser zum Strand, Mo.–Fr., ab und zu abends auch Livemusik).*

Eigentlich würden wir lieber an der Küste durch die Dörfer fahren als auf der N125. Zwischenzeitlich darf man aber mit dem WOMO fast nirgends mehr parken, außerdem geht es stellenweise zu eng für große Fahrzeuge zu.

073 *Salema Eco Camp*

GPS/Kontakt: N 37°04'31" W 08°49'53", Tel. 00351 282 695201, www.salemaecocamp.com. **Öffnungszeit**: Ganzjährig. **Ausstattung**: Restaurant/Bar, Minimarkt, Spielplatz, Yogastunden, Massage, Fahrradverleih. **Beschreibung**: Schönes parkähnliches Gelände mit ökologischem Konzept, hügelig. Stellplätze entweder recht schattig (dunkel) oder Vollsonne. Ruhig, nördlich von Salema gelegen (Ortszentrum und Strand ca. 1,4 km entfernt). **Preis**: 22 €. **Zufahrt**: An der Zufahrtsstraße der N125 nach Salema, links.

Fischerboote in Burgau

Da insbesondere **Burgau** ein ausgesprochen nettes, aber definitiv nicht WOMO-geeignetes Dorf ist, freuen wir uns, dass Leser uns hier einen privaten Stellplatz empfohlen haben, den wir aber noch nicht kennen:

074 Burgau – *Quinta Pedagógica Santa Anjo* N 37°04'44" W 08°46'19"

Sie erreichen den Platz, wenn Sie von der N125 nach Burgau abbiegen und noch vor den ersten Häusern links abbiegen, Sie fahren dann genau darauf zu. Von hier aus sind Sie (idealerweise mit dem Fahrrad) schnell in Burgau und können dort den schönen Strand besuchen oder es sich in der Bar oberhalb gemütlich machen. *Unbedingt empfehlenswert ist auch die kurze Wanderung oberhalb der Steilküste bis nach Luz (Richtung Osten) und zurück* – Startpunkt ist am südöstlichen Ortsrand.

Unterwegs auf dem Küstenweg zwischen Burgau und Luz

Hinter Burgau endet übrigens auch der Parque Natural do Sudoeste Alentejano e Costa Vicentina, für WOMOs wird es trotzdem nicht viel einfacher.

Auf der N125 passieren wir kurz hinter der Abfahrt Richtung Espiche einen Campingplatz, bei dem sich die Geister scheiden: Die einen mögen den professionellen Platz mit Poollandschaft und Animation, die anderen fliehen nicht nur wegen der Preise.

075 ***Turiscampo Espiche***, ganzjährig geöffnet, www.turiscampo.com. **GPS**: N 37°06'04" W 08°43'56".

Eine Alternative ist jedoch nicht weit entfernt:

076 Valverde – *Camping Orbitur*

GPS/Kontakt: N 37°05'59" W 08°43'03", Tel. 00351 282 789211, www.orbitur.pt. **Öffnungszeit**: Ganzjährig. **Ausstattung**: Restaurant/ Snackbar, Pool, Minimarkt, Spielplatz. **Beschreibung**: Großer Platz, unbefestigte, zumeist parzellierte Stellplätze (bei Regen ziemlich matschig). Sanitäranlagen alt, aber sauber. Bushaltestelle am Eingang. Außerorts zwischen Luz und Lagos gelegen (Strand etwa 1,5 km entfernt). **Preis**: 17–34 €. **Zufahrt**: Am Kreisverkehr der N125 vor Lagos rechts Richtung Luz fahren, nach 1,3 km rechts.

Wer am Kreisverkehr der N125 geradeaus weiterfährt (Lagos Sul), landet direkt in der zweitgrößten Stadt der Algarve.

Lagos (20.000 Einwohner)

077 Lagos – *Trindade*

GPS/Kontakt: N 37°05'41" W 08°40'19", Tel. 00351 282 763893. **Öffnungszeit**: Ganzjährig. **Ausstattung**: Campingplatzüblich. **Beschreibung**: Typischer Stadtcamping, schattiger Platz hinter hohen Mauern, unbefestigte Plätze. Teilweise eng und auf den ersten Blick auch ziemlich heruntergekommen (viele verarmte Dauerbewohner). Die alten Sanitäranlagen sind jedoch sauber und in Lagos stehen wir hier definitiv lieber als auf einem Supermarktparkplatz. Empfang launisch. Innerorts, verkehrsgünstig gelegen (Strände, Ponta da Piedade und Altstadt fußläufig). **Preis**: 19 €. **Zufahrt**: In Lagos auf der N125 beim Kreisverkehr mit der großen, schwarzen Kugel rechts, dann 1.Straße links und geradeaus, genau auf die Einfahrt des Campingplatzes zu (ausgeschildert).

Praia do Camilo in Lagos

Wunderschön: Ponta da Piedade

TOUR 9

Wir wollen uns die Stadt und ihre berühmten Strände aber zuerst einmal ansehen. Daher bleiben wir zunächst auf der N125 (Richtung Zentrum) und biegen am Kreisverkehr mit der großen, schwarzen Kugel rechts zur Ponta da Piedade – dem Inbegriff dessen, was in den Ferienprospekten als »Algarveküste« dargestellt wird (ausgeschildert, Zufahrt wie zum Campingplatz). Bald schon kann man links zum bekannten **Praia Dona Ana** abbiegen und nur 500 Meter weiter zum noch schöneren **Praia do Camilo**. Allerdings müssen Sie entlang der Straße parken, denn auf beiden Parkplätzen herrscht WOMO-Verbot.

Bis zum palmenverzierten Leuchtturm an der **Ponta da Piedade** (N 37°04'52" W 08°40'10") sind es nun noch 600 Meter. Auf dem Parkplatz dürfen Sie das WOMO nicht abstellen, entlang der Straße ist es jedoch nicht verboten.

Der **Leuchtturm** blickt hinab auf eine wahrlich traumhafte Naturkulisse: *Das Meer hat die Steilküste in Besitz genommen, nach und nach Ritzen und Spalten ausgewaschen und unter den Felsen Torbögen und Grotten geformt*. Blaue, grüne und türkisfarbene Wasserzonen bilden einen starken Kontrast zu den weißlichen, gelben, ockerfarbenen bis rotbraunen Felsgestalten. Und auch hier führt eine Treppe hinab zum Wasser. Noch schöner ist es nämlich, sich per Boot durch die Märchenwelt kurven zu lassen – angeboten werden diese gut halbstündigen Ausflüge vom Fuß der Treppe. Auf den vielen Holzstegen oberhalb der Klippen kann man herrliche Spaziergänge in der zauberhaften Umgebung unternehmen.

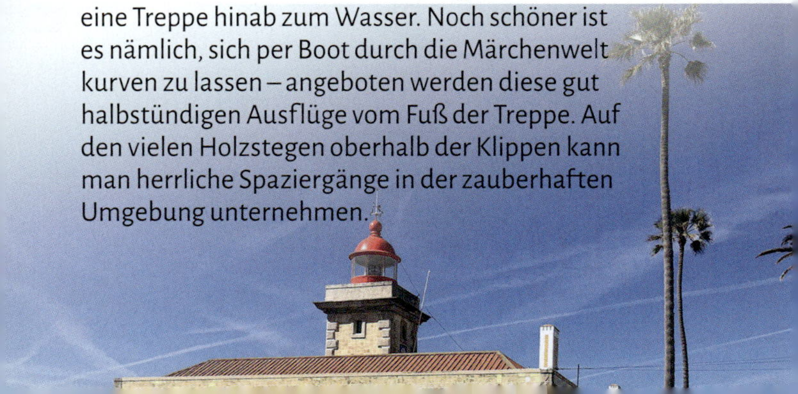

Bevor wir uns in die Altstadt von Lagos aufmachen, möchten wir noch einen Blick auf den **Praia de Porto Mós** im Westen der Stadt werfen. Am schnellsten geht das, wenn Sie zurückfahren und in die erste Straße links nach dem Abzweig zum Praia Dona Ana abbiegen. Wenn es geradeaus nicht mehr weitergeht schwenken Sie links und folgen der Straße, die Sie direkt zum Strand führt. Der unbefestigte Strandparkplatz rechts ist relativ groß und am langen, feinen Sandstrand findet auch das größte Badetuch einen Platz. Nach Westen beginnt ein aussichtsreicher Fußweg, der oberhalb der Klippen bis nach Luz führt (einfacher Weg ungefähr 3,5 Kilometer).

P08 Praia de Porto Mós – N 37°05'12" W 08°41'18"

Unser nächster Programmpunkt heißt nun aber wirklich **Altstadtbesichtigung** und dafür wollen wir unser Gefährt außerhalb der Stadtmauern loswerden. Wir rollen die Straße bis zum Campingplatz zurück und unterqueren geradeaus die N125. Bei der nächsten Verzweigung (vor dem Parkhaus) biegen wir links und dann wieder rechts, der Mauer folgend. Rechterhand entdecken wir einen gepflasterten und gebührenfreien, allerdings auch ziemlich schrägen Parkplatz, den wir gerne nutzen. Falls dieser voll sein sollte, fahren Sie noch knapp 200 Meter weiter entlang der Stadtmauer zum nächsten Parkplatz.

TOUR 9

P Lagos – N 37°05'58" W 08°40'35"

Unseren Rundgang beginnen wir nach rechts an der Mauer entlang. Bald schon können wir durch ein **Stadttor** in die Altstadt eintauchen. Wir gehen an dem wunderschönen **Kiosk** vorbei, wenden uns leicht links und folgen dann der schmalen *Rua Lançarote de Freitas* (Ausschilderung »*Pousada de Juventude*«). *Zahlreiche Wände in der Stadt sind mit großartigen Graffitis besprüht, die wir ausführlich bewundern*. Am Ende der Straße biegen wir rechts und haben die kleine **Igreja de Santo António** vor uns. Die Kirche kann nur über das dahinterliegende **Stadt-**

In der Altstadt von Lagos

Santa Maria-Kirche

museum betreten werden (***Museu Municipal***, *täglich außer Mo. 10:00–13:00 und 14:00–18:00 Uhr, 3 €*). Der Innenraum der Kirche strahlt in barocker Üppigkeit – vergoldete Schnitzereien, pummelige Engelchen zwischen prächtigen Traubenhenkeln, großflächige Malereien und Azulejobilder. Wenn es mittags heute auch nur eine kleinere Portion sein darf, sind Sie in der ***Tapasbar Meu Limão*** direkt nebenan sehr gut aufgehoben (sehr lecker!).

Ort mit furchtbarer Geschichte: Europas erster Sklavenmarkt

Wir schlendern weiter hinunter in Richtung Fluss und stoßen auf den ***Praça Infante Dom Henrique***. An der Nordseite steht links das alte Zollhaus, wo früher ein **Sklavenmarkt** abgehalten wurde. Hier begann 1444 ein trauriges Kapitel der portugiesischen Geschichte: Lagos war die erste Stadt in Portugal (beziehungsweise in ganz Europa), in der mit Menschen »gehandelt« wurde.

Da man die meisten Sklaven anfangs aus Westafrika verschleppte, hat Nigerias Hauptstadt über diese erschütternde Verbindung Ihren Namen erhalten – sie heißt ebenfalls Lagos. Unter den Arkaden kann man eine kleine, aber eindrucksvolle Ausstellung besuchen *(täglich außer Mo. 10:00–13:00 und 14:00–18:00 Uhr, 3 €)*.

Die Südseite des Platzes nimmt die stattliche **Igreja Santa Maria** ein, die innen erstaunlich schlicht ausgestattet ist *(täglich 9:00–18:30 Uhr)*. Rechts daneben gelangt man über eine schmale Kopfsteinpflasterstraße zu einem weiteren malerischen **Stadttor,** dem **Arco de São Gonçalo**. Außerhalb der Mauern findet sich gegenüber an der Hafeneinfahrt das **Forte Ponte da Bandeira** *(täglich außer Mo. 10:00–13:00 und 14:00–18:00 Uhr, 2 €)*.

Stadttor Arco de São Gonçalo

Zurück zum *Praça Infante Dom Henrique* gelangen wir in wenigen Minuten durch einen kleinen Park. Dieses Mal schlendern wir in die Gasse links des Sklavenmarktes, wo sich Geschäfte und Restaurants aneinanderreihen.

Am *Praça Gil Eanes*, in dessen Mitte eine äußerst eigenwillige **Statue von König Sebastião** steht (hier ist auch das **Turismo**), schwenken wir Richtung Fluss und erreichen nach wenigen Metern die geschäftige **Markthalle**, den Mercado Municipal. Sie können guten Gewissens einkaufen, allzu weit ist der Weg zurück zum WOMO von hier aus nicht mehr! Der Markthalle kann

Das Fort an der Flussmündung

man übrigens auch aufs Dach steigen und von dort die Sicht auf den Fluss bewundern.

Von hier oben gelangt man rückseitig unmittelbar in den Hof des **Centro Ciência Viva**, einem tollen Wissenschaftsmuseum für Kinder, das sich (wie könnte es anders sein) dem Thema »Entdeckungsfahrten« widmet *(täglich außer Mo. 10:00–18:00 Uhr, 6 €, Familienticket 15 €)*.

Zum *Praça Gil Eanes* finden wir schnell zurück und wenden uns nun weg vom Fluss leicht bergauf. Um den hübschen *Praça Luís do Camões* gruppieren sich einige nette Läden. Links neben dem grün gefliesten Haus bummeln wir bergauf zurück zur Stadtmauer, wo es nach links zum Parkplatz zurück geht.

Zwei Supermarkt-Parkplätze, auf denen man auch übernachten darf, wollen wir Ihnen aufgrund der spärlichen Möglichkeiten in Lagos nicht vorenthalten:

078 Lagos, *Lidl* – N 37°06'27" W 08°40'53"

079 Lagos, *Pingo Doce* – N 37°06'48" W 08°40'38"

Wem nach der anstrengenden Schlenderei und den vielen Besichtigungen erst einmal wieder nach Baden zumute ist, der sollte schnellstens zum östlich der Stadt gelegenen **Meia Praia** düsen. Fahren Sie dort die Straße bis zum Ende (Kreisverkehr) durch, auf dem staubigen, schattenlosen Parkplatz dürfen Sie von 8:00–20:00 Uhr parken. Der lange Strand ist einfach nur klasse und eine Bar gibt es auch.

Aber auch hier: Verfall in der Altstadt

Fünf Kilometer allerfeinster Sandstrand: Meia Praia östlich von Lagos

P09 Meia Praia – N 37°07'07" W 08°38'48"

Wir verlassen Lagos auf der altbekannten N125 weiter in Richtung Odiáxere/Portimão.

Freizeitparks und sonstige Attraktionen

Wenn Sie mit Kindern reisen, werden Sie früher oder später die großen Plakate verfluchen, auf denen bunte Bilder die wildesten Wasserrutschen, springende Delfine (hoffentlich nicht mehr lange), verrückte Sandskulpturen u.ä. anpreisen. Vielleicht kann die Aussicht auf einen Tag im Freizeitpark ja aber auch Anreiz sein, eine Wanderung »über sich ergehen zu lassen« oder vielleicht lieben Sie es ja sogar selbst, in die Spaß- und Konsumwelt einzutauchen? So oder so, an der Algarve gibt es so zahlreiche Attraktionen, die man besuchen kann. Hier sind ein paar Anregungen (von West nach Ost) – am besten werfen Sie vorab einen Blick auf die Homepage zwecks der Öffnungszeiten und der Preise, um den Schock an der Kasse abzumildern.

Zoo Lagos – N 37°08'45" W 08°45'59", nördlich von Lagos zwischen Barrão de São João und Bensafrim, www.zoolagos.com

Slide and Splash – N 37°08'22" W 08°28'24", südlich der N125 in Lagoa, www.slidesplash.com

Aqualand – N 37°08'06" W 08°22'01", nördlich von Armação de Pêra an der N125 bei Alcantarilha, www.aqualand.pt

Zoomarine – N 37°07'38" W 08°18'50", an der N125 in Guia, www.zoomarine.pt

Krazy World – N 37°10'56" W 08°16'56", östlich der N264 zwischen Algoz und São Bartolomeu de Messines, www.krazyworld.com

Sandcity – N 37°07'42" W 08°19'56", nördlich der N125 in Pêra, sandcity.pt

Aquashow Family Park – N 37°05'35", W 08°04'17", an der N396 zwischen Loulé und Quarteira, aquashowpark.com

Aber – wie wir nun ja bereits mehrfach betont haben – die Algarve ist nicht nur Küste! Sie hat auch ein nahezu unentdecktes, auf jeden Fall ruhiges, weil touristenarmes, Hinterland.

080 Figueira – *CampingCar*

GPS/Kontakt: N 37°10'09" W 08°36'05", Tel. 00351 969 393120, campingcarfigueira.com. **Max. WOMOs**: 30. **Öffnungszeit**: Ganzjährig. **Ausstattung**: Ver- und Entsorgung, Strom, WC, Dusche, Waschmaschine, Trockner. **Beschreibung**: Schön angelegter, privater Platz, fein geschottert und mit wenig Schatten. Gepflegt und sauber, nette Atmosphäre. Ruhig, außerorts, nördlich des Dorfes Figueira gelegen. **Preis**: 15 €. **Zufahrt**: Beim Kreisverkehr der N125 am Ortsrand von Figueira der Ausschilderung folgen, noch 1 km, dann rechts.

Kurz nachdem wir das gigantische »Penina-Hotel« passiert haben, biegen wir links Richtung Alcalar/Sra. do Verde (**Hinweis**: Höhe maximal 3,50 Meter!). *Wir passieren duftende Orangen- und Zitronenplantagen, Weinberge und Feigenhaine. Weiter im Norden steigen die grünen Hänge der Serra de Monchique empor.* Ihr schützender Wall, der die kalten Nordwinde abhält, hat ein fruchtbares, immergrünes Paradies geschaffen, das schon seit der Steinzeit besiedelt ist.

TOUR 9

Grabtempel in Alcalar

Nach 4,5 Kilometern führt ein Sträßchen rechts zum Parkplatz der **Monumentos Megalíticos de Alcalar**, einer steinzeitlichen Grabstätte (*Di.–Sa. 10:00–13:00 und 14:00–16:30 Uhr, im August bis 18:00 Uhr und So. geöffnet, 2 €*, N 37°11'52" W 08°35'21").

Die Hauptattraktion in der etwa 5.000 Jahre alten Ansiedlung ist ein alter **Grabtempel**. Ein zehn Meter langer, niedriger V-förmiger Gang führt, von gewaltigen Steinblöcken gedeckt, zum kreisrunden Zentralraum. Dieser ist aus flachen Steinplatten errichtet und ähnelt damit bezüglich der Bautechnik kaum den Dolmengräbern, die wir bisher gesehen haben. Im hinteren Bereich des Geländes gibt es außerdem einen gut erhaltenen **Kalkbrennofen** aus dem 19. Jahrhundert zu sehen.

Über Moinho da Rocha und Montes de Cima kommen wir nach Casais. Vor, besser gesagt über uns, liegt der höchste Gipfel der Serra, der Fóia. Wir biegen rechts auf die N267 ab. Aber bereits knapp sechs Kilometer später stoßen wir bei Nave auf die Vorfahrtsstraße N266, die uns links nach Monchique führt. Gegenüber der Einmündung blicken wir in einen Steinbruch, aus dem gigantische Brocken gesägt werden.

Schön im gleichnamigen Gebirge gelegen: Monchique

Monchique (4.400 Einwohner)

Bleibt man auf der N266 und biegt kurz hinter der Feuerwehr *(Bombeiros)* rechts und dort bergab, so kann man auch das größte WOMO auf dem unbefestigten Festplatz parken.

P Monchique – N 37°19'07" W 08°33'09"

Wir gehen zurück Richtung Ortsmitte und steigen rechts die Treppe zur Kirche hinauf. *Das Innere des Gotteshauses gefällt uns ausgesprochen gut, die schlichten Wände setzen die Apsis und die prächtigen Seitenaltäre wunderbar in Szene*. Auch das Eingangsportal mit den fünf steinernen Turbanen ist ungewöhnlich. Auch sonst ist das Bergdorf sehenswert, ein Bummel durch die teils steilen Gässchen lohnenswert. Auf dem anderen Hügel hat man von dem etwas zu groß angelegten Aussichtsplatz schöne Blicke. Auf der gegenüberliegenden Straßenseite finden sich gleich zwei gute Restaurants, die günstigen Mittagstisch anbieten (***O Parque*** und ***O Zé***).

Gasse im Bergdorf

Auf dem Fóia: Viele Antennen, aber auch toller Weitblick

Scheinbar haben übrigens bereits die Römer hier in Monchique gecampt: *In einigen Geschäften werden hölzerne Scherenstühle nach altrömischem Muster angeboten*. Wir können nicht widerstehen und sind nun stolze Besitzer zweier wunderbarer, heißgeliebter Hocker! Diese sind übrigens gar nicht schwer und lassen sich locker über die Schulter gehängt zurück zum WOMO tragen und dort platzsparend verstauen...

Nachdem wir den 902 Meter hohen **Fóia** schon von Weitem gesehen haben, möchten wir ihn jetzt natürlich noch ganz gerne »erklimmen«. *Das lohnt sich übrigens nur bei schönem Wetter*, ansonsten stehen Sie oben in den Wolken und können froh sein, dass Sie das zumindest an den vielen Antennen merken.

Die Bergstraße hinauf ist der reinste Balkon für die Südküste. Kleine Parkgelegenheiten am Straßenrand gibt es immer mal wieder, außerdem auch einige Ausflugsrestaurants. Wer Appetit auf scharf gewürztes Hähnchen hat, der sollte unbedingt stoppen – *Frango Piri-Piri* steht in fast allen Gaststätten als Spezialität auf der Speisekarte. Der Miradouro da Fonte Santa links der Straße ist der ultimative **Aussichtspunkt mit Brunnen**: Unter schattigen Bäumen kann man picknicken und den Blick in die Ferne schweifen lassen.

Die Straße macht einen Rechtsknick und gestattet nun Ausblicke in das nördliche Bergland. Schlagartig umgibt uns nun eine völlig andere Vegetation, Erikabüsche prägen die Landschaft. Nach 7,8 Kilometern Bergfahrt haben wir schließlich den Gipfel erreicht. Hier ist der Blick geradezu grenzenlos, an klaren Tagen kann man tatsächlich fast die gesamte Südhälfte Portugals überschauen. Eine Snackbar bietet hier oben ihre Dienste an, außerdem gibt es einen großen Laden, in dem sich Kunsthandwerker der Umgebung zusammengeschlossen haben und schöne Dinge, die sich perfekt als Mitbringsel eignen, verkaufen.

Die beiden offiziell für WOMOs reservierten Parkplätze sind nicht gerade die schönsten, sie sind auf der Gebäuderückseite platziert. Nachts ist es hier einsam und sehr ruhig, allerdings strahlt und funkt es vermutlich auch ganz kräftig...

081 Fóia – N 37°18'59" W 08°35'32"

Wir kehren nach Monchique zurück und folgen dann der N266 nach Süden. *Caldas de Monchique kann zwar mit wunderschöner Bäderarchitektur aufwarten, aber das schmale Tal bietet leider keinen Parkraum für WOMOs.*

082 *Vale da Carrasqueira Rural Park*

GPS/Kontakt: N 37°16'36" W 08°32'37", Tel. 00351 282 911502, www.campingvaledacarrasqueira.com. **Max. WOMOs**: 14. **Ausstattung**: Alle Plätze mit Ver- und Entsorgung und Strom, WC, Dusche, kleiner Pool, Bar mit Billardtisch. **Beschreibung**: Hübsches, gepflegtes Gelände mit parzellierten Schotterplätzen, fast schattenlos. Ruhig, sehr idyllische Lage außerorts. **Preis**: 20 € (einschl. Strom). **Zufahrt**: Südlich von Caldas de Monchique an der N266 nach links ausgeschildert, 1,2 km auf gutem, unbefestigtem Weg, teilweise bergauf (schmal). **Hinweis**: Nur Barzahlung möglich.

TOUR 9

In dem Weiler, den man an der N266 passiert, haben sich einige **Töpfereien** niedergelassen. So richtig vorwärts kommen wir auf dieser Strecke nicht, wenig später stellt sich der **Parque da Mina** in den Weg. Neben einem alten Herrenhaus, umgeben von einem großen Parkgelände, das sich heute als Mischung aus Heimat- und Naturkundemuseum präsentiert, gibt es ein Spiegellabyrinth, einen alten Stollen und einen etwas traurigen Kleintierzoo zu besichtigen *(täglich 10:00–19:00 Uhr, im Winter bis 17:00 Uhr, November bis März Mo. und Di. geschlossen, 12 €)*.

Die Straße folgt einem Flusstal und je weiter wir Richtung Meer vorankommen, desto mehr Storchennester erblicken wir. Kein Wunder, Nahrung finden die Vögel hier massenhaft und die milden Temperaturen laden förmlich zum Überwintern ein. *Nicht nur auf jedem Strommast, sondern auch in sämtlichen Bäumen haben sie sich niedergelassen*. Wir staunen nicht schlecht, als wir in einem ganze 15 Nester zählen, etagenweise gestapelt! 17 Kilometer südlich von Monchique verlassen wir die N266 und biegen zu einem unserer Lieblingsorte an der Algarve ab.

Silves (10.700 Einwohner)

Auf den letzten Kilometern bis zum maurischen **Xilb** begleitet uns das bewässerte Tal der beiden Flüsse **Odelouca** und **Arade**, moderne Aquädukte verteilen das kostbare Nass auf die Felder. Noch vor den ersten Häusern von Silves können Sie den ersten von drei zur Auswahl stehenden kommerziellen Wohnmobil-Parks ansteuern.

083 Silves – *Algarve Motorhome Park*

GPS/Kontakt: N 37°11'15" W 08°27'05", algarvemotorhomepark.com. **Max. WOMOS**: 50. **Öffnungszeit**: Ganzjährig. **Ausstattung**: Ver- und Entsorgung, Strom, WC und Dusche (kosten beide extra), Waschmaschine, Picknickbänke. **Beschreibung**: Gepflegter, gekiester Platz, kaum Schatten, sehr sauber. Straße und Spedition nebenan hörbar. Etwas außerhalb (westlich) von Silves gelegen (Zentrum ca. 1,3 km). **Preis**: 8–11 € (zuzügl. 1 € bei eintägigem Aufenthalt). **Zufahrt**: An der N124 vor Silves, links. **Hinweis**: Reservierungen sind nicht möglich, aber Sie können auf der Homepage die Anzahl der freien Plätze sehen.

Ein Besuch des geschichtsträchtigen Silves ist ein Muss, zählte die Stadt doch bis Ende des 12. Jahrhunderts neben Córdoba zu den wichtigsten Metropolen des maurischen Reiches auf der Iberischen Halbinsel.

Wer nur tagsüber (8:00–20:00 Uhr) hier ist, kann das WOMO auf einem Parkplatz beim folgenden Stellplatz abstellen, dazu gleich beim ersten Kreisverkehr rechts schwenken.

P Silves – N 37°11'07" W 08°26'43"

Alternativ gibt es noch zwei weitere Stellplätze:

084 Silves – *Parque do Rio*

GPS/Kontakt: N 37°11'06" W 08°26'44", Tel. 00351 968 289937.
Max. WOMOs: Ca. 50. **Öffnungszeit**: 01. Sept.–30. Juni. **Ausstattung**: Ver- und Entsorgung, Strom, Dusche (kostet extra), Waschmaschine, Schwimmbad nebenan. **Beschreibung**: Gekieste, schattenlose Plätze, sauber und gepflegt. Ruhig am Flussufer am südwestlichen Stadtrand gelegen, Zentrum über schöne Spazierwege erreichbar (ca. 700 m). **Preis**: 9 €. **Zufahrt**: Von der N124 am westlichen Ortsrand beim 1. Kreisverkehr rechts, 180 m geradeaus.

Silves: Blick von den Burgmauern auf die Stadt

Malerisch am Rio Arade gelegen ist das geschichtsträchtige Silves

085 Silves – *Parque do Castelo*

GPS: N 37°11'38" W 08°26'09". **Max. WOMOs**: Ca. 40. **Öffnungszeit**: 01. Okt.–30. Apr. **Ausstattung**: Ver- und Entsorgung, Strom, Dusche (kostet extra), Waschmaschine, Aldi nebenan. **Beschreibung**: Unbefestigter, schattenloser Platz, sauber. Am nordöstlichen Ortsrand gelegen, Zentrum ca. 500 m. **Preis**: 9 €. **Zufahrt**: Auf der N124 bleiben, beim großen Kreisverkehr nach der Brückenabfahrt links Richtung Castelo, nach 300 m rechts (ausgeschildert).

TOUR 9

Unseren Stadtrundgang beginnen wir bei der **alten Römerbrücke** über den **Rio Arade** (beim Turismo, etwa 25 Meter weiter flussabwärts können Sie sich ein Info-Faltblatt mit Stadtplan geben lassen). Wir marschieren von der Brücke in den Ort hinein, immer bergauf und treffen dort auf den schön gepflasterten *Largo do Município*.

Durch den **Torreão das Portas da Cidade**, einen alten Wehrturm mit Stadttor, betreten wir die Altstadt, gleich dahinter liegt rechterhand das **Archäologische Museum** mit umfangreichen Funden aus der Umgebung *(täglich 10:00–18:00 Uhr, 2,10 €, Kombiticket mit Burg 3,90 €)*. *Besonders sehenswert ist die **Almohad-Zisterne**, das Kernstück des Museums*. Ihr Schacht ragte ursprünglich 18 Meter in die Tiefe.

Die Gasse führt weiter aufwärts zwischen der **Kathedrale** *(Sé)* und der **Misericórdia-Kirche** zum **Castelo**. In der **Kathedrale**, deren Bau bereits im 13. Jahrhundert begonnen wurde, bewundern wir das Rippengewölbe im Chor und die in den Boden eingelassenen Grabplatten von Kreuzrittern *(Mo.–Fr. 9:00–17:00 Uhr)*. Gegenüber dem gotischen Hauptportal liegt das schöne **manuelinische Seitenportal** der Misericórdia-Kirche.

Die **maurische Burg** *(täglich 9:00–20:00 Uhr, im Winter bis 18:00 Uhr, 2,80 €)* aus dem gleichen rötlichen Sandstein wie die Kathedrale, wurde vermutlich bereits im 10. Jahrhundert errichtet.

Burg von Silves

Berber und Araber wechselten sich an der Spitze der Stadt ab, bevor Silves 1142 erstmals von einer christlichen Armee besetzt wurde. Bereits 1145 übernahmen die Mauren aber erneut die Macht. 1189 eroberte Sancho I., dessen Statue heute vor der Burg steht, die Stadt und ließ alles schleifen, was auch nur irgendwie arabisch aussah. Auch diese Herrschaft war jedoch nur von kurzer Dauer, bereits 1191 kehrten die Berber siegreich zurück. Aben Afan, der letzte maurische König in Silves, errichtete seinen Palast innerhalb der Burgmauern, von dem heute jedoch nur noch die Grundmauern vorhanden sind. Endgültig beendet wurde die Maurenherrschaft erst 1246 unter König Sancho II.

Gleich hinter dem Eingangstor der Burg kann man tief hinab blicken in die **Cisterna dos Cães** (Hundezisterne). Vermutlich ursprünglich der Schacht einer römischen Kupfermine, später von den Mauren als Brunnen genutzt. Der Name entstammt der traurigen Tatsache, dass man bis in die Mitte des letzten Jahrhunderts in der Stadt streunende Hunde hineinwarf.

Nicht verpassen in Silves sollte man zudem das **Cruz de Portugal**, das 800 Meter östlich der Brücke zu finden ist. Das drei Meter hohe feingliedrig gearbeitete Steinkreuz zeigt auf der einen Seite den Gekreuzigten, auf der anderen die Kreuzabnahme.

Mancherorts ist der einstige Glanz der prachtvollen maurischen Stadt noch sichtbar

Tour 10

Tour 11
Tavira
Santa Luzia
Praia do Barril
Pedras d´El Rei
Pego do Inferno
Monte da Ribeira
Cachopo
Feiteira
Rio Odeleite
Serra do Alcaria do Cume
Rio Alportel
Rio Gilão
Fuseta
Fahrt entlang der Küste
Quinta de Marim
Quelfes
Olhão
Markthallen
Palácio de Estói
Durch die Serra do Alcaria do Cume
Estói
Milreu
São Brás de Alportel
Alportel
Barranco do Velho
Montes Novos
Faro
Parque Natural
Praia de Faro
Quinta do Lago
Almancil
Quarteira
Samstagsmarkt
Loulé
Rio Algibre
Salir
Rocha da Pena 479 m
Benafim
Alte
Queda do Vigário
Schöpfbrunnen
Paderne
Castelo de Paderne
Ferreiras
Albufeira
São Bartolomeu de Messines
Albufeira do Funcho
Albufeira do Arade
Albufeira de Odelouca
Rio Odelouca
Silves
Monchique
Tour 9
Armacão de Pêra
Senhora da Rocha
Benagil
Lagoa
Portimão
10 km
N

Von Barlavento nach Sotavento
Von Silves nach Tavira
295 km

Wir starten diese Tour mit einigen felsgerahmten Sandbuchten, die so typisch für die Algarveküste sind. Im Hinterland erkunden wir wunderschöne Dörfer, bevor wir die geschäftige Hauptstadt der Provinz ansteuern. Entlang der riesigen vorgelagerten Lagune gibt es allerhand zu entdecken, bevor wir die Fahrt am eher unbekannten Teil der östlichen Algarveküste beenden. Nicht verpassen sollten Sie dabei:
- **Praia da Falésia**
- **Alte**
- **Loulé**
- **Ria Formosa**
- **Markt in Olhão**

Am nächsten Morgen überqueren wir zuerst den **Rio Arade** und biegen dahinter rechts Richtung Lagoa ab. Die glücklichen Beifahrer können noch einmal den schönen Blick auf Silves genießen, der Fahrer nimmt die erste Ausfahrt rechts (Richtung *Estação*) und biegt beim Kreisverkehr nach links. Der Platz, den wir hier entdeckt haben, eignet sich prima, um einen ganzen Tag zu vertrödeln (Schutzgebiet – Übernachten verboten!).

P Estômbar – *Sítio das Fontes*

GPS: N 37°09'41" W 08°29'05". **Max. WOMOs**: 3. **Ausstattung**: WC, Duschen, Picknickbänke, Spazierwege (Rundweg ca. 45 min), Spielplatz, Kanuverleih. **Beschreibung**: Schön angelegtes Gelände, außerorts an einem Seitenarm des Rio Arade gelegen. Aufgestaute Badestelle. **Zufahrt**: Von Silves Richtung Estômbar abbiegen, nach 4,5 km rechts. **Hinweis**: 7:30–20:30 Uhr, im Winter bis 18:30 Uhr, Eintritt frei. Hinter dem zweiten Parkplatz wurde augenscheinlich ein WOMO-Stellplatz angelegt, dieser ist aber mit einem Tor verschlossen (Zufahrtsstraße einfach weiter folgen) – vielleicht gibt es hier bald eine neue Option?

Über Estômbar und Lagoa erreichen wir wieder die N125, der wir nun nach Osten folgen. Bald schon weisen braune Schilder wieder verführerisch zu den Stränden (*Praias*), aber weder zum beliebten **Praia Benagil** (Ausgangspunkt für Bootstouren zu Höhlen) noch zum hochgepriesenen **Praia da Marinha** (Startpunkt der »Wanderung durch die sieben hängenden Täler«) dürfen Sie mit dem WOMO fahren. Wenn Sie nicht davor zurückschrecken, erst einmal etwa 1,8 beziehungsweise 1,3 Kilometer zum Strand zu marschieren, können Sie tagsüber auf einer staubigen Fläche rechts neben der Zufahrtsstraße parken.

P01 N 37°05'56" W 08°25'04"

Senhora da Rocha: Erst beten, dann schwimmen

Etwas näher an die Küste, aber eben auch nicht ganz ran, dürfen Sie am **Praia Nova** und am **Praia Senhora da Rocha** (Zufahrt von der N125 ab Kreisverkehr **Porches**). *Das sind zwei felsgerahmte Bilderbuch-Buchten, getrennt durch einen schmalen, weit ins Meer ragenden Felsensporn, auf dem äußerst pittoresk eine kleine Kapelle aus dem 14. Jahrhundert thront*. Die letzte Möglichkeit vor dem WOMO-Durchfahrtsverbotsschild ist ein offizieller, befestigter Parkplatz, von dort sind es etwa 400 Meter bis zur Kapelle.

P02 Senhora da Rocha – N 37°05'58" W 08°23'17

Hier kann man nicht nur die tolle Aussicht genießen oder herrlich baden, sondern auch ausgedehnte Spaziergänge entlang der Steilküste unternehmen. Richtung Westen entdeckt man immer wieder bizarre Felsformationen im Meer, Traumstrände in winzigen Buchten, flankiert von steil aufragenden Wänden – einfach grandios! Passen Sie aber bitte auf, es kommt in dieser Gegend immer wieder zu fatalen Felsabbrüchen, bei denen auch schon Menschen in die Tiefe gerissen wurden. Halten Sie sich unbedingt an vorhandene Wege und beachten Sie die Hinweisschilder!

Beachlife am Praia da Marinha

Gar nicht weit entfernt (nördlich von Armação de Pêra gelegen), aber von uns noch nicht besucht, gibt es einen großen privaten Stellplatz:

086 ***Algarve Camping Car Park***, ganzjährig geöffnet, mit Ver- und Entsorgung, Strom, WC, Dusche, Waschmaschine, 8 €. **GPS**: N 37°06'47" W 08°22'23"

Das ehemalige Fischerdorf **Armação de Pêra** (6.000 Einwohner) besitzt eigentlich einen ganz hübschen alten Ortskern, ist zwischenzeitlich aber von Hochhäusern voller Urlauber-Appartements und Hotels gnadenlos umzingelt, so dass der Reiz dahin ist. Ein guter Ausgangspunkt für organisierte Bootstouren entlang der Küste Richtung Westen zu Buchten und Grotten ist es aber allemal.

Wir düsen zurück zur Hauptstraße M530-1 und dann weiter in Richtung der Hochhäuser von Armação de Pêra. Am Kreisverkehr geht es geradeaus weiter auf die N269-1, wo sich gleich zwei Campingplätze angesiedelt haben.

087 ***Camping Praia de Armação de Perâ***, camping-armacao-pera.com, ganzjährig geöffnet. **GPS**: N 37°06'32" W 08°21'12".

088 ***Camping Canelas***, camping-canelas.com, ganzjährig geöffnet. **GPS**: N 37°07'09" W 08°21'02".

Flamingos in der Lagoa dos Salgados

Unmittelbar vor dem zweiten Campingplatz biegen wir beim Kreisverkehr nach rechts ab (Richtung Albufeira) und umrunden eines der letzten großen, fast naturbelassen und nicht bebauten Gebiete an der Südküste.

089 Albufeira – *Parque da Galé*

GPS/Kontakt: N 37°05'34" W 08°18'41", Tel. 00351 927 211 030, parquedagale.com. **Max. WOMOs**: 40. **Öffnungszeit**: Ganzjährig. **Ausstattung**: Ver- und Entsorgung, Strom, kleiner Pool, Dusche, Waschmaschine, Billardtisch, Supermarkt, Café, Restaurant fußläufig. **Beschreibung**: Gepflegter, gekiester Platz, kaum Schatten, sauber und freundlich. Ganz im Westen von Albufeira gelegen, nördlich von Praia da Galé. Strand ca. 1,5 km entfernt. **Preis**: 10 €. **Zufahrt**: Von der M526 beim Kreisverkehr in Albufeira/Vale de Parra nach rechts Richtung Galé, nach 500 m wieder rechts (ausgeschildert).

Von hier aus können Sie mit dem Fahrrad die ganzen schönen Buchten westlich von Albufeira abklappern, außerdem die **Lagoa dos Salgados** erkunden. *Dort kann man hinter dem Dünengürtel am flachen Brackwasser Flamingos (und andere Vögel) beim Stolzieren und Nahrungssuchen beobachten*. Bleibt zu hoffen, dass die Vögel nicht von den Bällen golfender Urlauber des direkt angrenzenden Platzes erschlagen werden...

Typisch (Fels-) Algarve

Fahren Sie vom vorbeschriebenen Stellplatz weiter Richtung Meer und dann beim Kreisverkehr vor dem Hotel Galé-Mar links. Zwischen endlosen Ferienhaus- und Hotelreihen geht es nun gen Osten. Leicht ist die Orientierung hier nicht, aber zwischen der M526 und dem Meer kann man sich nicht wirklich verfahren. Immer wieder weisen braune Schilder zu wunderschönen, mehr oder weniger versteckten Sandbuchten zwischen flankierenden Felstürmen. Und obwohl das Hinterland so gnadenlos zugebaut ist, kann man frühmorgens und natürlich außerhalb der Sommermonate die Traumstrände an diesem malerischen Küstenabschnitt noch leer antreffen. Leider sind aber in den letzten Jahren die Wohnmobil-Parkverbotsschilder wie Pilze aus dem Boden geschossen. *Übernachten dürfen Sie hier nirgends, aber ohne Schild steht zumindest einem Strandbesuch nichts im Weg!* Die folgenden Strände gefallen uns besonders gut:

P03 **Praia do Evaristo – N 37°04'28" W 08°18'07"** und

P04 **Praia do Castelo – N 37°04'26" W 08°17'53"**, beide nur für kleine WOMOs geeignet.

P05 **Praia de São Rafael – N 37°04'33" W 08°16'57"**, hier müssen Sie vor dem offiziellen Parkplatz am Straßenrand parken.

P06 **Praia dos Arrifes – N 37°04'35" W 08°16'45"**

Kurz vor den bonbonfarbenen Häusern der künstlich angelegten Marina von **Albufeira** (21.500 Einwohner) erreichen wir wieder die M526.

Der Ort hat sich mittlerweile zu einer der Touristenhochburgen an der Algarve entwickelt, hauptsächlich Briten kommen als Pauschaltouristen in Scharen. Für Wohnmobilisten kein guter Platz, zumindest unseren Vorstellungen von Urlaub entspricht dies nicht. Wir folgen der zweispurigen Straße und haben gleich oben auf dem nächsten Hügel die Gelegenheit, bei einem der Supermärkte die Vorräte aufzufüllen. Immer geradeaus geht es weiter, vorbei an gesichtslosen Hotels und Apartmenthäusern, Irish Pubs, Schildern mit Ankündigungen für Fußballspiele der englischen Premier League und schließlich auch der Stierkampfarena. Die Bebauung lockert allmählich auf und es tauchen endlich wieder die für die Algarve so typischen kleinen Häuschen mit bunten Fensterumrahmungen und markanten Kaminen auf. *Vor einigen Häusern sind*

Kopf hoch: Kaminkunst lässt sich überall an der Algarve entdecken

liebevoll Orangenpyramiden aufgebaut oder Netze hängen am Tor – damit decken wir uns gerne für die nächsten Tage ein!
Bei der Zufahrt zum *Balaia Atlantico Hotel* gibt es rechts, direkt neben der Straße, einen kleinen **Picknickplatz**, dort verspeisen wir gleich die ersten der köstlichen, süßen Früchte.

900 Meter weiter, bei der Gabelung mit Ampel (vor der *Galp*-Tankstelle) nehmen wir die rechte Straße, biegen dann beim ersten Kreisverkehr rechts und beim zweiten links. Geradeaus erreichen wir so die Hotelzone östlich von Albufeira. Hinter dem Golfplatz des *Falésia Hotels* schwenken wir rechts und folgen nun dem braunen Schild zum Praia da Rocha Baixinha.

Der ebenfalls ausgeschilderte **Praia da Falésia** ist ein Traum: *Die Sonne bringt die Sandsteinklippen zum Leuchten, die brüchigen Felsen bilden die surreale Kulisse für den Strand.*

Allerdings gibt es hier nur wenig Parkmöglichkeiten und der oft fast zugeparkte Wendehammer (hier gibt es auch ein Café) kann WOMO-Fahrer zum Verzweifeln bringen. Und wenn man diese erste Hürde hinter sich gebracht hat, gilt es noch eine lange Treppe von den Klippen hinunter zum Strand zu bezwingen. Nutzen Sie besser den Parkplatz etwas oberhalb.

P07 Praia da Falésia
N 37°05'18" W 08°10'14"

Auf der Weiterfahrt zum Praia da Rocha Baixinha passieren wir gleich zwei private, fast identische Stellplätze. Aufgrund ihrer Nähe zum Strand sind sie leider natürlich auch oft voll belegt.

090 Praia da Falésia – *Algarve Motorhome Park*

GPS/Kontakt: N 37°05'25" W 08°09'37", algarvemotorhomepark.com. **Max. WOMOs**: 100. **Öffnungszeit**: Ganzjährig. **Ausstattung**: Ver- und Entsorgung, Strom, WC und Dusche (kosten beide extra), Waschmaschine, Picknickbänke. **Beschreibung**: Gepflegter, gekiester Platz unter vereinzelten Pinien, sehr sauber. Am Rand der Hotelzone gelegen. Supermarkt, Bars und Restaurants fußläufig, Strand etwa 400 m entfernt (lange Treppe). **Preis**: 10–13 € (zuzügl. 1 € bei eintägigem Aufenthalt). **Zufahrt**: Am östlichen Rand von Aldeia das Açoteias der Ausschilderung Rocha Baixinha folgen, rechts. **Hinweis**: Reservierungen sind nicht möglich, aber Sie können auf der Homepage die Anzahl der freien Plätze sehen.

091 Praia da Falésia – *Motorhome Park Açoteias*

GPS/Kontakt: N 37°05'20" W 08°09'32", Tel. 00351 968 815026, www.parquecaravanasacoteias.pt. **Max. WOMOs**: 60. **Öffnungszeit**: Ganzjährig. **Ausstattung**: Ver- und Entsorgung, Strom, WC und Dusche (kosten beide extra), Waschmaschine, Trockner, Picknickbänke. **Beschreibung**: Sauberer Platz, unbefestigter Untergrund (Feinkies), wenig Baumschatten. Am Rand der Hotelzone gelegen. Supermarkt, Bars und Restaurants fußläufig, Strand etwa 400 m entfernt (lange Treppe). **Preis**: 9-10 € (ab 2. Tag günstiger). **Zufahrt**: Am östlichen Rand von Aldeia das Açoteias der Ausschilderung Rocha Baixinha folgen, knapp 200 m neben dem vorbeschriebenen Platz, rechts.

Traumhafte Kulisse am Praia da Falésia

Etwas abseits vom Trubel: Der Praia dos Tomates

Weiter nach Westen biegen wir nach links zum Praia Rocha Baixinha, die letzten Meter des Wegs sind unbefestigt. Wer nach 1,8 Kilometern rechts schwenkt, kommt zum herrlichen **Praia dos Tomates**, wie er von den Einheimischen genannt wird.

TOUR 10

P08 Praia dos Tomates – N 37°04'46" W 08°08'32"

Im Sommer ist der große, unbefestigte Parkplatz kostenpflichtig, die Gaststätte ist dann auch geöffnet. Warum das Badeparadies »Tomatenstrand« heißt, konnten wir noch nicht herausfinden: Liegt es an den alten Gewächshäusern im Hinterland, die einst Tomatenpflanzen beheimateten oder der Hautfarbe der Strandgänger, die die Sonnencreme vergessen haben? Oder ist der Name einfach aufgrund der roten Farbe der Felsen entstanden? Vielleicht hat es aber auch damit zu tun, dass hier gerne nackt gebadet wurde und mit *Tomates* im Portugiesischen auch jene Körperteile bezeichnet werden, die der deutsche Volksmund nach einem Hühnerprodukt benennt?

Hier beginnt nun übrigens eine völlig andere Strandwelt: Die Felsen sind nur noch im Hintergrund und werden allmählich immer niedriger, der Strand erstreckt sich von Ost nach West, so weit das Auge reicht. Wenn Ihre Leidenschaft lange Strandmärsche sind, dann nichts wie los! *Nach Osten kann man übrigens eine Fußgängerbrücke überqueren und landet so in Vilamoura, mit einem Fahrzeug erweist sich der geschotterte Weg jedoch als Sackgasse*. Ganz am Ende erreicht man den **Praia da Rocha Baixinha**. Auch hier gibt es in der Saison eine Strandbar, ansonsten lässt es sich noch ein bisschen erleben, wie es an der Algarve vor 20 Jahren war...

Die Felsen sind nur noch im Hintergrund und werden allmählich immer niedriger , der Strand ersterckt sich von Ost nach West, soweit das Auge reicht

Nach ausführlichem Planschen sind dann irgendwann endlich alle Familienmitglieder bereit, sich ins Hinterland aufzumachen.

Wir kehren zurück zu den beiden Kreisverkehren in der Nähe der *Galp*-Tankstelle und von dort wieder zur N125. Wir wollen ein Stück zurück nach Westen (falls nur Rechtsabbiegen möglich ist, können Sie beim nächsten Kreisverkehr wenden). Bei der Ausfahrt Ferreiras/Paderne biegen wir nach rechts auf die N395 ab, kreuzen die Eisenbahnlinie und die A22 (»*Via do Infante*«) und sehen mit Schrecken, dass die schöne große Ziegelei, die wir seit Jahren bewundern, mittlerweile plattgemacht wurde. Die zweite Autobahn, die wir unterqueren, ist die A2, die nach Lissabon führt. Schließlich erreichen wir den Abzweig in Purgatório. **Paderne** ist unser Ziel – ***eine tolle kleine Wanderung und eine geschichtsträchtige Burg erwarten uns hier!***

Am Ortsanfang, beim Umspannhäuschen, schwenken wir rechts, der Ausschilderung *Castelo/Fonte de Paderne* folgend.

P Fonte de Paderne

GPS: N 37°10'05" W 08°12'33". **Max. WOMOs**: 3. **Ausstattung**: Brunnen (kein Trinkwasser), WC, Picknickbänke. **Beschreibung**: Gepflasterter Parkplatz mit etwas Schatten am Ortsrand beim alten Waschhaus, in der Nähe einiger Häuser gelegen. **Zufahrt**: Am Ortseingang von Paderne rechts, bis zu einem alten, intakten Waschhaus fahren. **Hinweis**: Das ist kein Wohnmobil-Waschplatz, so etwas geht gar nicht!!!

TOUR 10

Kurz nach dem Picknickplatz geht es rechts weiter zum **Castelo de Paderne**. 1,4 Kilometer tuckern wir durch blühende Wiesen auf einem guten, aber unbefestigten Weg. Auf dem **Parkplatz** (N 37°09'36" W 08°12'04") genau unter der gewaltigen Autobahnbrücke drehen wir den Zündschlüssel um und wandern los.

Castelo de Paderne

Rundwanderung zum Castelo de Paderne

Weglänge 3,3 km, Gehzeit ca. 1 Stunde, teilweise gelb-blaue Markierung.

Wir marschieren weiter den breiten Weg entlang im Tal des Rio Quarteira. Schon bald sehen wir auf der anderen Uferseite eine alte **Wassermühle**, zu der wir hinüber gehen (sollte der Wasserstand so hoch sein, dass man nicht passieren kann, kann man auch auf dieser Flussseite weiterwandern). Der Weg wird zum Pfad, dem wir immer entlang des Flusses folgen. Es duftet nach Wildkräutern, überall summen eifrige Bienchen und flattern muntere Schmetterlinge. Das Castelo kann man auf dem Hügel gegenüber bereits erblicken. Nach 900 Metern erreichen wir eine **römische Brücke**, auf der wir erneut die Flussseite wechseln. Hier stehen wir vor den Ruinen der **Mühle von Alfarrobeira**. Knorzige Olivenbäume begleiten uns, als wenig später der Weg, nun wieder breiter, anzusteigen beginnt. Auch im Frühjahr kommt man hier (schattenlos und südseitig) ordentlich ins Schwitzen! Wir halten uns bei Abzweigungen jeweils links (bergauf) und erreichen so das einsam gelegene **Kastell**, das mit einem fantastischen Ausblick aufwarten kann.

Bei unserem letzten Besuch war das Tor leider verschlossen – wir wollen Sie nicht zum Einbruch anstiften, aber es lohnt sich, ins Innere zu gelangen: Links an der Mauer entlang gibt es eine Stelle, die sich recht einfach überklettern lässt. Leichter geht es von Mai–Aug. 10–16 Uhr, So. 9:30–12:30 Uhr. Wieder zum Parkplatz gelangt man, wenn man zur Gabelung zurückkehrt und hier den linken Weg bergab wählt.

Zurück bei der Abzweigung in Purgatório bleiben wir auf der nach Norden führenden N270. Rechts in Richtung Alte legen wir aber schon nach 250 Metern erneut einen Stopp ein, um einen alten **Schöpfbrunnen** zu bestaunen: In einer Endlosschleife nacheinander aufgereihte Blecheimer fördern das kostbare Nass aus einem tiefen Brunnenschacht. Angetrieben wird das Ganze, indem man kräftig an einem der Räder kurbelt.

Alte (1.700 Einwohner)

Sieben Kilometer später schwenken wir am Ortsrand rechts und parken beim Friedhof. Dahinter steigen wir den steilen Weg hinab und erreichen nach wenigen Minuten ein grünes Paradies: *Über eine bizarre Kalksteinwand stürzt der Wasserfall* ***Queda do Vigário*** *fünf Meter hinab in ein schimmerndes Wasserbecken*. Bambus, Schilf und Feigenbüsche runden den optischen Genuss ab.

Badenixen beim Wasserfall in Alte

092 Alte – Queda do Vigário

GPS: N 37°13'55" W 08°10'51". **Max. WOMOs**: 5. **Ausstattung**: Wasserhahn beim Friedhofstor. **Beschreibung**: Befestigter Parkplatz, teils schräg, am Ortsrand, neben dem Friedhof. Zum Wasserfall einige Minuten Fußweg steil bergab. **Zufahrt**: Am Ortseingang von Alte rechts zum Friedhof, der Straße bis zum Ende folgen. **Hinweis**: Wenn das Schwimmbad im Ort im Sommer aufgestaut ist, ist der Wasserfall nur noch ein schmales Rinnsal oder sogar ganz versiegt – es handelt sich nämlich um das gleiche Gewässer!

Alte ist bekannt für sein malerisches Ortsbild und seine Quellen (Fontes). Zu diesen bleiben wir noch 600 Meter auf der N124 und biegen dann links. Rechts vor der Brücke über das Flüsschen, das auch unseren Wasserfall speist, gibt es einen **Parkplatz** für kleine WOMOs, ein WC ist genau gegenüber.

P Alte – 37°14'13" W 08°10'23"

Fonte Pequena in Alte

Alte ist zu jeder Jahreszeit ein Besuch wert

Hinter der Brücke liegt rechts die **Fonte Pequena** (kleine Quelle), wo man unter einem der drei Hähne seinen Wasserkanister befüllen kann. Der schattige Park lädt zum gemütlichen Schlendern, Enten beobachten und Gedichte des hier geborenen Dichters Cândido Guerreiro rezitieren, ein. Sie sind, auf Azulejos gemalt, wie eine öffentliche Bibliothek in die Parkmauern eingelassen.

Igreja Matriz in Alte

Die **Fonte Grande**, die große Quelle, ist 300 Meter weiter bachaufwärts. Gehen Sie besser zu Fuß dorthin, denn auf den ausgewiesenen Plätzen am Straßenrand dürfen Sie nicht parken, da Ihr WOMO sicherlich mehr als 1.700 Kilogramm wiegt. Ein Brunnenrohr sucht man vergeblich, denn ein pulsierender Schwall speist unaufhörlich einen fünf Meter breiten Quelltopf, der unmittelbar darauf ein schönes **Schwimmbad** füllen würde – wäre der Sperrschieber am anderen Ende geschlossen. Hier wird es nichts mit dem Baden! *Somit wäre geklärt, dass es entweder ein volles Becken oder einen rauschenden Wasserfall gibt*. Uns bleibt also nur, den Rest des Geländes zu erkunden: Nebenan liegen WCs, Gaststätte, Grillstellen und Picknickbänken im Schatten.

Menschen und Enten gefällt es in Alte

Zum Schmunzeln ist übrigens die Tribünenanlage: Wir fragen uns, ob die Notrufknöpfe dafür da sind, Hilfe zu rufen, wenn man sich auf den Steinbänken den Allerwertesten verbrannt hat (schon im Frühjahr bei Sonnenschein grenzwertig). Auch die Fluchtwegbeschilderung ist beachtenswert...

Beim Durchstreifen der schmalen, blumengeschmückten Pflastergassen fotografieren wir eifrig die pittoresken Häuschen und bewundern das schöne manuelinische Portal der Kirche. Sie können sich bei der Spazierrunde übrigens ruhig Zeit lassen. Nördlich des Dorfes wurde uns wieder einmal ein privater Stellplatz wärmstens empfohlen, wir kennen Ihn jedoch noch nicht:

093 ***Quinta Boa Vida***, ganzjährig geöffnet, Mindestaufenthalt 3 Tage, gleich am Ortseingang links Richtung Santa Margarida fahren. **GPS**: 37°14'33" W 08°11'20".

Das, was wir bisher vom Hinterland gesehen haben, ist viel zu schön, um gleich wieder ans Meer zu schwenken. Wir düsen daher weiter auf der N124 Richtung Osten.

094 Benafim

GPS: N 37°14'00" W 08°07'11". **Max. WOMOs**: 20. **Ausstattung**: Wasserhahn, Entsorgung (nur WC, Grauwasser nur eimerweise). **Beschreibung**: Einfacher, unbefestigter Platz, fast schattenlos. Zentral im Dorf gelegen, Supermarkt und Café fußläufig. **Zufahrt**: Direkt an der N124 in Benafim gelegen, rechts (nach dem Kreisverkehr).

Wer Lust auf eine Wanderung hat, biegt beim Kreisverkehr in Benafim links und hält sich in einer Linkskurve geradeaus nach Penina. Auf einer schmalen Asphaltstraße kurven wir bergauf bis ins Dorf. Hinter Penina zweigen wir links ab und folgen der guten, breiten Schotterstraße noch 1,3 Kilometer, bis wir bei der ***Bar Das Grutas*** den Motor stoppen. Der **Wanderparkplatz** (N 37°15'02" W 08°05'53") ist klein, halten Sie bei der Herfahrt daher Ausschau nach alternativen Parkmöglichkeiten. Beim großen Johannisbrotbaum mit **Brunnen** beginnt eine wunderbare, beliebte und gut markierte Wanderung unterhalb des 479 Meter hohen **Rocha da Pena**.

TOUR 10

Rundwanderung Rocha da Pena

Weglänge 6,7 km, Gehzeit ca. 2 Stunden (einschl. Abstecher), rot-gelbe Markierung.

Links neben der Bar zieht ein breiter Schotterweg anfangs steil, später flacher, bergauf und dann unterhalb von **Kletterfelsen** nach Osten (ziemlich schweißtreibend, da südseitig und zumeist schattenlos). Der Weg wird schmaler und steiniger und noch bevor wir den Bergkamm erreichen, gabelt er sich. Nach rechts führt ein lohnenswerter, etwa 300 Meter langer Abstecher hinauf zum **Miradouro Norte**, von wo aus man herrlich über den Kamm gen Norden blicken kann. Der eigentliche Rundweg führt bei der Gabelung weiter nach links (Ausschilderung: *Planalto*) und wird nun zum schmalen, westwärts führenden Pfad, der Trittsicherheit erfordert. Nach 600 Metern treffen wir auf einen mächtigen **Verteidigungswall**, der bereits im Neolithikum aufgeschichtet worden sein soll. Unser Pfad windet sich weiter am Berghang entlang, bergab, bergauf, bevor er nach einem Kilometer auf einen weiteren Wall trifft. Von nun an geht es immer leicht bergab, bis ins Dorf **Penina**. Sobald wir auf die Straße stoßen, folgen wir dieser nach links und müssen nun den gleichen Weg, den wir vorhin bequem entlanggefahren sind, per pedes zum Parkplatz zurücklegen.

Johannisbrot/*Alfarroba*

Sind Ihnen schon die violett-braunen Schoten an den kräftig grünen Bäumen mit den eiförmigen Fiederblättchen aufgefallen? Es sind die Früchte des Johannisbrotbaumes, die man hier eifrig sammelt und zum Abtransport am Straßenrand in Säcken aufstellt. Als Viehfutter sind die zuckerhaltigen Früchte begehrt, aber vermutlich kennen Sie diese eher gemahlen als Verdickungsmittel oder Lebensmittelzusatzstoff.

Wir verlassen den Parkplatz auf der asphaltierten Straße Richtung Osten. Bei Alcaria blinken wir rechts und erreichen bereits 800 Meter weiter wieder die N124. Hier treffen wir auf alle, die keine Lust zum Wandern hatten.

Das Dorf **Salir** mit seinem mächtigen Wasserturm ist unser nächstes Ziel. Beim Kreisverkehr mit der roten Riesenechse wenden wir uns nach rechts und dann (bei der Palme auf der Verkehrsinsel) in das Dorf hinein. Nach der Rechtskurve suchen wir uns am Straßenrand einen Parkplatz und marschieren hinauf zum Maurenkastell. Kastell ist eigentlich übertrieben, denn eigentlich ist davon kaum mehr etwas übrig (Grundmauern können im Museum bewundert werden). Die Menschen haben die Mauerreste geschickt in ihre Hausbauten einbezogen und schön weiß getüncht. *Vor den freundlichen, kleinen Häuschen blühen Riesenbüsche japanischer Wunderblumen*. Wunderbar still ist es hier,

Hübsch auf einem Bergrücken gelegen: Salir

Die orientalisch anmutende Markthalle von Loulé

geradezu ausgestorben, wir scheinen die einzigen Menschen weit und breit zu sein (wahrscheinlich sind schon alle in Loulé auf dem Markt). Das kleine maurische Quartier ist schnell durchstreift, wir gehen noch zur Kirche hinüber, um vom Platz unter dem gigantischen **Wasserturm** einmal mehr die herrliche Aussicht ins Umland zu genießen.

Die Ruhe von Salir fehlt unserem nächsten Ziel völlig:

Loulé (15.000 Einwohner)

Die Stadt wirkt heute wie ein Ameisenhaufen, in dem man herumgestochert hat. In der Innenstadt findet sich kein Parkplatz, daher stellen wir unser Gefährt gleich am nördlichen Stadteingang ab.

P Loulé – N 37°08'33" W 08°01'13"

Der Parkplatz ist zwar staubig und unattraktiv, nebenan liegt aber ein schöner Park mit WC und Spielplatz und ins Zentrum sind es auch nur wenige Gehminuten.

Das Herz der geschäftigen Altstadt ist die überdachte Markthalle mit den arabisch angehauchten Hufeisenbögen und den Zwiebeltürmen (täglich außer So. 7:00–15:00 Uhr, samstags ist Bauernmarkt bis 13:00 Uhr, dann werden auch die umliegenden Straßen einbezogen).

Markttag in Loulé

26 Geschäfte und 78 Stände gibt es und hier werden alle Sinne angeregt: Die Ohren hören dem Rufen der Fischverkäufer zu, die Augen schwelgen in den Farben der Früchte, der Geruch schwankt je nach Stand zwischen fischig und würzig und die Finger prüfen, ob die Pfirsiche schön reif sind.

Ein ganzer Stand nur mit Bacalhau

TOUR 10

Aber auch ohne Markt ist der Bummel durch Loulé unbedingt lohnend und einen Tipp für alle Hungrigen haben wir auch noch:

Im ***Restaurante Retiro dos Arcos*** gibt es besonders leckere bodenständige portugiesische Küche zu wirklich günstigen Preisen (Gasse vom seitlichen, östlichen Eingang der Markthalle 50 Meter geradeaus, auf der gegenüberliegenden Straßenseite etwas nach rechts, der Eingang ist zurückversetzt).

Turm der Igreja Matriz in Loulé

Für eine ruhige Nacht empfiehlt sich der abseits der Stadt gelegene großen Parkplatz der **Wallfahrtskirche Nossa Senhora da Piedade** an der Ausfallstraße in Richtung Boliqueime (WC bei der Aussichtsterrasse). Die untersten Parkplätze sind die einzigen ohne Begrenzung und somit lang genug für WOMOs.

Andachtskerzen

095 Loulé – Wallfahrtskirche
N 37°08'26" W 08°02'15"

Auf dem großen Platz an der Straße zur Kirche findet Samstag vormittags übrigens ein großer Krämermarkt statt, auf dem man von der «Kalvin Clein»-Unterwäsche bis zum Kartoffelschäler so ziemlich alles käuflich erwerben kann.

Vollgepackt könnten wir jetzt einige Tage an einem einsamen Plätzchen am Meer verbringen. Und obwohl sich dort herrliche, lange Sandstrände hinter den Dünen entlangziehen, möchten wir Ihnen keinen Abstecher empfehlen: Die Küste vor Loulé ist bebaut mit Luxus-Ferienhaussiedlungen, eingebettet zwischen künstlich bewässerten Golf- und Tennisplätzen. Uniformierte Sheriffs wachen darüber, dass kein Unbefugter die schöne, heile Welt von Vale do Lobo und Quinta do Lago betritt. Darauf haben wir nun wirklich keine Lust und lenken unser Gefährt daher auf der N125-4/IC4 Richtung Faro, wo die meisten Algarve-Touristen erstmals portugiesischen Boden betreten.

Faro (49.500 Einwohner)

Linkerhand passieren wir das *Estádio Algarve*, das anlässlich der Fußball-Europameisterschaft 2004 errichtet wurde. Wir folgen den Wegweisern »*Aeroporto*«, denn der **Strand von Faro** liegt gleich hinter dem Flughafen! Die Straße führt rechts an der Landebahn vorbei und durchquert dann eine flache Lagunenlandschaft mit weiten Wasserbecken. Die Enttäuschung lässt aber nicht lange auf sich warten: Vor der Brücke, die hinüber zur sandigen Halbinsel führt, prangt ein WOMO-Durchfahrtsverbotschild! Eine Ausnahme gilt nur, wenn Sie den Campingplatz auf der Insel ansteuern und maximal 3,5 Tonnen wiegen.

096 Praia de Faro – *Parque de Campismo Municipal*

GPS/Kontakt: N 37°00'19" W 07°59'24", Tel. 00351 289 870805. **Max. WOMOs**: 24. **Öffnungszeit**: Ganzjährig außer 22. Dez.–03.Jan.

Ausstattung: Campingplatzüblich. **Beschreibung**: Absolut schattenloser Platz, einfach und sauber. WOMOS stehen auf dem vorderen, asphaltierten Bereich nebeneinander. Bars, Cafés und Restaurants fußläufig, Strand nur über die Straße. Nah am Flughafen (Fluglärm von etwa 7–22 Uhr!). **Preis**: 10–21 €. **Zufahrt**: Nach dem Überqueren der Brücke links, nach 600 m wieder links. **Hinweis**: Nur Barzahlung möglich. An sonnigen Wochenenden und im Juli/August ist die Hölle los auf der Insel, der Verkehr direkt vor der Tür nervt dann gewaltig. Als wir den Platz zum ersten Mal gesehen haben, waren wir entsetzt, weil er so hässlich ist. Aber die Lage auf der schmalen Landzunge ist einfach fantastisch und schattenlos und eng steht man schließlich auch oft auf Stellplätzen. Nach Faro kommen Sie von hier mit der Fähre (40 Minuten Fahrzeit, im Winter 5–6× täglich, im Sommer öfter, hin und zurück 3,90 €, der Anleger ist nur wenige Meter vom Campingplatz entfernt).

Das tolle Seepferdchen auf dem Wasserturm ist übrigens ein Werk des portugiesischen Künstlers Bordalo II. Über die Seepferdchen in der Ria Formosa erfahren Sie mehr auf Seite 194.

Der große, unbefestigte Parkplatz auf der landseitigen Seite der Brücke, neben der Start-/Landebahn des Flughafens, ist leider auch keine Alternative mehr, da zuletzt das Parken nur noch für Pkws gestattet war.

Wer auf dem Campingplatz steht oder mit der Fähre oder dem Fahrrad zum Praia de Faro gekommen ist, kann dort eine tolle Wanderung unternehmen:

Rundwanderung Ria Formosa

Weglänge 8,5 km.

Wir starten auf der Südseite der Brücke und marschieren zuerst einmal hinüber. Auf der Landseite geht es dann noch 250 m entlang der Straße nach links, dann beginnt der schöne Teil der Tour: Auf dem Damm spazieren wir zwischen gefluteten Salzgärten entlang und staunen über die vielen Winkerkrabben und unterschiedliche Vogelarten, die wir entdecken. **Chamäleons**, die ebenfalls in den Uferbereichen der Lagune und den Dünen auf der Meeresseite leben, sehen wir leider nicht.

Leider nur als Kunstwerk...

Rückweg am Strand

Auf der Westseite passieren wir einen Observierungsturm und streifen die große Golfanlage, die sich rund um **Quinta da Lago** zieht. Schließlich erreichen wir die Holzbrücke, die hinüber zum Strand führt. Dort wenden wir uns nach links und kämpfen uns durch den Sand. Da das ganz schön anstrengend ist, wechseln wir, sobald möglich, auf den Holzsteg, der durch eine Fischersiedlung verläuft.

Wir können es kaum fassen, wie nah die Gegensätze im EU-Land Portugal beieinanderliegen: Gerade eben haben wir die protzigen Luxusvillen von Quinta do Lago bestaunt, jetzt sehen wir uns mit erschreckender Armut in diesem sandigen, schattenlosen Hüttenviertel konfrontiert...

Schließlich kommen wir zum Ferienort Praia de Faro zurück und können uns dort in dem einen oder anderen Café stärken.

097 Faro – *Campervan Park*

GPS/Kontakt: N 37°01'47" W 07°58'13", farocampervanpark.com. **Max. WOMOs**: 30. **Öffnungszeit**: Ganzjährig. **Ausstattung**: Ver- und Entsorgung, Strom, WC und Dusche (beide kosten extra), Waschmaschine, Picknickbänke. **Beschreibung**: Umzäunter, gepflegter Platz mit Schattenbäumen, unbefestigter Untergrund (Feinkies). In einem Vorort von Faro gelegen, Umgebung recht öde (Wohngebiet, Autoverleihfirmen). Restaurant fußläufig, Schnellstraße in Hörweite. **Preis**: 12–13 € (einschl. Strom, zuzügl. 1 € bei eintägigem Aufenthalt). Zufahrt: An der N125-10 Richtung Flughafen, Ausfahrt rechts nach der Europcar-Autovermietung (acesso local). Noch 160 m, dann links. **Hinweis**: In die Innenstadt gelangen Sie mit dem Bus oder Uber/Taxi.

Auch Störchen gefällt es in Faro

Die Igreja de Santa Maria ist die Kathedrale von Faro

Die kleine Altstadt von Faro kann prima zu Fuß erkundet werden. Wer mit dem WOMO nur für eine Stadtbesichtigung anreist, hat ein Problem: Wo parken? Fast alle Parkplätze ziert ein WOMO-Verbotsschilder. Am einfachsten ist es, mit dem Zug von einem Ort weiter westlich anzureisen, der Bahnhof ist nah am Hafen. In Faro können wir lediglich einen Parkplatz im Süden der Stadt empfehlen.

P Faro – N 37°00'49" W 07°55'37"

Gehen Sie einfach die Straße weiter entlang der Schienen Richtung Westen, dann erreichen Sie nach 500 Metern den großen *Largo de São Francisco* (Parkplatz, aber mit WOMO-Verbot). Am nördlichen Ende gelangt man durch ein Stadttor ***(Arco do Repouso)*** in die Altstadt und dort rasch *zum Largo da Sé*. Im Inneren der gotischen **Kathedrale** sind vor allem die schönen Seitenkapellen, die entweder mit blau-gelben Azulejos oder vergoldeten Holzschnitzarbeiten ausgeschmückt sind, sehenswert. Marschiert man an der Längsseite der Kirche in die Gasse, so kommt man geradewegs zum nächsten Stadttor, dem ***Arco da Vila***. *Werfen Sie unbedingt einen Blick nach oben, das Gewölbe ist wahrhaft meisterlich gemauert!*

Gewölbe des Stadttors Arco da Vila

Largo da Sé in Faro

Die Altstadt haben wir nun schon verlassen und sind geradewegs auf dem Weg zu dem schönen Platz am Jachthafen. Bummeln Sie einfach eine Weile durch die schön gepflasterten Straßen und Gässchen von Faro, bevor Sie später entlang der Eisenbahnlinie wieder zurück zum WOMO gehen. Falls Sie Hunger bekommen beim Stadtrundgang möchten wir Ihnen gleich zwei Restaurants an Herz legen: ***Tasca do Ricky*** *(Rua do Forno 21 ab 19:00 Uhr, So. geschlossen)* und ***Taberna Zé-Zé*** *(Travessa do Alportel 15, auch mittags offen, So. geschlossen – **probieren Sie hier unbedingt die Cataplana!**).*

Wir verlassen die Hauptstadt der Algarve auf der N125, die uns rasch nach zum nächsten, gar nicht weit entfernten Etappenort bringt.

Olhão (14.200 Einwohner)

Die Kleinstadt mit dem größten Fischereihafen der Algarve mutet geradezu nordafrikanisch an: Verschachtelte, weiß gekalkte Häuschen stehen dicht aufeinander, hier ist noch ein kleines Treppchen angefügt, dort eine Terrasse oder ein Anbau auf dem Dach. Ein Gang durch die gepflasterte Fußgängerzone, ein leckerer Kaffee in der Sonne – Urlaub ist wunderbar!

Im Osten der Altstadt, Richtung Hafen, findet man an den Fassaden der alten Fabriken tolle großformatige Schwarz-Weiß-

Street-Art, die den Alltag der Bewohner zeigt, wie er vor noch gar nicht langer Zeit gang und gäbe war.

Das Allerbeste in der Hafenstadt sind jedoch die beiden Markthallen direkt an der Lagune, kurz vor dem Hafen – zwei wunderschön restaurierte, pavillonartige Hallenbauten, jeweils mit einem runden Türmchen an jeder Ecke. In der einen Halle können Sie Gemüse und Obst erwerben, in der anderen Fisch und Meeresfrüchte *(Mo.–Fr. 7:00–14:00 Uhr, Sa. 7:00–13:00 Uhr. Montags gibt es jedoch kaum Fisch, da sonntags nicht aufs Meer gefahren wird)*. Ein MUSS für alle, die gerne essen und noch lieber kochen – wir sind jedes Mal völlig überwältigt und kaufen stets viel zu große Mengen ein. *Nirgendwo ist der Fisch frischer und das zu Preisen, die küstenferne Mitteleuropäer sich ungläubig die Augen reiben lassen.*

Typische Gasse in Olhão

Hier bekommen Sie auch *Muxama*, das ist getrockneter Thunfisch, der in hauchdünne Streifen geschnitten wird – köstlich. Seitenlang könnte ich weiterschwärmen über meinen Lieblingsmarkt, gehen sie doch einfach selbst hin! Aber sagen Sie danach, wenn ihr WOMO noch tagelang nach Fisch riecht, nicht, ich hätte Sie nicht gewarnt...

Zwei Hallen voller Köstlichkeiten

Leckerbissen für den Denkmalschutz

Da Sie auf dem Parkplatz am Hafen mit großer Wahrscheinlichkeit keinen Platz bekommen werden (außerdem ist dieser im Sommer gebührenpflichtig), sollten Sie einen zugegebenermaßen hässlichen und staubigen Platz westlich der Altstadt nutzen. Der Fußweg zu den Markthallen beträgt etwa 600 Meter.

P Olhão
N 37°01'33" W 07°50'48"

Zwischen Markthallen und Hafen ist auch der Ableger für die Fähren zu den vorgelagerten Inseln und den dortigen kleinen Dörfern. Culatra und Farol liegen auf einer Sandbank vor Faro (4–7× täglich, je nach Jahreszeit). Armona auf einer etwas weiter östlich gelegenen wird im Juli und August sogar bis zu 14× täglich angesteuert. Der Ausflug ist absolut lohnenswert, alleine schon die Bootsfahrt durch die Ria Formosa ist es wert! Auf den Inseln können Sie herrlich baden, am Strand wandern und auch essen gehen, das ist eine ganz eigenen Welt.

Nördlich des Hafenbeckens kann man bei *Intermarché* die Möglichkeit zur **Entsorgung** nutzen (N 37°01'53" W 07°49'58", Wasser gibt es kostenpflichtig bei der Tankstelle).

Für einen längeren Aufenthalt in Olhão empfiehlt es sich, am Hafen vorbei weiter in Richtung Osten zu düsen, immer an der Bahnlinie entlang.

Viel los auf der Ria Formosa, im Hintergrund die Ilha da Culatra

098 Parque de Camping de Olhão

GPS/Kontakt: N 37°02'07" W 07°49'20", Tel. 00351 289 700300. **Öffnungszeit**: Ganzjährig. **Ausstattung**: Pool (Juni–Sept. kostenpflichtig), Snackbar/Restaurant, Minimarkt, Spielplatz, Tennisplatz (kostet extra). **Beschreibung**: Hübscher, sauberer Platz, WOMOs stehen im hinteren Teil unter Kiefern. Vorne viele Dauercamper und Mietunterkünfte. Außerorts gelegen, direkt neben der Bahnlinie (nicht störend). Olhão ist mit dem Fahrrad leicht erreichbar (2,5 km bis zur Markthalle), Parque de Ria Formosa fußläufig. **Preis**: 11–22 €. Zufahrt: N125 östlich von Olhão rechts, nach 600 m links. **Hinweis**: Bushaltestelle direkt vor dem Campingplatz. Sie kommen mit dem Bus schnell nach Olhão und nach Faro (auch mit dem Zug möglich, 3 € hin und zurück).

Willkommen im Eldorada für Fischfans

Nur ein paar Meter weiter, südlich der Bahnlinie, befindet sich rechts die Einfahrt zum **Umweltinformationszentrum Quinta de Marim de Parque Natural da Ria Formosa** (N 37°01'59" W 07°49'17").

Parque Natural da Ria Formosa

Freigelände täglich 8:30–19:00 Uhr, ***Centro de Educação Ambiental de Marim (CEAM)*** *Mo.–Fr. 9:00–17:00 Uhr, 2,80 €.*

In dem kleinen Häuschen bei der Einfahrt rechts erhalten Sie eine Infobroschüre mit Übersichtskarte. Der eigentliche Naturpark Ria Formosa

(»Schönes Haff«) reicht von Ancão bis Manta Rota und umfasst eine Fläche von 170 km². Es ist ein komplexes Lagunensystem mit Sandbänken, Küstendünen, Wattflächen und Salzwiesen. Insbesondere Wasservögel fühlen sich hier wohl, sei es zum Überwintern, zum Rasten auf dem Weg von Nordeuropa nach Afrika oder als Lebensraum. Aber eben auch Chamäleons kann man hier entdecken – und früher auch **Seepferdchen**!

2001 wurde hier die weltweit größte Population des Kurz- und des Langschnäuzigen Seepferdchens (Cavalo-marinho) entdeckt, heute stehen die Bestände vor dem Aus. Das illegale Fischen mit Grundschleppnetzen in der Lagune, das den natürlichen Lebensraum der grazilen Geschöpfe zerstört, und die gezielte Jagd für den Export nach Asien sind die Hauptgründe dafür, aber auch Klimawandel, Tourismus und Lärmbelästigung. Heute wird versucht, die Ausrottung zu stoppen. Es laufen Programme zur Zucht der kleinen Fischwesen, die dann wieder in der Lagune angesiedelt werden, aber auch Maßnahmen wie Kontrollen der Schutzgebiete, beispielsweise durch Überwachungskameras oder Polizeipatrouillen. Ganz langsam scheinen die Bemühungen zu fruchten, doch noch immer lebt nur ein Bruchteil der ursprünglichen Bestände wieder hier. Leider scheint bereits der nächste Feind im Anmarsch: Eine Grünalge, durch Boote aus dem Mittelmeer eingeschleppt, und leider ohne Fressfeinde an der Algarve...

Wir besuchen das Umweltzentrum mit seinem etwa 60 Hektar großen Außengelände. Auf dem Areal kann man einem knapp drei Kilometer langen Rundweg mit verschiedenen Stationen zu Salzpfannen und Fischbecken, durch Dünen, zu einer Gezeitenmühle und einem Vogelturm mit Ausguck auf Wasservögel folgen. Der Spaziergang ist wunderschön!

Tipp: Nördlich von Olhão können Sie in Quelfes bei einer GPL-Tankstelle auch **deutsche Gasflaschen** (Propangas) auffüllen lassen (N 37°03'50" W 07°48'46", *Mo.–Fr. 9:00–13:00 und 15:00–19:00 Uhr*).

Salzgarten bei Olhão

Bis Tavira haben Sie nun wieder einmal die Qual der Wahl: Eher die kurze Strecke entlang der Küste oder noch einmal einen Schlenker ins Hinterland?

Fahrt entlang der Küste

Folgt man der N125 weiter nach Westen, so kann man südlich von Aldeia Marim einen schönen Badeplatz aufsuchen. Falls Sie ein Boot oder SUP dabei haben, werden Sie hier Ihren Spaß haben (im Sommer gibt es hier auch eine Verleihstation)!

P09 Praia dos Cavacos – N 37°02'13" W 07°47'46"

Sie werden feststellen, dass es entlang der N125 viele Restaurants gibt. Wieder einmal haben wir uns an der Zahl der geparkten Autos orientiert und im ***Restaurante Frango da Ria*** die Spezialität des Hauses (Hähnchen=*Frango*) genossen.

Praia dos Cavacos an der Ria Formosa

Mit vollem Bauch biegen wir gleich darauf nach rechts in das beschauliche **Fuseta** ab, wo ein günstiger, aber auch mit vielen Dauerbewohnern gefüllter Campingplatz wartet.

099 ***Parque de Campismo da Fuzeta* – N 37°03'11" W 07°44'41"**

Direkt dahinter liegt ein Parkplatz, den Sie tagsüber auch für den Strandbesuch nutzen dürfen (Die Lagune ist kleinkindgeeignet!). *Im Sommer kann man sich in Fuseta hinaus auf die vorgelagerte Sandbank schippern lassen und dort in die Wellen werfen.*

»Fuseta« werden Sie jetzt vielleicht fragen? Richtig, genau hier spielt die Krimireihe von Gil Ribeiro um Kommissar Leander Lost (siehe Tipps und Infos, Seite 289).

Für ein Picknick im Schatten bietet sich der **Parque de Lazer do Arroio** an der N125 an. Von hier aus ist es nicht mehr weit zum Abzweig zum Feriendorf Pedras d´El Rei, wo man mit dem WOMO allerdings nicht mehr auf dem großen Strandparkplatz stehen darf. Wir folgen daher der kleinen Straße entlang der Lagune nach Santa Luzia und freuen uns, als wir hier einen der Parkplätze ergattern können. Uns erwartet nämlich ein witziger Ausflug:

Spaziergang oder Bahnfahrt zum Praia do Barril

Weglänge 3 km (hin und zurück), 2,4 km davon kann man auch mit einer Schmalspurbahn fahren.

Auf der hölzernen Fußgängerbrücke marschiert man hinüber auf die **Ilha de Tavira** und muss sich dann entscheiden: Entweder in die **Schmalspurbahn** einsteigen (verkehrt ganzjährig) oder weiter zu Fuß entlang der Gleise durch die Dünen bis zum Meer wandern. Etwas links, bei den ehemaligen Fischerhütten, findet man WCs und Umkleiden, Café und Bar gibt es hier ebenfalls. In der kleinen, 1841 gegründeten Siedlung, lebten während der Sommermonate bis zu 80 Fischer mit ihren Familien. Die Männer gingen hauptsächlich auf Thunfischfang. Die Anker, mit denen die Netze auf dem Meeresgrund befestigt wurden, liegen hinter dem Strand fotogen auf dem ***Cemitério das Âncoras***.

Mit dem »Bähnle« an den Praia do Barril

Auf der Brücke von der Ilha de Tavira nach Pedras d´El Re

Gleich am Ortseingang von **Santa Luzia** haben wir einen WOMO-geeigneten Parkplatz (Einfahrt links) entdeckt. Zum Strand kommen Sie hier allerdings auch nur mit dem Boot.

P10 Santa Luzia – N 37°05'58" W 07°39'52"

Wenig später rollen wir in Tavira ein, das auch Ziel unserer Alternativstrecke ist.

Durch die Serra de Alcaria do Cume nach Tavira

Ab Olhão düsen wir auf der N2-6 nach **Estói**, wo wir uns das Schloss des gleichnamigen Grafen anschauen möchten. *Die Terrassen, der Garten und prächtige Räume im Inneren des Lustschlosses, das heute als Pousada dient, können kostenlos besichtigt werden*. Marschieren Sie einfach in das Hotel hinein und sagen Sie an der Rezeption, dass Sie in den Garten wollen. Die Zufahrt zum **Palácio de Estói** ist schmal, parken Sie besser auf dem WOMO-Stellplatz auf dem alten, sandigen Sportplatz. **Ver- und Entsorgung** finden Sie auf der anderen Seite der Mauer (Richtung Straße), allerdings nur von 7:00–10:00 und 16:00–19:00 Uhr.

100 Estói – N 37°05'35.9" W 07°53'45"

An der zweiten Sehenswürdigkeit von Estói kommen wir bei der Weiterfahrt in Richtung São Brás de Alportel bereits nach wenigen hundert Metern vorbei: Die Ausgrabungen von **Milreu** liegen direkt neben der N2-6. Hier wurden die Reste eines prächtigen **römischen Landsitzes** aus dem 2.–4. Jahrhundert n. Chr. frei-

Das Schloss des Grafen von Estói

gelegt; herrliche Wand- und Fußbodenmosaike kann man hier bewundern. Eine Broschüre, auch mit deutscher Erläuterung, beschreibt den Weg durch die Wohngebäude, die Badeanlagen sowie zum Wasserheiligtum (Nymphäum) rechts des Eingangs.

In den Resten eines römischen Landsitzes aus dem 2.–4. Jahrhundert kann man herrliche Wand- und Fußbodenmosaike bewundern

Seine spätere Verwendung als christliche Kirche erklärt den guten Erhaltungszustand. Die springenden Fische und das andere Wassergetier in den Mosaikbildern gehen eher auf römische Ursprünge zurück *(täglich außer Mo. 10:00–18:00 Uhr, im Winter 9:00–17:00 Uhr, 2 €)*.

Weiter geht es auf der N2 nach São Brás de Alportel – aber nur mit einer weiteren Pause, denn uns knurrt der Magen gewaltig! Wir folgen einem Tipp, den wir gerne weitergeben möchten: In Machados rechts bergab fahren, nach 450 Metern liegt linkerhand die ***Adega Nunes***, wo wir wieder einmal ausgesprochen lecker gegessen haben *(Mo. geschlossen,* ausgeschildert).

Satt und zufrieden sind wir nun bereit, uns auf weitere Abenteuer einzulassen und starten unsere Fahrt in die **Serra de Alcaria do Cume**. Die Bezeichnung »Gebirge« ist im wahrsten Sinne des Wortes zu hoch gegriffen, Mittelgebirge könnte man gerade so noch gelten lassen, viel höher als 500 Meter geht es kaum. *Aber schön ist es hier, sehr ruhig, einsam und beschaulich, viele Weitblicke und Natur*. Kontrastprogramm zur belebten Küste!

Spätestens in **São Brás de Alportel** sollten Sie Ihrem WOMO aber auch unbedingt noch einen ordentlichen Schluck gönnen, denn Tankstellen sind auf der Bergfahrt rar gesät (wir haben nur in Cachopo eine gesichtet). Die N2 tangiert den Ort nur am westlichen Rand und hier haben wir einen tollen neuen Stellplatz gesichtet:

101 São Brás de Alportel – *Live on Wheels*

GPS/Kontakt: N 37°08'56" W 07°53'39", Tel. 00351 289 845631, www.liveonwheelsmotorhome.com. **Max. WOMOs**: 25. **Öffnungszeit**: Ganzjährig. **Ausstattung**: Ver- und Entsorgung, Strom, WC und Dusche (kosten beide extra), Picknickbänke, Grillplatz, Waschmaschine, Trockner. **Beschreibung**: Hübsch angelegter Platz mit geschotterten Plätzen und Einzelbäumen, gepflegt und sauber. Am südwestlichen Ortsrand gelegen, *Lidl* nebenan. **Preis**: 9–11 €. **Zufahrt**: Auf der N2 gleich am Ortseingang links (Richtung *Lidl*), nach 150 m rechts.

Vor der Weiterfahrt empfehlen wir Olivenölliebhabern einen kleinen Abstecher: Fahren Sie beim zweiten Kreisverkehr noch einmal Richtung Loulé und biegen Sie nach 1,5 Kilometern rechts: Bei ***Pecoliva*** können Sie gutes Öl direkt kaufen *(Mo.–Fr. 9:00–11:00 und 14:00–16:00 Uhr, 25 Liter* 45–50 €, N 37°09'12" W 07°54'55").
Ein weiterer kommerzieller Stellplatz, den wir jedoch noch nicht persönlich kennen, liegt fast direkt an unserer Strecke *(01. Okt.–30. Apr*, 8 €, WC und Dusche kosten extra).

102 *Motorhome Ecopark* – N 37°10'04" W 07°54'28"

TOUR 10

Bei Alportel beginnt die Straße anzusteigen und kurz hinter dem Dorf weckt ein Holztor rechts unsere Neugier.

103 Alportel – Parque de Fonte Férrea

GPS: N 37°11'06" W 07°54'51". **Max. WOMOs**: 3. **Ausstattung**: Brunnen (eisenhaltig), WC, Picknickbänke, Café/Snackbar. **Beschreibung**: Schön angelegtes Gelände in einem schattigen Tal mit Bachlauf. Befestigte Parkplätze, einsam (außer am Wochenende, dann wird hier gerne gefeiert). Ausgangspunkt für schöne Spaziergänge. **Zufahrt**: Von der N2 hinter Alportel rechts, ca. 700 m bergab (ausgeschildert).

In weiten Kurven führt die N2 bergauf und windet sich durch lichten Mischwald. Immer wieder locken Schilder mit der Aufschrift *Barragem* (Staudamm) nach rechts oder links. Es lohnt nicht, wir haben es ausprobiert: Nach teils ewiger Fahrt über buckelige Pisten erwartet Sie ein aufgestauter, nicht badegeeigneter Tümpel, das WOMO ist eingestaubt, der Fahrer genervt...Die Schilder sind wohl eher für diejenigen gedacht, die die Staudämme warten.

In **Barranco do Velho** entdecken wir rechts am Straßenrand mehrere Brunnen. Am Ortsende halten wir uns rechts und freuen uns, dass es im folgenden Straßenverlauf immer wieder Haltebuchten gibt, so dass alle die Aussicht genießen können. Kurvenfahren muss man für diesen Abschnitt definitiv mögen! Immer häufiger zieren nun auch Windräder die Kuppen der Hügel. Zugegebenermaßen sind diese nicht schön anzusehen, aber Straßen, die Hügel durchschneiden, sind das auch nicht, ebenso wenig Stromtrassen und anderes Beiwerk, das uns das moderne Leben erst möglich macht.

Als wir **Feteira** durchfahren, ist außer einem aufgeregten Hahn, der vor uns über die Straße spurtet, weit und breit kein Lebewesen zu sehen. *Die Straße schlängelt sich weiter zwischen Hügeln hindurch, wir haben Muße, die schöne Gegend zu genießen.* Wenn Sie es auch beim Wasserbefüllen nicht eilig haben, können Sie den **Tröpfelbrunnen** links kurz hinter einer Brücke nutzen (Spitzkehre, *Parque de Merendas do Leitejo*).

104 Cachopo – Fonte Férrea

GPS: N 37°19'37" W 07°49'12". **Max. WOMOs**: 2. **Ausstattung**: Brunnen (eisenhaltig), WC, Picknickbänke, Schwimmbecken im oberen Teil des kleinen Parks (nur im Sommer zugänglich). **Beschreibung**: Ebener, gekiester Parkplatz vor dem schönen Picknickgelände. Außerorts, westlich von Cachopo, nahe der kaum befahrenen N124 gelegen. **Zufahrt**: Von der N124 hinter dem Ortsschild von Cachopo rechts (ausgeschildert).

Gleich bei den ersten Häusern von **Cachopo** entdecken wir links einen Wasserhahn – falls Ihnen das Wasser bei der Fonte Férrea doch zu eisenhaltig war, können Sie hier nachtanken. Im Dorf scheint die Zeit stehengeblieben zu sein, es strahlt eine himmlische Ruhe aus. Wir parken und bummeln durch die stillen Gassen, inzwischen ist es Mittagszeit und ziemlich heiß dafür, dass es erst Frühling ist. Die Türen und Fenster der Häuser sind geschlossen. Hier und dort aalt sich eine träge Katze in der Sonne, ein müder Hund gähnt uns herzhaft an und eine alte, zahnlose Frau erwidert freundlich unseren Gruß.

Cachopo ist der Wendepunkt unserer Hinterlandfahrt, um nach Tavira zu gelangen folgen wir der N397. Windmühlen und Windräder begleiten die Straße, die sich weiterhin zwischen Hügeln entlangschlängelt. *Der kleine Stausee, der Richtung Graínho nach links ausgeschildert ist, verdient diesen Namen tatsächlich einmal, allerdings ist er nicht badegeeignet*. Vielleicht wäre das Flüsschen Odeleite, das uns wenig später rechts unterhalb der Straße verführerisch anblitzt, da besser geeignet?

Unmittelbar hinter der Brücke, kurz nach dem Ortsschild von **Monte da Ribeira** kann man links bergab ans Kiesufer rollen und, je nach Wasserstand, im kühlen Wasser planschen oder herumwaten. Da hier auch der Parkplatz der benachbarten Kneipe ausgewiesen ist, sollten Sie dort aber um Erlaubnis fragen, wenn Sie über Nacht bleiben möchten. Und möglichst bitte auch hier essen oder zumindest trinken!

TOUR 10

105 *Casa de Pasto Paraíso da Serra* – N 37°17'56" W 07°45'06"

Vom Flusstal kurven wir wieder hinauf auf den nächsten Bergrücken. Die Ausblicke, die sich stellenweise bieten, sind großartig. Es scheint, als seien wir so unendlich weit weg von der trubeligen Küste!

Blick zurück auf Monte da Ribeira

Und immer wieder gibt es unbefestigte Parkbuchten entlang der Straße, die dazu einladen, anzuhalten, die Stühle herauszuholen und einfach einmal Landschaft einzusaugen. *Den ultimativen Traumblick bietet eine große, teils gepflasterte Parkbucht beim Abzweig nach Água dos Fusos rechts mit Brunnen sowie Picknickbänken.* Von hier aus lässt sich übrigens erkennen, wie gut sich die Vegetation nach einem flächenmäßig riesigen Waldbrand vor einigen Jahren wieder erholt hat.

Die Straße sinkt langsam ab und wir erreichen schließlich das fruchtbare Tal des **Rio Gilão**. Agaven ragen kurz vor der Blüte wie überdimensionierte grüne Spargel in die Landschaft, hier und da sieht man ein einzelnes Ferienhaus auf einer Hügelkuppe stehen.

Ruhe und Einsamkeit, nur wenige Kilometer von der Küste entfernt

Bei schönem Wetter und möglichst im Frühjahr bietet sich noch der kurze Abstecher zum **Pego do Inferno**, dem sagenumwobenen Höllenloch, an. Am Ende einer weißen Mauer zweigt nach rechts ein gepflastertes Sträßchen ab, das uns über eine schmale Brücke auf die andere Talseite bringt. Dort halten wir uns wieder rechts, bunkern beim **Brunnen** nach 1,7 Kilometern links noch einmal Wasser (hier auch Picknickbänke, überdacht) und biegen schließlich nach weiteren 600 Metern erneut rechts ab.

Das Pego do Inferno galt lange Zeit als Geheimtipp, ein stiller Wasserfall, der nur von Einheimischen besucht wurde. Der Sage nach soll hier einst eine ganze Kutsche in das Höllenloch gestürzt sein. Weder Insassen noch Pferde oder Gefährt wurden jemals gefunden, Taucher konnten angeblich nicht einmal zum Grund des Gewässers vordringen.

Pego do Inferno – das Höllenloch

Nach dem schlimmen Waldbrand von 2012 wurde es still hier, auch die Brücke, die danach errichtet wurde, ist zwischenzeitlich wieder verschwunden. Der Abstieg zum Wasser ist zwar etwas mühsam, aber durchaus lohnend.

Bei unserem letzten Besuch war jedoch kein Wasserfall mehr da, nur noch ein winziges Rinnsal, obwohl es keineswegs Hochsommer war. Angeblich zweigt einer der Bauern oberhalb das gesamte Wasser des Bachs ab. So oder so: Das Höllenloch ist ziemlich beeindruckend, zum Baden aber nur noch zu empfehlen, wenn es tatsächlich vom Wasserfall gespeist wird.

P Pego do Inferno – N 37°09'26" W 07°41'58"

Wir düsen zurück zur N397 (man erreicht Tavira auch, ohne die Flussseite zu wechseln und kann dort die erste Brücke nutzen). Egal, auf welcher Flussseite – spätestens als wir die A22 unterqueren, hat uns die touristisch geprägte Algarve wieder.

Tavira (13.800 Einwohner)

Wer nur für den Stadtbummel ein Plätzchen sucht, kann gleich am Ortsanfang noch vor der Eisenbahnbrücke längs der Straße im Schatten parken oder, sofern Sie ein kurzes WOMO Ihr Eigen nennen, unmittelbar danach rechts auf dem Parkplatz.

P Tavira – N 37°07'46" W 07°39'10"

Tavira, Rio Gilão und Salinen

Von hier aus gelangt man zu Fuß rasch in die Innenstadt. Wir wollen über Nacht bleiben und suchen daher folgenden Platz auf.

106 Tavira – *Algarve Motorhome Park*

GPS/Kontakt: N 37°07'58" W 07°37'51", algarvemotorhomepark.com. **Max. WOMOs**: 120. **Öffnungszeit**: Ganzjährig. **Ausstattung**: Ver- und Entsorgung, Strom, WC und Dusche (kosten beide extra), Waschmaschine, Picknickbänke. **Beschreibung**: Großer, gekiester Platz, kaum Schatten, gepflegt und sauber. Am östlichen Stadtrand von Tavira gelegen, etwas abseits. Bahnlinie direkt nebenan, N125 nicht weit entfernt (beides -je nach Stellplatz- hörbar). Innenstadt etwa 1,5 km entfernt. **Preis**: 9–13 € (zuzügl. 1 € bei eintägigem Aufenthalt). **Zufahrt**: In Tavira auf die N125 Richtung Osten fahren, beim Kreisverkehr scharf rechts *(Acesso local)*. Nach dem Bahnübergang links und der Straße bis zum Ende folgen, dann wieder links (rechts und wenden). Nach 900 m links. **Hinweis**: Reservierungen sind nicht möglich, aber Sie können auf der Homepage die Anzahl der freien Plätze sehen.

C In Tavira gibt es außerdem einen **privaten Campingplatz,** der vom 01. Okt.–31. Mai auch Wohnmobilisten zur Verfügung steht. Nicht verwechseln mit dem Camping Municipal, der sich auf der Ilha de Tavira befindet und nicht mit Fahrzeugen angefahren werden kann! **GPS**: N 37°08'11" W 07°38'25".

Und Tavira? Schauen wir uns morgen an!

Tour 11

Tour 12
Mértola
267
265
118
Mina de São Domingos
Embalse de Andevalo
122
Parque Natural do Vale do Guadiana
Rio Guadiana
Embalse del Chanza
Espírito Santo
117
WC
Menires do Lavajo
Rio Vascão
Cortes Pereiras
116
507
IC27
Sanlúcar de Guadiana
Alcoutim
124
115
N
Rio Foupana
10 km
Montinho das Laranjeiras
Laranjeiras
Rio Odeleite
Foz de Odeleite
Albufeira de Odeleite
Odeleite
114
Albufeira de Beliche
Azinhal
397
Junqueira
110
113
Salinen
Castro Marim
108
Tour 10
A22
111
Ayam
125
Altura
Monte Gordo
Vila Real de Santo António
Conceição
Manta Rota
Cacela Velha
Cabanas
Tavira
107
109
Ilha de Tavira
106

Küste, Fluss und alte Städtchen
Von Tavira nach Mértola
140 km

Den Anfangs- und den Endpunkt dieser Tour bilden zwei ganz besonders reizvolle Städte, dazwischen bekommen Sie viel Natur geboten. Nachdem wir die weiten Sandstrände des Sotavento noch einmal genossen haben, geht es durch sanftes Hügelland am Grenzfluss Guadiana entlang nach Norden. Besonders lohnend sind:

- **Tavira**
- **Cacelha Velha**
- **Vila Real de Santo António**
- **Alcoutim**
- **Mértola**

Wir beginnen unseren Stadtbummel im historischen **Tavira** am dreieckigen *Praça da Republica*, der sich zum Rio Gilão hin öffnet. Geht man am »spitzen« Ende des Platzes rechts die Treppe hinauf und durch das kleine **Stadttor**, so gelangt man geradewegs zur **Igreja da Misericórdia**, die als eine der schönsten Renaissancekirchen der Algarve gilt. Vor dem prächtigen Portal stehend lauschen wir fasziniert Fadogesängen, die aus einem Hauseingang hinter einem roten Samtvorhang dringen: Hier wird **Fado com História** angeboten – Live-Fado vor nur 40 Zuschauern: *Zwei Gitarren und Gesang, dazu eine Bildershow und mehrsprachige Erklärungen entführen in eine andere Welt* – absolut sehens- und insbesondere hörenswert *(täglich außer So. um 15:15 Uhr und 17:00 Uhr in der Kirche, samstags um 15:15 Uhr in der Kirche und um 17:00 Uhr, 10 €, Dauer 45 Minuten, fadocomhistoria.com)*. Anschließend passt nur die Tageszeit so gar nicht mehr zur Stimmung...

Igreja Santa Maria

Förmlich beschwingt bummeln wir links hinauf zum **Castelo** *(täglich 8:30–19:00 Uhr, Eintritt frei)*. Viel ist von der Maurenburg aus dem 10./11. Jahrhundert jedoch leider nicht übrig geblieben. Das, was man heute sieht, wurde 1938–1940 wieder aufgebaut. Schön bepflanzt ist der kleine Park, der die Ruinen umgibt und von dem aus man einen wunderbaren Blick über die Stadt genießen kann.

Nahe der alten Burg steht ein ehemaliger Wasserturm, der **Torre de Tavira**, in den eine **Camera Obscura** eingebaut wurde *(Mo.–Fr. 11:00–15:00 Uhr, 5 €)* – ungewöhnlich und sehenswert!

Gegenüber gelangen wir, vorbei an der **Igreja Santa Maria,** zur verschachtelten weißen **Igreja de Santiago**. Wir gehen die Gasse bergab und wenden uns dann nach links, bis wir wieder zum *Praça da Republica* gelangen. Am Fluss schließt sich die siebenbogige Ponte Romana an, von der jedoch lediglich die Fundamente aus der Römerzeit stammen. Der »Rest« wurde erst im 17. Jahrhundert errichtet.

Weiter geradeaus geht es durch die »Fressgasse« von Tavira. Ein weiterer dreieckiger Platz, der *Praça Dr. António Padinha*, öffnet sich am Ende der Gasse nach links. In seiner grünen Mitte kann man schön eine Pause auf einer Parkbank einlegen und sich dabei vom Bischof Dom Marcelino Franco von seinem Sockel herunter beschützen lassen. Nach Norden hin wird der Platz von der **Igreja de São Paulo** abgeschlossen, nach Süden gelangt man rasch zurück zum Fluss. Wir schlendern nach links am Ufer entlang bis zur nächsten Brücke. Auf der anderen Seite des Rio Gilão treffen wir auf die alte Markthalle, wo wir in einem Café unsere Runde durch die Stadt beenden.

Über sieben Bögen musst du gehn....

Praça Dr. António Padinha mit der Igreja de São Paulo und dem Bischof

Wer mit uns über das Hinterland nach Tavira gelangt ist, ist noch nicht darüber informiert, dass die »richtigen Strände« an der windabgewandten Seite der Algarveküste (Sotavento) gar nicht direkt anfahrbar sind:

Der östliche Teil der Algarve ist nämlich mit dem westlichen kaum zu vergleichen. *Während zwischen Sagres und Faro die Sandstrände meist zu Füßen bizarrer Felsstrukturen liegen, ist die Küste östlich von Faro flach und lagunenartig*. Die Sandanschwemmungen bilden fast ununterbrochene Barrieren, die ohne Verbindung der Küste vorgelagert sind. Wer ein schönes Badeplätzchen sucht, muss folglich erst, wie auch immer, die flache **Lagune** überqueren, um zu den ausgedehnten Sandbänken zu gelangen!

In Tavira bedeutet das, dass man sich mit der Fähre vom Ableger am Fluss *(Largo José Pires Padinha 172)* aus auf die **Ilha de Tavira** schippern lassen kann, wenn man baden möchte *(stündlich, hin und zurück 2,20 €)*.

Fähre zur Sandbank vor Tavira

Auch Tavira verlassen wir auf der N125, die uns mittlerweile ja schon sehr vertraut ist. Bereits im nächsten Ort, in Conceição, kann man beim Kreisverkehr rechts rollen.

107 Cabanas – *Camping Ria Formosa*

GPS/Kontakt: N 37°08'43" W 07°36'08", Tel. 00351 281 328887, campingriaformosa.com. **Öffnungszeit**: Ganzjährig. **Ausstattung**: Toller (Salzwasser-) Pool, Restaurant, Minimarkt, Spielplatz, Grillmöglichkeiten. **Beschreibung**: Großer, gepflegter Platz mit geschotterten Stellplätzen (parkplatzähnlich, die kleinen Plätze sind für unseren Geschmack zu eng), einzelne Schattenbäume. Zwischen Conceicão und Cabanas gelegen, zur Lagune etwa 1,3 km. **Preis**: 15–33 €. **Zufahrt**: Von der N125 beim Kreisverkehr in Conceicão rechts abbiegen, dann ausgeschildert.

Cabanas ist ein guter Ort für einen längeren Aufenthalt:

Abendstimmung in Cabanas

Hier kann man nicht nur im Restaurant des Campingplatzes lecker essen, auch das ***Restaurante Ideal*** in der *Rua Infante Dom Henrique* können wir Ihnen empfehlen. Gehobene Küche bietet das ***Restaurante Noélia e Jerónimo*** (*Avenida 28 de Maio*, Reservierung empfehlenswert: 00351 281 370649).

Unbedingt lohnenswert: Eine Radtour nach Cacelha Velha

Außerdem können Sie von Cabanas auch ganz problemlos mit dem Zug nach Tavira oder Faro fahren, der Bahnhof ist vom Campingplatz etwa 450 Meter Fußweg entfernt.

TOUR 11

Und wer ein Fahrrad dabei hat, kann sich glücklich schätzen: Eine schöne Runde führt Richtung Osten nach **Cacelha Velha**: Das einst berüchtigte Piratennest ist ein bezauberndes Dörfchen, das seinen Charme bewahrt hat. Weiße Häuser, Kopfsteinpflastergassen, eine malerische Kirche und die allerschönste Aussicht auf die Ria Formosa überhaupt (hin und zurück etwa 28 Kilometer). Mit dem Fahrzeug könnte man theoretisch auch dorthin fahren, aber letztendlich scheitert das leider an den fehlenden Abstellmöglichkeiten für WOMOs (Verbotsschilder auf dem großen Parkplatz). Ohne Fahrrad geht es auch zu Fuß vom Stellplatz Manta Rota aus (einfacher Weg 2,5 Kilometer).

Frei nach Helge Schneider: Sommer, Sonne, Palme...

Auch den Abstecher zum Erholungsgebiet **Mata do Conceicão**, zu dem gleich mehrere Schilder auf der N125 weisen, kann man sich sparen – auch dort herrscht WOMO-Parkverbot.

108

Zwischen N125 und der A22 bietet der ***Caliço Parque*** ebenfalls Campingmöglichkeiten für WOMOs an (ganzjährig geöffnet, 10–15 € einschl. Strom, **GPS**: N 37°11'11" W 07°33'00".

Nach **Manta Rota** ist es nur ein Katzensprung, aber gefühlt tauchen wir wieder in eine völlig andere Welt ein: In den Sommermonaten quillt der Ferienort über; Touristen; Jubel, Trubel, alles da. Der Grund für die Beliebtheit des Ortes ist die Tatsache, dass hier die Lagune (und der Naturpark Ria Formosa) endet, *man kommt nun also wieder zu Fuß an den Strand*. Die Parkplatzgröße lässt erahnen, was hier im Juli und August los sein kann – aber da Sie dann eh nicht hier parken dürfen, muss Sie das nicht bekümmern. In der »Nebensaison« profitieren Wohnmobilisten aber von der Masse an Parkraum, denn dann wird ein Teil davon zum offiziellen Stellplatz. Da dieser jedoch weit und breit der einzige direkt am Meer ist, wird er insbesondere von Überwinterern heiß geliebt und ist meistens voll.

109 Manta Rota

GPS: N 37°09'54" W 07°31'15". **Max. WOMOs**: 100. **Öffnungszeit**: Mitte Sept.–30. Juni. **Ausstattung**: Ver- und Entsorgung, Strom, Spielplatz nebenan. **Beschreibung**: Großer, gepflasterter Platz mit einzelnen Schattenbäumen. Ruhig am westlichen Ortsrand gelegen, hinter dem Sandstrand. Restaurants, Cafés und Bars fußläufig. **Preis**: 11 €. **Zufahrt**: In Manta Rota rechts Richtung Strand, dort rechts (ausgeschildert).

Flacher Endlosstrand in Manta Rota

Steuert man den östlichen Nachbarort **Altura** an, so sieht es leider ganz mau aus, jeder Parkplatz ist mit einem WOMO-Verbotsschild versehen. Wenn Sie einmal gesehen haben, wie sogar jede noch so kleine staubige Restfläche entlang der Straße Tür-an-Tür ohne Rücksicht auf Verluste von Wohnmobilisten vollgeparkt wird, dann kann man das sogar verstehen. Leider.

Ein paar Kilometer landeinwärts bekommen Sie eine schöne Alternative geboten:

110 Parque de Caravanas de Altura – *Campo e Mar*

GPS/Kontakt: N 37°12'34" W 07°31'19", Tel. 929 175878. **Max. WOMOs**: 30. **Öffnungszeit**: Ganzjährig. **Ausstattung**: Ver- und Entsorgung, Strom, Picknickbänke. **Beschreibung**: Relativ neu angelegter Platz mit Meeresblick, geschottert und noch ziemlich schattenlos. Etwas abgelegen außerorts, 4 km bis Altura. **Preis**: 7 €. **Zufahrt**: Von der N125 in Altura links Richtung Aroeira abbiegen, knapp 4 km geradeaus, dann links.

Je näher wir der spanischen Grenze kommen, desto dichter waren früher sämtliche Parkmöglichkeiten in Strandnähe mit WOMOs vollgepflastert. Mittlerweile reihen sich hier Verbotsschilder aneinander, uns vergeht leider der Spaß. Vielleicht ist unser Bedarf an Strand und Meer aber auch einfach nur gedeckt?

Ruhe vor dem (An-) Sturm

C Der ***Parque de Campismo de Monte Gordo*** liegt strandnah, auf einem Großteil des Platzes ist der Untergrund jedoch so sandig, dass man ganz schnell Gefahr läuft, sich festzufahren. Die Sanitärtrakte sind zudem alles andere als zeitgemäß.

Vila Real de Santo António (11.700 Einwohner)

Vorbei an winzigen Häuschen, die die N125 säumen, rollen wir daher nach Osten und erfreuen uns an dem netten Städtchen. Gleich am Ortseingang (großer Kreisverkehr, dort rechts) bietet *Lidl* vier Stellplätze an.

111 Vila Real de Santo António – *Lidl*
N 37°11'30" W 07°25'29"

Die Straßen der Grenzstadt sind schachbrettartig angelegt und voller spanischer Touristen im Kaufrausch. Einkaufen scheint hungrig zu machen, denn neben den zahlreichen Läden, die überwiegend Textilien anbieten, gibt es ein auffallend großes Angebot an Restaurants, Snackbars, Cafés und *Pastelerias*. So hässlich V.R. de Santo António bei der Anfahrt erscheint, so schön und einheitlich ist die Innenstadt. *Der strahlenförmig schwarz-weiß gepflasterte Praça de Marquês de Pombal, wo das neue Rathaus ein ausgesprochen harmonisches Pendant zu seinem alten Gegenüber bildet, begeistert uns*. Die stattliche Straßenfront entlang des Rio Guadiana erinnert fast ein bisschen an die italienische Rivieira.

Die stattliche Straßenfront entlang des Rio Guadiana erinnert fast ein bisschen an die italienische Rivieira

Der schöne Platz im Herzen von Vila Real de Santo António

Gleißende Sonne über dem Hafen

Mit der Fähre kann man auch mehrmals am Tag ins spanische Ayamonte übersetzen. Vielleicht fallen Ihnen auch die roten Schilder mit den Wanderwegmarkierungen auf. In V.R. de Santo António beginnt der GR15, den wir in den nächsten Tagen immer wieder kreuzen werden (*Grande Rota do Guadiana,* insgesamt 78 Kilometer lang, führt bis Alcoutim).

112 Vila Real de Santo António

GPS: N 37°11'56" W 07°24'54". **Max. WOMOs**: 60. **Ausstattung**: Ver- und Entsorgung, Strom, Gaststätte nebenan. **Beschreibung**: Großer, ebener Platz, unbefestigt, staubig und schattenlos. Am Ufer des Rio Guadiana, zwischen Fischereihafen und Marina gelegen. **Preis**: 11 €. **Zufahrt**: Am nördlichen Ortsrand von der N122 beim Kreisverkehr rechts (Richtung GNR). 1,3 km der Straße folgen (Rechtskurve), dann links.

Nun heißt es endgültig, sich von der Küste zu verabschieden, wir schlagen den Weg nach Norden ein. Die N122 führt zwischen Salinen nach Castro Marim. Kurz nach der Brücke biegt rechts ein Weg ab zum ***SPA Salino***. Die Parkfläche reicht nicht für große WOMOs (von Castro Marim aus kurzer Weg zu Fuß oder mit dem Rad hierher). *Zur Entspannung kann man sich hier unter freiem Himmel mit Matsch einreiben und dann im lauwarmen Salzwasser der Saline dümpeln* (*nur Bad 8 €, Mi.–So. 9:00–18:00 Uhr*), gutes Salz gibt es natürlich auch zu kaufen.

Tiefenentspannt und mit himmlisch zarter Haut nehmen wir anschließend das wehrhafte **Castro Marim** (3.200 Einwohner) in Angriff. Sowohl die **Burg** in der Dorfmitte (*täglich 9:30–13:00 und 15:00–18:30 Uhr, im Winter 9:00–13:00 und 14:00–17:00 Uhr, 1,10 €*) als auch das **Fort** auf dem Nachbarhügel bieten tolle Blicke ins Umland.

113 Castro Marim

GPS: N 37°13'11" W 07°26'40". **Max. WOMOs**: 23. **Ausstattung**: Ver- und Entsorgung. **Beschreibung**: Kleiner unbefestigter Platz, schattenlos, am Rand des Ortskerns. Cafés und Restaurants sowie Burg fußläufig. **Zufahrt:** Am nördlichen Ortsrand von der N122 beim Kreisverkehr links, dann gleich rechts.

Wer mehr von den **traditionellen Salinen** sehen möchte, der kann einen etwa zwei Kilometer langen Spaziergang dorthin unternehmen (ausgeschilderter Startpunkt auf der Brücke über die N122 am südlichen Ortsende).Alternativ rollt man bequem mit dem WOMO zum **Reserva Natural do Sapal do Castro Marim** und kann dort Vögel beobachten oder sich über die Salzherstellung schlau machen. Auch hier kann man einen Salinen-Spaziergang starten oder es sich für ein Picknick gemütlich machen (N 37°13'51" W 07°25'35").

Vom Weg aus, der zum Reserva Natural führt, hat man einen tollen Blick auf die markante 666 Meter lange **Ponte Internacional do Guadiana**, die Portugal mit Spanien verbindet. Erst in Mértola, dem Zielort dieser Tour, bietet sich die nächste Möglichkeit zur Überquerung des Flusses auf einer Brücke.

Castro Marim: Blick zum Fort

Die N122 gabelt sich kurz darauf und wir bevorzugen die gemütliche, aussichtsreichere Variante und biegen rechts ab Richtung Junqueira. Geradeaus geht es stattdessen auf der autobahnähnlichen IC27 rasch nach Norden voran.

Bei uns stellt sich schnell wieder das Gefühl der absoluten Einsamkeit ein. *Auf und ab führt uns die Straße durch unberührte Landschaft und um viele Kurven – hier ist noch nichts begradigt oder aufgeschüttet*. Es herrscht kaum Verkehr und so fällt es nicht schwer, sich bald völlig entschleunigt zu fühlen.

Ein Abzweig weist nach rechts Richtung Alcoutim/Foz de Odeleite. Als wir nach Fonte do Penedo hineinrollen, erspähen wir auf dem Hügel gegenüber einige geparkte WOMOs. Ein Stellplatz, hier im Nirgendwo?

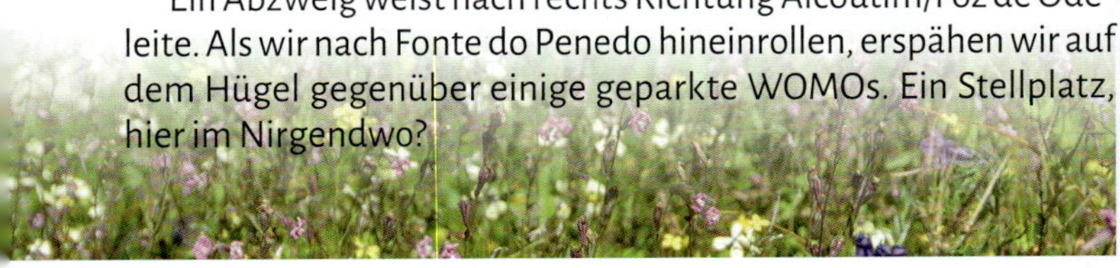

114 *Almada d´Ouro*

GPS/Kontakt: N 37°19'54" W 07°28'04", Tel. 00351 281 495268. **Max. WOMOs**: 20. **Ausstattung**: Ver- und Entsorgung, Strom, Dusche, Waschmaschine, Picknickbänke, kleine Bar. **Beschreibung**: Friedlicher kleiner, gepflegter Platz mit schönen Blicken weit ins Land, ruhig, schattenlos. Außerorts und einsam gelegen. **Preis**: 6 €. **Zufahrt**: Östlich der M1063 zwischen Ponte do Penedo und Alcarias.

Falls Übernachten gerade nicht in Ihren Tagesplan passt, aber dafür vielleicht der Magen knurrt, dann sollten Sie an der Kreuzung unterhalb des beschriebenen Stellplatzes nach links abbiegen. 2,6 Kilometer sind es bis **Odeleite**, dann wenden wir uns nach rechts und finden gleich nach der IC27-Unterführung links einen **Picknickplatz** mit Wasserhahn und tollem Ausblick auf den **Albufeira de Odeleite** (N 37°20'08" W 07°29'51"). Und wenn der Kühlschrank leer ist, so steuern sie nach Odeleite hinein, wo Sie gleich am Ortseingang links in das empfehlenswerte ***Restaurante O Camponês*** *(Mi. geschlossen)* einkehren können.

Am Rio Guadiana

Wir setzen unseren Weg nach Foz de Odeleite fort. Dort findet man am Bootsanleger ein schönes Plätzchen für eine Pause am Fluss. *Bis Alcoutim führt die Straße nun (fast immer) dicht am Ufer des friedlich dahinströmenden Rio Guadiana entlang*. Am Ortsende von Alamo entdecken wir rechts, etwas unterhalb der Straße, einen **Brunnen**. Kultur kann man dann in **Guerreiros do Rio** im kleinen **Flussmuseum** an der M507 tanken (***Museu do Rio***, *Di.–Sa. 10:00–13:00 und 14:00–18:00 Uhr, im Winter ab 9:00, dafür aber nur bis 17:00 Uhr, 2,90 €, das Ticket gilt auch für die Burg in Alcoutim, also aufheben!)*.

Wenig später passieren wir die frei zugänglichen Grundmauern des römischen Landguts **Montinho das Laranjeiras** mit Parkplatz am Ende des eingezäunten Geländes. Die Römer wussten schon, wo es schön ist…

In einer Flussschleife führt unsere Straße geradeaus weiter und steigt dann an. Ganz oben auf dem Hügel kann man eine Wanderung beginnen (auch wenn der Platz dazu verführt: Übernachtung verboten, Sie sind im Guadiana-Schutzgebiet).

P Miradouro do Pontal – N 37°25'21" W 07°27'17

Rundwanderung Ladeiras do Pontal

Weglänge 13,5 km, Markierung PR2 rot-gelb, auch mit Mountainbike möglich.

Wir starten die Runde im Uhrzeigersinn auf dem Weg, der anfangs mit dem GR15 (dem Guadiana-Weitwanderweg) identisch ist. Gemütlich geht es dem breiten Weg folgend bergab und dann rechts flussabwärts. Wir kreuzen die Straße, auf der wir angefahren sind. Stetig bergauf marschieren wir auf den Hügelrücken und folgen diesem (der Weg steigt nun nur noch leicht an). Wer abkürzen möchte findet dazu nach etwa 1,6 Kilometern (nach der Straße) rechts eine Möglichkeit. Wir wandern jedoch geradeaus weiter, kreuzen die N122 und erreichen gleich darauf Balurcos de Baixo.

Bis Torneiro, wo irgendwann die Zeit stehen geblieben ist, folgen wir nach Norden (rechts) dem GR13 (Via Algarviana). Wir verlassen das Dorf nach rechts und wandern bergab-bergauf zurück. Ein Tal mit Bach muss dabei gequert werden – es gibt zwar eine Brücke, aber nach starken Regenfällen kann es hier nasse Füße geben. Die letzten 200 Meter führen dann entlang der Straße zurück zu unserem Parkplatz.

TOUR 11 **Abendstimmung am Miradouro do Pontal**

Alcoutim (1.100 Einwohner)

Schneller als erwartet erreichen wir das malerisch gelegene Dorf, das von einer Burg überragt wird und dessen Gründung bereits auf die Römer zurückgeht. Erstaunlicher- und erfreulicherweise hat dieser kleine Ort gleich zwei Stellplätze:

115 Alcoutim-Süd

GPS: N 37°28'06" W 07°28'16". **Max. WOMOs**: 22. **Ausstattung**: Ver- und Entsorgung, WC. **Beschreibung**: Flacher unbefestigter Platz, schattenlos. Am südlichen Ortsrand direkt an der Durchgangsstraße gelegen (nachts ruhig, kaum Verkehr). Zentrum fußläufig (ca. 300 m). **Zufahrt**: M507 von Süden kommend, gleich am Ortseingang rechts.

116 Alcoutim-Nord

GPS: N 37°28'30" W 07°28'29". **Max. WOMOs**: 10. **Ausstattung**: Ver- und Entsorgung. **Beschreibung**: Kleiner unbefestigter Platz, Schattenbäume am Rand. Am nördlichen Ortsrand direkt an der Durchgangsstraße gelegen (nachts ruhig, kaum Verkehr). Zentrum ca. 500 m entfernt. **Zufahrt**: M507 Richtung Mértola, bei der Kreuzung am Ortsende rechts.

Dörfer im Grenzgebiet - Alcoutim und Sanlúcar de Guadiana

Die schönsten Blicke auf das Dorf und hinüber nach Spanien hat man von den Burgmauern aus. Das **Castelo** beherbergt auch ein kleines archäologisches Museum *(täglich 10:00–18:00 Uhr, im Winter 9:00–17:00 Uhr, 2,90 €, Kombiticket mit Museu do Rio)*. *Mit der Fähre kann man ins spanische Sanlúcar de Guadiana übersetzen* und im Sommer bietet sich zudem ein Besuch der **Flussbadestelle** an.

P Alcoutim – Praia Fluvial Pego Fundo

GPS: N 37°28'18" W 07°28'34". **Max. WOMOs**: 2. **Ausstattung**: WC, Dusche, kleiner Sandstrand, Beachvolleyballfeld, Gaststätte.
Beschreibung: Parkplatz neben der Flussbadestelle am Ortsrand.
Zufahrt: Von Süden kommend in Alcoutim ca. 250 m nach der Brücke links, der Einbahnstraße folgen bis über die Brücke bei der Badestelle, dann links.

Alcoutim, ein ganz sympathisches Dorf

Alcoutim und Umgebung bieten durchaus Programm für ein paar Tage und für das leibliche Wohl ist im Dorf ebenfalls gesorgt.

Die M507 schwingt in Kehren bergauf Richtung Cortes Pereiras. Auf einem Hügel neben der Straße, in einer Rechtskurve nur 1,8 Kilometer hinter Alcoutim, gibt es einen grandiosen Aussichtspunkt, etwa 30 Meter von der kaum befahrenen Straße entfernt (N 37°28'43" W 07°29'06").

Die Gegend ist dünn besiedelt, wir passieren lediglich den abgelegenen Weiler Cortes Pereiras. Kurz dahinter weist ein braunes Schild nach rechts zu den **Menires do Lavajo** und zu einem uns empfohlenen privaten Stellplatz, den wir jedoch auch noch nicht besucht haben:

117 ***Shamwari Hilltop Retreat***, ganzjährig geöffnet, mit Ver- und Entsorgung, Strom, WC, Dusche, Pool, Waschmaschine, für WOMOs bis max. 9 m, 21 €, **GPS**: N 37°30'41" W 07°31'30".

Zu den Menhiren biegen wir bereits 450 Meter nach dem Verlassen der Straße links ab, dann geht es 1,7 Kilometer auf Schotter weiter. **Hinweis**: Nur für WOMOs bis sechs Meter Länge geeignet! Auf den letzten 500 Metern ist Ausweichen schwierig und teilweise ragen Äste in den Weg, dann erwartet Sie ein kleiner, ebener Parkplatz (N 37°30'05" W 07°32'02").

Ein wunderschön friedlicher Ort ist dies hier, im Frühling voller duftender Blumen und summender, brummender Insekten. Ansonsten aber eher unspektakulär, ein Zaum umgibt die Menhire (zur Erinnerung: Siehe Seite 22).

Die M507 mündet wenig später in die N122 und wir schwenken nach rechts. Auch hier herrscht kaum Verkehr, es ist wirklich eine abgelegene Ecke Portugals, in der wir gerade unterwegs sind. ***Der Rio Vascão definiert die Grenze zwischen Algarve und Alentejo.*** Hinter der Brücke rechts halten wir auf dem kleinen schattigen Parkplatz mit **Picknickbänken** und Infotafel. Familien mit Kindern und Hobbyarchäologen empfehlen wir, auf der gegenüberliegenden Straßenseite zum Fluss abzusteigen, dort findet man Mauerreste eines Hauses, einen alten Steinofen und eine gepflasterte Straße. Der Pfad auf der Parkplatzseite hinunter zum Fluss führt zu einer **Badestelle**.

Pferdefuhrwerke sieht man immer mal wieder in Portugal

Kaum sind wir zurück im Alentejo beginnen wieder die riesigen Weiden. Der Blick schweift weit ins Land, es ist die unendliche Weite und dieses ganz eigene Licht, was uns sofort wieder fasziniert.

Mértola (2.500 Einwohner)

Ponte de Mértola

Über eine einspurige Bogenbrücke mit Ampelregelung erreichen wir, sozusagen von hinten, die kleine, geschichtsträchtige Stadt, die uns bereits bei unserem allerersten Besuch bezaubert hat. Nicht umsonst haben wir Mértola als Titelbild ausgewählt!

Touristen verirren sich nur wenige und eher selten hierher und dabei gibt es überall zahlreiche Zeugnisse römischer und islamischer Zivilisation zu entdecken.

Unterwegs in Mértola, unterhalb der Burg

Insbesondere große WOMOs nutzen zum Parken besser den unbefestigten Platz links neben der Straße, auf der man angefahren kommt, gegenüber der Feuerwehr (von hier ist das Zentrum schnell erreichbar).

P Mértola – N 37°38'26" W 07°39'49"

Schöner stehen Sie allerdings am Flussufer:

118 Mértola – Cais

GPS: N 37°38'17" W 07°39'44". **Max. WOMOs**: 5. **Ausstattung**: Wasserhahn. **Beschreibung**: Ebener, gepflasterter Parkplatz, schattenlos, ruhig und windgeschützt. Am Ufer des Rio Guadiana gelegen, Zentrum fußläufig. **Zufahrt**: In Mértola Richtung Lisboa bis zum großen Kreisverkehr vor der Brücke über den Rio Guadiana. Dort rechts, nach 600 m links hinab zum Ufer (Wegweiser »*Cais*«). **Hinweis**: Wassersportler lassen hier ihre Boote ins Wasser, bitte lassen Sie ihnen Platz dafür und auch zum Wenden und Parken! Im Sommer ist dies zudem der Startpunkt von Schiffsausflügen.

Ein Fußweg führt hinauf zur Altstadt. Die Treppen zur Stadtmauer enden unmittelbar unterhalb des strahlend weißen **Uhrturms** (***Torre do Relógio***). Wir gelangen ins Innere und halten uns links an der Mauer entlang. Hier passieren wir sowohl das **Islamische Zentrum** (***Arte Islâmica***) als auch das **Zentrum für Sakralkunst** (***Arte Sacra*** in der Misericórdia-Kirche). Wir folgen der Straße weiter im Bogen auf die Nordseite der Stadt, steigen bergan und erreichen schließlich die eigentümliche weiße Pfarrkirche, die **Igreja Matriz**. *Lediglich durch den Anbau eines quadratischen Glockenturmes hat man die zwölftürmige Moschee (Mesquita) aus dem 12. Jahrhundert christianisiert*. Im Inneren weisen typische Säulen, Hufeisenbögen und der *Mihrab* (das ist die Nische an der Moscheewand in Richtung Mekka) auf ihren Ursprung hin. Verlässt man die Kirche durch die kleine Tür und betritt den Seitenbau von hinten, so kann man hier im Untergeschoss auch Ausgrabungen bewundern.

Uhrturm in prominenter Lage

Links oberhalb (vorbei am öffentlichen WC) streift man umfangreiche **Ausgrabungen**, die rings um die römisch-arabische Befestigungsanlage freigelegt wurden (***Forum Alcáçova**, täglich außer Mo. 9:20–12:30 und 14:00–17:20 Uhr*). Am höchsten Punkt des Städtchens liegt die **Burg** (*täglich außer Mo. 9:20–17:20 Uhr*). *Von den wohlrestaurierten Wehrmauern und dem alles überragenden Bergfried des Castelo hat man einen tollen Rundblick ins weite Alentejo und die weiße Stadt.*

Unschwer zu erkennen: Einst Moschee, heute Kirche

In der selbsternannten »Hauptstadt der Jagd« reihen sich in der *Avenida Aureliano Mira Fernandes* in Verlängerung der Brücke über den Rio Guadiana die Restaurants auf. Kein Wunder, dass Wildschwein *(Javali)* hier recht häufig auf der Speisekarte steht.

Ein empfehlenswertes Ziel: Mértola

Wir erfreuen uns noch eine Weile an den vielen, vielen Schwalben, die in Mértola noch das Glück haben, reichlich Gelegenheit zum Nestbau und scheinbar auch genügend Nahrung zu finden und schlendern dann wieder nach unten zu unserem Fahrzeug. Am Abend sitzen wir noch eine Weile am breiten Fluss, der so träge und unschuldig dahinfließt. Aber dieser kann auch anders – Sie werden es bei der nächsten Tour erleben!

Tour 12

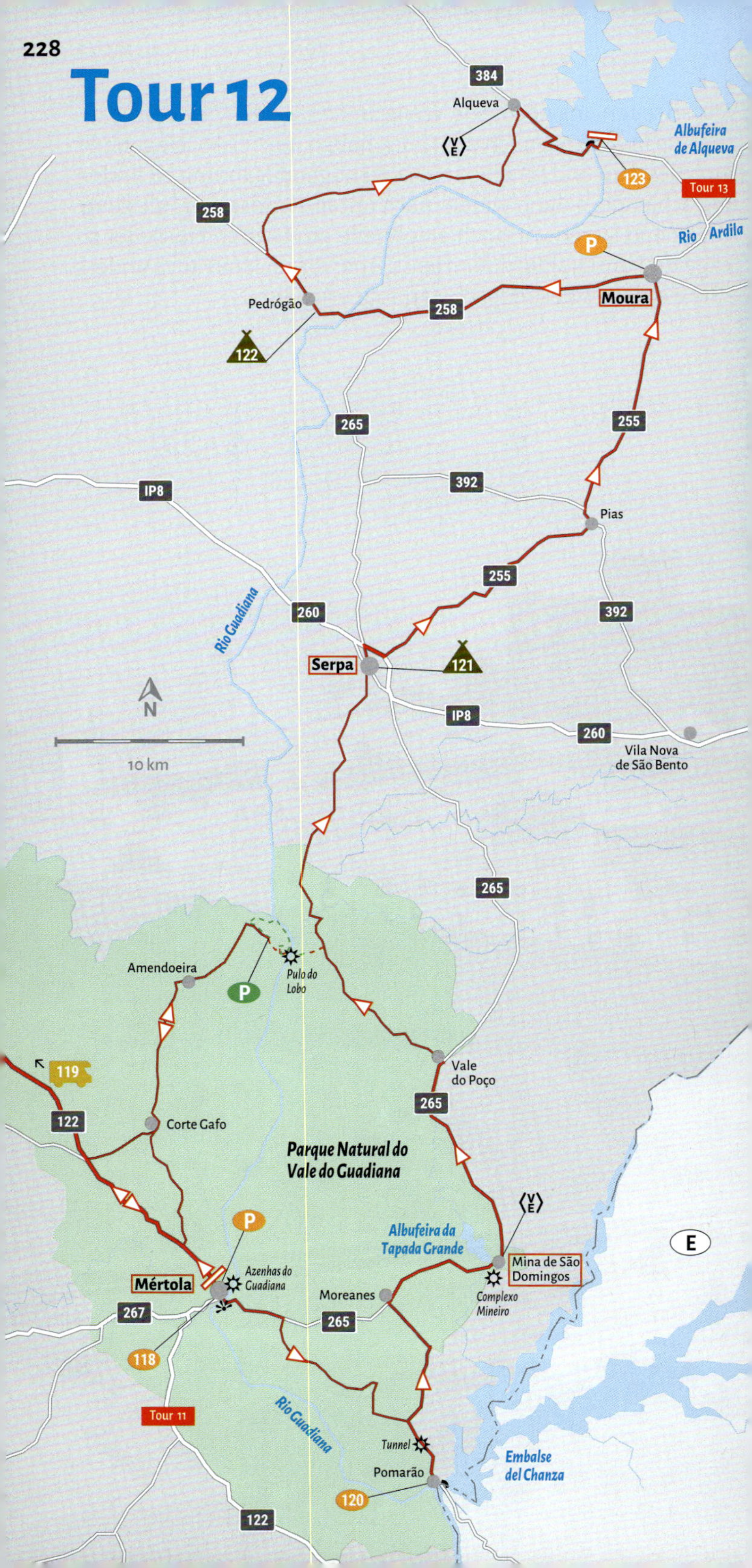
384
Alqueva
Albufeira de Alqueva
123
Tour 13
258
Rio Ardila
P
Moura
Pedrógão
258
122
265
255
IP8
392
Pias
255
Rio Guadiana
260
392
Serpa
121
N
IP8
260
10 km
Vila Nova de São Bento
265
Amendoeira
P
Pulo do Lobo
Vale do Poço
119
265
122
Corte Gafo
Parque Natural do Vale do Guadiana
P
Albufeira da Tapada Grande
Mina de São Domingos
E
Mértola
Azenhas do Guadiana
Moreanes
Complexo Mineiro
267
265
118
Tour 11
Rio Guadiana
Tunnel
Pomarão
Embalse del Chanza
120
122

Unterwegs im Grenzland Von Mértola zum Alqueva-Stausee

195 km

Kupfererz und Oliven – so könnte diese Tour ganz im Osten des Landes auch heißen. Die Ruhe und die Weite dieser dünn besiedelten Gegend werden Sie bestimmt auch in ihren Bann ziehen. Wer Natur liebt, kommt hier voll auf seine Kosten, aber auch die alten, verlassenen Tagebaustätten sind faszinierend. Entdecken Sie mit mir:

- **West- oder Ostufer des Pulo do Lobo**
- **Mina de São Domingos**
- **Serpa**
- **Moura**
- **Alqueva-Staudamm**

Wie versprochen möchten wir heute zuerst einmal der Sache mit dem Rio Guadiana, der sich auch in ein wildschäumendes Ungeheuer verwandeln kann, nachgehen. *Der **Pulo do Lobo** (Wolfssprung), eine dramatische Engstelle des Rio Guadiana, liegt gut 20 Kilometer nördlich von Mértola*. Zwei Wege führen dorthin:

Eine gut zu fahrende, fast durchgehend befestigte Straße im Westen des Flusses, die auf unserer Tour allerdings einen »Umweg« darstellt und sich zudem als Sackgasse erweist, oder ein Zufahrtsweg am Ostufer, dessen letzte beiden Kilometer in schlechtem Zustand sein können.

Zuerst die westliche Variante: Wir verlassen Mértola auf der N122 Richtung Beja und staunen dann gleich nicht schlecht, als ein Warnschild am Straßenrand auf Luchse hinweist. Es handelt sich um den **Iberischen Luchs** (Pardelluchs), der hier ausgewildert wurde. Seit 2016 werden auch wieder Wildgeburten im Vale do Guadiana registriert, die Population wächst.

Auf dem Weg zum Pulo do Lobo

Traumlandschaft beim Pulo do Lobo

Es geht nach rechts, der braunen Beschilderung folgend. Die sanft hügelige Landschaft ist ein Traum – blühende Wiesen, Schafe, Esel, Kühe, alles erscheint so herrlich friedlich. Die großartigen Weitblicke, der endlos scheinende Himmel und die Ruhe faszinieren uns schon wieder völlig.

Wir umfahren Corte Gafo und kurven durch Amendoeira da Serra. In einer Rechtskurve steht die Tafel zur unten beschriebenen Wanderung, 750 Meter weiter liegt der Parkplatz:

TOUR 12

P Pulo do Lobo – Westufer

GPS: N 37°48'37" W 07°38'41". **Max. WOMOs**: 2. **Ausstattung**: Keine. **Beschreibung**: Kleiner, leicht schräger, befestigter Parkplatz, schattenlos. Außerorts gelegen, einsam, Gutshof in Sichtweite. **Zufahrt**: Von der N122 von Mértola kommend rechts, dann noch ca. 23 km.

Rundwanderung zur Wassermühle und zum Pulo do Lobo

Weglänge 5,5 km, Gehzeit ca. 2 Stunden, Markierung PR9 rot-gelb.

Wir gehen zurück entlang der Straße bis zur Wandertafel in der Kurve und dort geradeaus weiter. Der anfangs breite Sandweg knickt nach rechts und wird zum schmalen Pfad, der teilweise steil bergab führt. Hier erreichen wir die Reste einer Wassermühle. Parallel zum Rio Guadiana geht es dann auf einem schmalen, teils steinigen, relativ ebenen Pfad flussabwärts bis zum Pulo do Lobo. Ab hier marschieren wir auf dem breiten, unbefestigten Fahrweg stets bergauf zurück zum Parkplatz (etwa 100 Höhenmeter).

Natürlich kann man auch einfach direkt vom Parkplatz zum **Pulo do Lobo** hin und wieder zurück gehen (etwa drei Kilometer). Die Fahrt hinunter empfehlen wir dagegen nur kleinen, PS-starken WOMOs. Der breite Sandweg führt über Privatgrund, darf jedoch befahren werden, ist aber stellenweise recht steil. Unterwegs gibt es zwei weitere Park- bzw. Wendemöglichkeiten, ebenso unten.

Dort, am »Ort des Geschehens« findet man Picknickbänke, jedoch keinen Handy-Empfang. Zu sehen gibt es aber zunächst überhaupt nichts, nur ein wildes Rauschen lenkt unseren Blick Richtung Unterwelt. *Der Fluss hat sich in grotesker Weise durch senkrecht stehende Felsplatten gefressen, gurgelt und schäumt zwischen bizarren Felstürmen, riesige Strudeltöpfe auswaschend und letztendlich über zehn Meter in die Tiefe stürzend*. Ein Betonweg führt zu einer Aussichtsplattform; die restlichen Bereiche sollte man wegen der glattgeschliffenen Steine besser meiden.

Pulo do Lobo – es rauscht, spritzt und schäumt zwischen den Felsen

Seitdem wir einen Tipp für eine außergewöhnliche Weinprobe erhalten (aber noch nicht persönlich ausprobiert) haben, werden wir das nächste Mal auf keinen Fall sofort nach Mértola zurückdüsen, sondern einen kleinen Schlenker einbauen. Fahren Sie in Corte Gafo geradeaus weiter Richtung Beja und auf der N122 dann noch 17,5 Kilometer nach Norden:

119

Die ***Herdade Foz da Represa*** bietet in stilvoller Umgebung Verköstigungen mit verschiedenen Weinen aus der Umgebung an, dazu kann man Snacks und Fingerfood bestellen. Die Gastgeber sind zwei sympathische Niederländer, die großen Wert darauf legen, dass Ihre Gäste eine schöne Zeit bei Ihnen verbringen. Und anschließend können Sie auch über Nacht hier stehen! Voranmeldung notwendig (auf Deutsch möglich, 00351 961 239356), www.hfrresort.com. **GPS**: N 37°49'07" W 07°51'36".

Am Rand von Mértola gibt es ebenfalls ein idyllisches Plätzchen am Rio Guadiana zu entdecken: Am großen Kreisverkehr vor der Brücke über den Fluss biegen wir nach links (Richtung *Escola*). Vorbei am **Schwimmbad** und der Schule geht es am Ortsende rechts. Kleine WOMOs können direkt bis zum Parkplatz am Ufer fahren (schauen Sie sich den unbefestigten Weg vorher an, N 37°38'48" W 07°39'09"), große parkt man besser entlang der befestigten Straße und geht die letzten 300 Meter zu Fuß.

TOUR 12

*Die **Azenhas do Guadiana** sind mehrere Wassermühlen, die im Randbereich des Flusses errichtet wurden.* Auch die Umgebung ist wunderschön, man kann auf die Inseln spazieren und herrlich im Fluss planschen. Und wenn Sie etwas zu essen mitbringen, können Sie es sich an einer der Picknickbänke gemütlich machen.

Azenhas do Guadiana bei Mértola

Pomarão an der portugiesisch-spanischen Grenze

Mértola verlassen wir nun endgültig auf der N265 Richtung Osten. Gleich nach der Brücke über den Rio Guadiana lohnt es sich, rechts zu stoppen und noch einmal den herrlichen Blick auf die malerische Stadt, gekrönt von der Festung, zu genießen. Gemütlich kurvt die Straße bergan und wir entschließen uns, hier im einsamen portugiesisch-spanischen Grenzgebiet noch einmal einen Schlenker nach Süden einzubauen. Bereits nach vier Kilometern blinken wir daher rechts. Anfangs ist die Straße breit und neu, dann geht es schmal auf rauem Asphalt weiter.

Ein paar winzige Weiler liegen entlang der Strecke, aber ansonsten ist hier wirklich der Hund begraben. Selbst die Fußballplätze scheinen schon lange nicht mehr genutzt zu werden, rostige Tore stehen oder liegen verlassen im hohen Gras. Unser kleines Sträßchen mündet schließlich in eine etwas breitere Teerstraße, dort halten wir uns rechts. Windräder reihen sich am Horizont, sie stehen allesamt bereits hinter der Grenze. Oberhalb des Dörfchens **Pomarão** erhebt sich die gewaltige Staumauer des Embalse del Chanza, auf der anderen Seite der Brücke beginnt Spanien.

120 Pomarão – Ribeira de Chança

GPS: N 37°33'23" W 07°31'34". **Max. WOMOs**: 10. **Ausstattung**: Keine. Öffentliches WC und Dusche an der Straße. **Beschreibung**: Großer, ebener Platz, unbefestigt und schattenlos, sehr ruhig. Direkt am Fluss gelegen, Restaurant und Café/Bar fußläufig. **Zufahrt**: In Pomarão unmittelbar vor der Brücke rechts (scharfe Kurve!). 200 m bergab (schmale Gasse), dann links.

Hier wurde das Erz verladen, das in den Minen von São Domingos, unserem nächsten Ziel, gefördert wurde. Eine etwa 18 Kilometer lange Bahnlinie führte einst hierher. Die Reste der Verlade-

Einst ratterten hier erzbeladene Züge entlang

rampe stehen noch, die Schienen sind demontiert, aber die Trasse lässt sich noch gut verfolgen. *Sogar einen alten Tunnel mit gemauertem Gewölbe haben wir noch entdeckt:* Bei der Fahrt zurück zur N265, etwa 2,8 Kilometer hinter Pomarão, können Sie das WOMO an einem unbefestigten Abzweig rechts parken (N 37°34'38" W 07°31'55"). Folgt man von hier aus der Straße noch 70 Meter nach Norden und marschiert dann rechts auf dem Feldweg über den Hügel, so stößt man dort auf die alte Bahnlinie – und entdeckt links den alten **Tunnel** unter der Straße hindurch!

Am Ortsende von Moreanes treffen wir wieder auf die N256. Gegenüber, in der Nähe der kleinen Kapelle, gibt es einen Brunnen und die Möglichkeit für ein bisschen Gymnastik beim kleinen Fitnessgeräte-Park.

Im Schatten zahlreicher Eukalyptusbäume rollen wir gemütlich weiter und bewundern dabei die zahlreichen Storchennester, die fast jeden Strommast krönen. Wenig später erreichen wir unser nächstes Ziel:

Ein Mast für jeden Storch

Mina de São Domingos

Bereits am Ortseingang des historischen Bergbauorts erwartet uns die erste Attraktion des Minenstädtchens: *Ein Stausee mit Badestrand, WC, Dusche, Liegewiese, Picknickbänke und eine Snackbar – perfekt für eine Abkühlung im heißen Alentejo*! Parken dürfen Sie mit dem WOMO allerdings nicht mehr auf dem ausgewiesenen Parkplatz, Sie müssen sich also bereits an der Zufahrtsstraße eine Möglichkeit suchen (es ist ausreichend Platz vorhanden).

Die strahlend weiße Kirche von São Domingos

An der Hauptstraße (rechte Seite) gibt es außerdem eine **Ver- und Entsorgungsstation** (N 37°40'17" W 07°30'02"). Mitten im Ort, etwas erhaben, thront die blendend weiße **Kirche**, gegenüber ein öffentliches WC mit Duschen. Das Gotteshaus ist, gemessen an der Dorfgröße, erstaunlich groß. Wir vermuten, dass die Minenarbeiter und ihre Familien aus dem Glauben Kraft für ihre schwere und gefährliche Arbeit geschöpft haben.

Das faszinierende Industriedenkmal umfasst zahlreiche Ruinen und den gewaltigen Krater des 1966 stillgelegten Kupfererztagebaus

Biegt man hier rechts (nur bis 3,5 Tonnen erlaubt!), so gelangt man zwischen den winzigen eingeschossigen Häuschen der Bergarbeiter hindurch zu den **Minen** (***Complexo Mineiro***). Das faszinierende Industriedenkmal umfasst zahlreiche Ruinen und den gewaltigen Krater des 1966 stillgelegten **Kupfererztagebaus**. Der Grund der Grube ist mit Wasser vollgelaufen und gleicht einem Vulkansee. Die abgetreppten Uferwände schimmern in allen möglichen Farben: Gelb und Ocker, Rot und Rostbraun, ein paar diverse Grüntöne, schließlich Grau und Schwarz. Was hier alles vergiftet ist, möchten wir lieber nicht wissen... Auf einem angelegten Rundweg kann man das faszinierende Gelände erkunden, Informationstafeln geben auf Portugiesisch und Englisch anschaulich Auskunft über den Ursprung der verfallenen Gebäude. Haben Sie ein einigermaßen geländetaugliches Fahrrad dabei? Dann können Sie das weitläufige Gebiet abfahren und dabei weitere spannende Entdeckungen machen. Mehr Informationen zum Alltag der Arbeiter erhält man im **Mini-Museum** (***Casa do Mineiro***, *Mo.–Fr. 9:00–12:30 und 14:00—17:30 Uhr, Eintritt frei*).

Bizarre Fabrikruinen

...und kleine Minenarbeiterhäuschen

Unsere Fahrt führt uns weiter nach Norden, unser Ziel heißt Serpa. Wer die Naturgewalt des **Pulo do Lobo** noch nicht vom Westufer aus erlebt hat, bekommt nun eine zweite Chance.

Wenig vertrauenserweckend: Die Holztreppe am Ostufer des Pulo do Lobo

Bei Vale do Poço biegen wir von der eukalyptusgesäumten N265 nach links ab und folgen wieder einmal braunen Schildern. *Das Sträßchen schlängelt sich zwischen Weiden hindurch, auf denen Wellblechhütten für die zahlreich herumspazierenden schwarzen Schweine aufgestellt sind*. Langsam tuckern wir in weiten Schwüngen über die Hügel und erfreuen uns an der ländlichen Idylle ringsum.

Knapp 10 Kilometer sind es bis zum Abzweig, von dem aus es noch knapp zwei Kilometer unbefestigt bis zum Aussichtspunkt hoch über dem **Ostufer des Guadiana** geht. Dieses letzte Wegstück ist eventuell in schlechtem Zustand (je nach Witterung bzw. Jahreszeit), manchmal ausgewaschen und teilweise etwas steil. Es gibt aber immer wieder Ausweichstellen zum Drehen oder Abstellen des WOMOs. Am Ende des Wegs erreicht man einen relativ ebenen, einsamen Parkplatz (N 37°48'23" W 07°37'46"). Von hier aus hat man nicht nur einen tollen Blick auf das tief eingeschnittene Tal des Rio Guadiana, sondern man kann auch auf einem Treppenweg zum Fluss hinabsteigen (etwa eine halbe Stunde reine Gehzeit hin und zurück). Bereits 2023 ist die nur zwei Jahre alte Treppe aber in keinem guten Zustand mehr, wir bevorzugen den steilen Sandweg...

Folgt man der befestigten Straße weiter gen Norden, so erreicht man nach weiteren 17,5 Kilometern unser nächstes Ziel, das uns ausgesprochen gut gefällt.

Serpa

Serpa (5.600 Einwohner)

121 Serpa – *Camping Municipal*

GPS/Kontakt: N 37°56'30" W 07°36'11", Tel. 00351 284 540193. **Öffnungszeit**: Ganzjährig. **Ausstattung**: Picknickbänke. Öffentliches Freibad gegenüber, darf kostenlos genutzt werden. **Beschreibung**: Einfacher, sympathischer Platz, unbefestigt und mit vielen Schattenbäumen. Am westlichen Ortsrand gelegen, Innenstadt fußläufig (ca. 600 m zum Stadttor). Restaurant und Markt nahebei. **Preis**: 10 €. **Zufahrt**: Von Süden kommend beim 1.Kreisverkehr mit den rostigen Schafen links, beim nächsten rechts. Nach 250 m links. **Hinweis**: Die Kapazität wird mit 6 WOMOs angegeben, der restliche Platz wird für Zelte freigehalten. Wir haben Platz bekommen, auch als schon mehr als 6 WOMOs da waren.

Frisch ausgeruht machen wir uns am nächsten Morgen zu Fuß auf den Weg in das mittelalterliche Zentrum des Provinzstädtchens. Wir marschieren geradewegs zur Stadtmauer, die von einem eleganten **Aquädukt** gekrönt wird, welches zur **Burg** führt.

Am anderen Ende entdecken wir eine turmartige Hebeanlage aus dem 17. Jahrhundert und versuchen die Funktion zu verstehen: *Scheinbar hievten Tonkrüge, die an Endlosschleifen aus Tauen hingen, das Brunnenwasser auf die Höhe des Aquädukts;* zwei hölzerne Getrieberäder sorgten für den Antrieb, dessen Kraft wohl von einem armen Esel oder noch ärmeren Gefangenen gestammt haben mag.

Bevor wir durch das von zwei zinnengekrönten Rundtürmen flankierte **Stadttor Porta de Beja** die Altstadt betreten, bewundern wir noch den schönen **Brunnen** mit marmorner Zipfelmütze auf dem kleinen Platz davor. Innerhalb der Mauern geht es nach links hinauf zur **Burg mit archäologischem Museum** *(täglich außer Mo. 9:30–12:30 und 14:00–17:30 Uhr).*

Blick von der Burg über Serpa

Wasser auf Stelzen

Wir hoffen, dass der gewaltige Brocken, der über dem Eingangstor klemmt, nicht gerade jetzt herunterkracht und wagen uns tapfer hinein in die Burg. Etwas Mut braucht man auch für die Besteigung der Mauern: Von oben kann man fantastische Blicke über ganz Serpa und in die Umgebung genießen, die steilen, ausgetretenen Treppen hinauf bzw. die Geländer (sofern überhaupt vorhanden) würden jedoch jedem deutschen Sicherheitsbeauftragten die Haare zu Berge stehen lassen...

Unmittelbar vor der Burg steht die **Igreja de Santa Maria**, die bei unserem Besuch jedoch geschlossen ist. Gegenüber der Kirche schlägt eine große Uhr aus dem 14. Jahrhundert. Bei diesem Turm führen breite Stufen hinab zum *Praça da República*, wo wir uns in einem Café zuerst einmal mit ***Queijadas*** (einer Art Mini-Käsekuchen aus Frischkäse, sehr lecker!) stärken, bevor wir weiter schlendern. Wir entdecken einige kleine Geschäfte, in denen regionale Produkte verkauft werden, unter anderem eine **Käserei** *(Queijaria Tradiserpa)*, in der wir uns mit dem in ganz Portugal bekannten ***Queijo da Serpa*** eindecken.

Die N255 führt uns von Serpa in Richtung Moura. Nicht nur die Landschaft verändert sich – *statt Wiesen, Weiden und Felder prägen nun Olivenbaumplantagen und Rebland das Landschaftsbild*. Anscheinend besitzt auch fast jedes Dorf hier

Hier muss man durch...

eine eigene Stierkampfarena und seltsamerweise werden die Straßenschilder nun plötzlich so klein, dass wir die Vermutung hegen, dass in dieser Gegend leidenschaftliche Karottenesser leben – wir können beim Fahren jedenfalls gar nichts mehr entziffern.

Auf halber Strecke nach Moura durchfahren wir **Pias** mit seinen weiß getünchten, niedrigen Häuser. *Der Ort ist bekannt für seine hervorragenden Weine*. In der fruchtbaren Gegend gesellen sich nun Pfirsich- und Mandelbäume zu den Oliven und den Trauben, und in jeder Senke ist ein Stausee angelegt.

Moura (6.900 Einwohner)

Wie kommt die Stadt zu diesem ungewöhnlichen Namen?

Eigenartig, eine Stadt Maurin *(Moura)* zu nennen. Wer das Stadtwappen genau betrachtet, kommt der Sache näher: Eine weibliche Gestalt liegt tot am Fuß eines Turms. Die Legende erzählt von Salúquia, der Tochter des maurischen Stadtherrn. Am Hochzeitstag erschien nicht ihr Bräutigam mit seinem Gefolge in der Stadt, sondern eine Bande von Christen in den Kleidern der zuvor getöteten Festgesellschaft. Mühelos überlisteten sie die Wachen und eroberten die Stadt. Die Braut Salúquia stürzte sich daraufhin verzweifelt in die Tiefe...

So eine Geschichte macht neugierig, natürlich legen wir in **Moura** einen Stopp ein! Sich in der Stadt zurecht zu finden ist aber gar nicht so einfach, hier kommen nämlich wieder die kleinen Ausschilderungen ins Spiel. Folgen Sie einfach unserer Beschreibung:

Bereits am Ortseingang, gegenüber vom Friedhof, biegen wir rechts in Richtung Barrancos. Nach 150 Metern kann man sich rechts bei der ***Cooperativa Agrícola de Moura Barrancos*** mit Olivenöl eindecken *(8:00–12:30 und 14:00–17:30 Uhr)*. *Die verschiedenen Öle können getestet werden*, Öltrinken ist aber nicht jedermanns Sache, vielleicht bringen Sie sich einfach ein Stückchen Brot mit *(5 Liter 21–29 €, nur Barzahlung möglich)*. Zugegebenermaßen gibt es das Öl auch im Supermarkt zu kaufen, aber der Direkteinkauf ist doch viel netter. Oldtimerfans sollten übrigens einen Blick in das Schaufenster gegenüber der Einfahrt zur Kooperative werfen!

In der Ölkooperative in Moura

Gasse in Moura

Nochmals 160 Meter weiter weist das Schildchen »Barragem Alqueva« zuerst nach links und bei der Tankstelle gleich wieder nach rechts. Dann folgen wir der Straße gut 900 Meter (links Supermärkte), bevor wir schließlich rechts unterhalb der Burg wieder auf die N255 treffen. Wir biegen links ab und parken am linken Straßenrand.

P Moura – N 38°08'42" W 07°27'00"

Die Sehenswürdigkeiten von Moura können Sie sternförmig mit wenigen Schritten erreichen. Wir beginnen im Osten der Burg (Straße beim Schwimmbad), beim stadtseitigen Parkeingang.

In der Außenmauer der Bibliothek ist der **Fonte das Três Bicas** eingebaut, ein Marmorbrunnen mit drei speienden Mäulern und dem Stadtwappen. Gegenüber kann man das prächtige manuelinische Portal der **Kirche São João Baptista** bewundern. Der Chor und die beiden Seitenkapellen sind mit dunkelblauen und gelben sevillanischen Azulejos ausgekleidet.

Mitten im schattigen **Stadtpark** *(Jardim Doutor Santiago)* steht ein herrlich nostalgischer Pavillon, Fadomusik erklingt aus

Fonte das Três Bicas

den Lautsprechern und man kann schön zwischen Wasserspielen, Blumenbeeten und unter Palmen entlangschlendern. Am Ende des Parks kommen die Kleinen auf einem gut ausgestatteten Spielplatz auf ihre Kosten.

Nostalgie pur – der Pavillon im Stadtpark von Moura

Bummelt man die Straße südlich der Burg entlang, so gelangt man zum **Santa-Comba-Brunnen**. Rechts daneben geht es hinauf zur ursprünglich **maurischen Burg** *(täglich 9:00–12:30 und 14:00–18:00 Uhr, im Winter bis 17:30 Uhr)*. Von hier oben kann man herrlich die Stadt überblicken.

Gegenüber dem Brunnen liegt die ***Mouraría****, die verwinkelte Altstadt mit weißen Häuschen, die fast erdrückt werden von den breiten Schornsteinen der offenen Kamine*. Wir folgen dem Schild »**Poço Árabe**« in eines dieser Gässchen. Nach 100 Metern, auf dem kleinen *Largo da Mouraria*, gibt es im Eckhaus einen sieben Meter tiefen arabischen Brunnen, der uns an einen bodenlosen Tontopf erinnert, zu bewundern. Apropos Tontopf: Auch in den engen Gassen stehen und hängen überall liebevoll bepflanzte Gefäße, es duftet nach Orangen, Kräutern und Blumen.

Geht man vom **Santa-Comba-Brunnen** nach links bergab, so erreicht man 70 Meter nach dem Überqueren der Hauptstraße das älteste **Karmeliterkloster** Portugals (***Convento do Carmo***) aus dem Jahr 1251. Sehenswert ist in der Klosterkirche vor allem das ausgemalte Deckengewölbe des Chores. Der angrenzende Kreuzgang ist leider verwildert und verfällt.

Zum Übernachten können wir in Moura leider kein ansprechendes Plätzchen finden, aber Richtung Westen wird fündig, wer einen Campingplatz sucht:

122 Pedrogão – *Alqueva Rural Eco Camping*

GPS/Kontakt: N 38°07'02" W 07°38'08", Tel. 00351 213 552070, www.alquevaruralcampingpark.com. **Öffnungszeit**: Ganzjährig. **Ausstattung**: Naturteich zum Schwimmen, Streichelzoo, Picknickbänke. Strom nur zum Aufladen von Handy oder Laptop verfügbar! **Beschreibung**: Naturnah belassenes Gelände mit gekiestem Bereich für WOMOs, einzelne Schattenbäume. Außerorts, an der N258 gelegen, Pedrogão ca. 1,3 km entfernt (dort Supermarkt und Restaurant). **Preis**: 18–20 €. **Zufahrt**: Von Moura auf der N258 Richtung Vidigueira, nach dem Überqueren des aufgestauten Rio Guadiana links (16,5 km ab Moura).

Von hier aus düsen wir auf einer kleinen, teils auch schlechten Straße durch eine einsame, von Plantagen geprägte Landschaft zum Alqueva-Stausee. Westlich von Pedrogão biegen wir nach rechts (anfangs Richtung Marmelar, dann Alqueva).
In Alqueva finden Sie eine kostenlose **Ver- und Entsorgungsstation** (N 38°12'50" W 07°32'19").

Auf der N255 fahren wir dann wieder nach Osten und erreichen wenig später einen der größten Stauseen Europas, der uns auch auf der folgenden Tour noch begleiten wird.

Albufeira de Alqueva

Mit einer Ausdehnung von 250 Quadratkilometern, einer Länge von 85 Kilometern und etwa 1.200 Kilometer Küstenlinie ist er der größte Stausee Portugals (manche Quellen sprechen gar vom größten Stausee Europas). Inmitten der flirrenden Hitze des trockenen Alentejo denkt man fast an eine Fata Morgana. Der **Rio Guadiana**, der über viele Kilometer die Grenze zwischen Portugal und Spanien markiert, wurde im Jahr 2002 aufgestaut, nachdem bereits seit 1957 Planungsüberlegungen hierzu im Gange waren. Die intensive Landwirtschaft, die sich mittlerweile hier angesiedelt hat, hängt auf Gedeih und Verderb an seinem Wasser.

Die Straße führt direkt über die fast 460 Meter lange Staumauer, die einige Haltebuchten bietet (die beste Möglichkeit für einen Stopp gibt es am Ende links).

Wir beenden unseren Tag hinter dem Staudamm, wo wir vor Jahren ein hübsches Plätzchen entdeckt haben, dessen Zukunft momentan aber noch nicht ganz klar ist:

123 Albufeira de Alqueva – Südufer

GPS: N 38°12'04" W 07°29'15". **Max. WOMOs**: >5. **Ausstattung**: Momentan keine (Baustelle). **Beschreibung**: Ebener Parkplatz mit Schattenbäumen am Rand, unbefestigt, ruhig, nachts einsam (toller Sternenhimmel!). Direkt am Seeufer bei der Marina, die auch Startpunkt von Bootstouren ist. **Zufahrt**: Beim Kreisverkehr 500 m nach der Staumauer links (Richtung Marina), noch 300 m. **Hinweis**: Bei unserem Besuch 2023 sind hier Bauarbeiten im Gange.

TOUR 12

Faszinierendes Alentejo , zu jeder Jahres- und Tageszeit

Tour 13

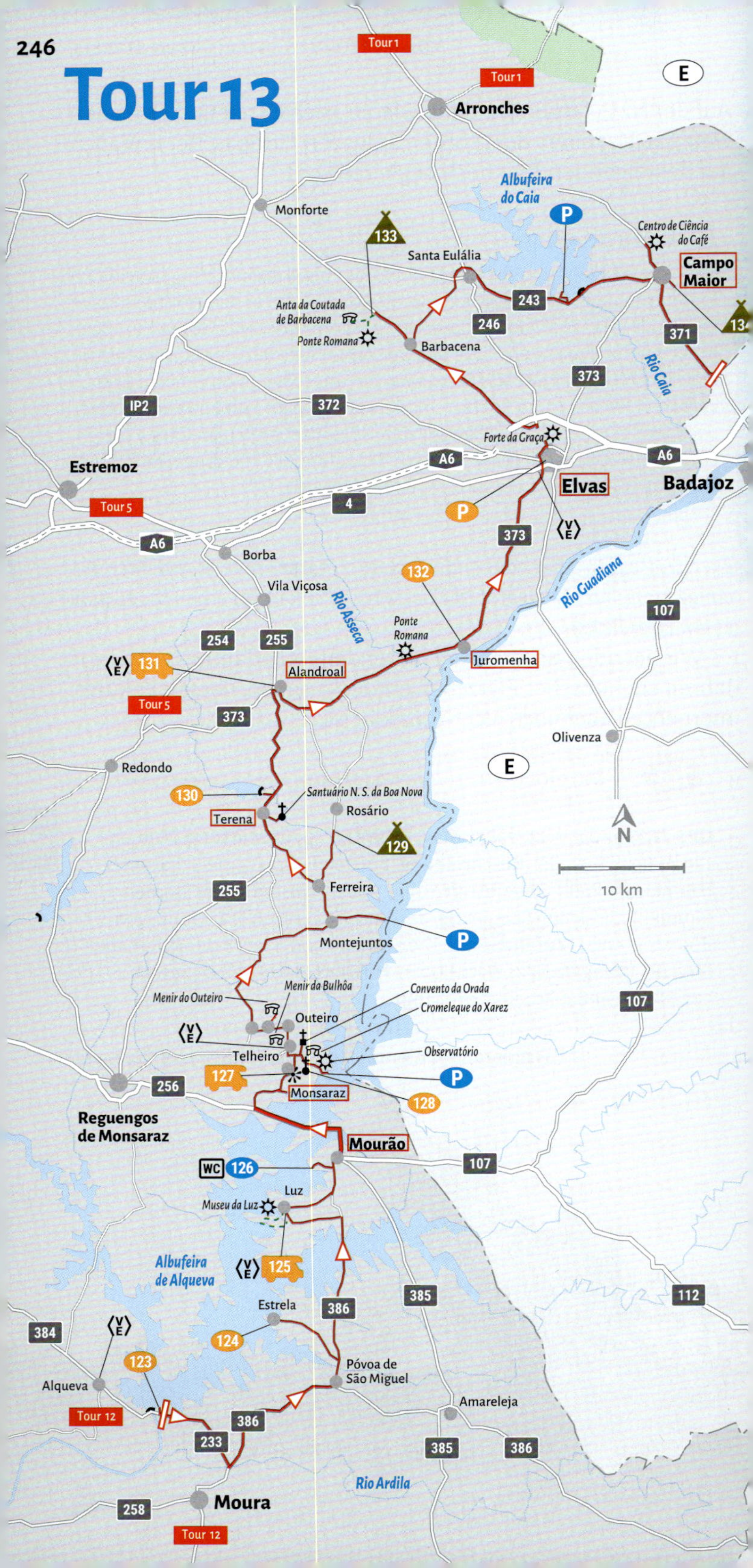
Tour 1
Tour 1
Arronches
E
Albufeira do Caia
P
Monforte
133
Centro de Ciência do Café
Santa Eulália
Campo Maior
243
Anta da Coutada de Barbacena
246
Ponte Romana
Barbacena
371
Rio Caia
373
IP2
372
Forte da Graça
A6
A6
Estremoz
Elvas
Badajoz
Tour 5
4
P
A6
373
Borba
132
Vila Viçosa
Rio Asseca
Rio Guadiana
107
Ponte Romana
254
255
131
Juromenha
Alandroal
Tour 5
373
Olivenza
Redondo
E
130
Santuário N. S. da Boa Nova
Terena
Rosário
129
N
255
Ferreira
10 km
P
Montejuntos
Convento da Orada
Menir da Bulhôa
Cromeleque do Xarez
Menir do Outeiro
107
Outeiro
Observatório
Telheiro
127
P
256
Monsaraz
128
Reguengos de Monsaraz
Mourão
107
WC
126
Luz
Museu da Luz
Albufeira de Alqueva
125
385
112
Estrela
386
384
124
123
Póvoa de São Miguel
Alqueva
Amareleja
Tour 12
386
233
385
386
Rio Ardila
258
Moura
Tour 12

Seen und Festungen
Vom Alqueva-Stausee nach Campo Maior
250 km

Egal, was man vom Alqueva-Projekt hält, die Lage des Stausees ist einfach grandios und Sie dürfen dies noch einmal ausführlich genießen. Burgen und Festungen reihen sich entlang der spanischen Grenze wie Perlen an der Kette auf und gipfeln schließlich in Elvas in einem der weltgrößten noch erhaltenen Bollwerke. Die Höhepunkte dieser letzten Tour sind:

- **Museum von Luz**
- **Monsaraz**
- **Terena**
- **Juromenha**
- **Elvas**

Der Alqueva-Stausee, der auf der Landkarte so unglaublich zerfranst aussieht, reizt natürlich zur Erkundung. Von unserem Parkplatz am Südufer fahren wir zuerst Richtung Moura zurück. Noch vor der Brücke über den Rio Ardila geht es dann jedoch links. Alles hier ist still, geradezu verschlafen; wie schön, endlich einmal wieder das Alentejo so zu sehen, wie es immer war. Nur dösende Pferde und gemütlich wiederkäuende Kühe bevölkern die Weiden. Zu früh gefreut, noch vor dem nächsten Dorf sind wir wieder im öden Plantagenland. **Póvoa de São Miguel** macht einen ärmlichen Eindruck, hier scheint nichts von dem durch den Bau des Staudamms erhofften Aufschwung angekommen zu sein.

Hinter dem Dorf überqueren wir einen kleinen Zufluss des Albufeira de Alqueva, dann wollen wir sehen, ob uns **Estrela**, das direkt am Seeufer liegt, etwas Besonderes bieten kann. Das Dorf am Ende einer Sackgasse ist ebenfalls wie ausgestorben, perfekt für Ruhesuchende!

124 Estrela

GPS: N 38°15'59" W 07°23'20". **Max. WOMOs**: 2. **Ausstattung**: Picknickbänke auf dem Hügel gegenüber. **Beschreibung**: Unbefestigter, schattenloser Platz auf einer Halbinsel mit tollem Seeblick. Am Dorfrand gelegen, einsam und sehr ruhig. Durch die ausgesetzte Lage kann es schnell sehr windig hier werden! **Zufahrt**: In Estrela beim kleinen Platz links, der Straße bis zum Ende folgen.

Replikat der Kirche des untergegangenen Dorfes Luz

Zurück auf der M386 überqueren wir wenig später einen Seitenarm des Stausees, der still und heute ganz glatt inmitten einer fast mystischen Landschaft liegt.

Luz (300 Einwohner)

Auch in das nächste Dorf müssen wir natürlich einen Blick werfen – und das nicht nur, weil uns ein WOMO-Schild dorthin lockt. *Der ursprüngliche Ort versank am 8. Februar 2002 in den Fluten des neuen Sees* – das, was heute hier steht, ist nur ein »Nachbau«. Das ziemlich aufgeräumte, gar zu einheitliche Straßenbild, die geraden Straßen, alles wirkt schon ein bisschen künstlich. Vieles von dem, was der Dorfbevölkerung damals von Seiten der Politiker versprochen wurde, insbesondere der »große Aufschwung und die blühende Zukunft«, lassen bis heute auf sich Warten. Das große Plus des Retortendorfes ist für uns die Lage, das **Museu da Luz** und der Stellplatz.

125 Luz

GPS: N 38°20'35" W 07°22'27". **Max. WOMOs**: 8. **Öffnungszeit**: Ganzjährig. **Ausstattung**: Ver- und Entsorgung, Strom. **Beschreibung**: Eingezäunter Platz mit Schranke, Stellplätze unbefestigt, schattenlos, sauber und ruhig. Am südlichen Dorfrand gelegen, neben der Stierkampfarena. Bäckerei, Minimarkt und Bar fußläufig. **Preis**: 5 €. **Zufahrt**: Von der Straße nach Mourão dem ersten Abzweig nach links Richtung Luz folgen. Am Ortseingang bei der Stierkampfarena links. **Hinweis**: Der Zugang soll zukünftig wohl ebenfalls über die Registrierung unter outdoor-routes.pt erfolgen, s. Platz 131. Die Bezahlung ist dann nur noch mit Kreditkarte möglich!

In dem kleinen Museum gibt es Fotos und Filme der Dorfbewohner vor und während der Umsiedlung zu sehen, außerdem sind zahlreiche Gegenstände aus dem Alltagsleben vor dem Untergang ausgestellt. Sehr interessant, auch wenn das Ganze von der Betreiberfirma des Staudammprojekts finanziert ist *(täglich außer Mo. 10:00–13:00 und 14:30–18:30 Uhr, im Winter 9:30–13:00 und 14:30–17:30 Uhr, 2 €).*

Fahrrad-Rundweg zum alten Dorf Luz

Radelstrecke 10 km, Markierung PR2.

Wir starten vom Parkplatz des Museums, vorbei am Nachbau der alten Dorfkirche, und schwenken auf der Straße nach rechts. Nach 300 Metern zweigt nach rechts ein Feldweg (Feinschotter) ab, dem wir folgen. In der Olivenplantage biegen wir bei erster Möglichkeit nochmals nach rechts und radeln, bis wir auf die Asphaltstraße, die einst ins Dorf führte, stoßen. Dort biegen wir nach rechts in Richtung See. Immer geradeaus würden wir nun im Wasser landen, daher kurven wir rechts auf eine Landzunge. Hier, in Richtung der kleinen Insel, standen bis 2002 die Häuser von Luz.

Zurück auf der Asphaltstraße radeln wir bis zu einer Kreuzung, wo wir nach links biegen. Bereits nach 1,3 Kilometern stoßen wir auf die Straße, die ins neue Luz führt. Wir folgen ihr nach links und gelangen, vorbei am Stellplatz, wieder zum Museumsparkplatz.

Es wäre ein Katzensprung nach Mourão, wenn wir nicht vorher schon wieder dem Ruf des Wassers folgen würden…

126 Mourão – Praia Fluvial

TOUR 13

GPS: N 38°22'14" W 07°21'10". **Max. WOMOs**: 10. **Ausstattung**: WC, Dusche, Snackbar, Wasserrutsche, Badestrand, Liegewiese, Spielplatz (alle Einrichtungen etwa 300 m entfernt). **Beschreibung**: Unbefestigter Wiesenplatz, bei länger anhaltendem Regenwetter nicht anfahrbar. Außerorts, am Seeufer gelegen. **Zufahrt**: Beim Kreisverkehr vor Mourão links, ebenso beim nächsten. **Hinweis**: Nur zum Übernachten oder bei Regen können Sie es auch auf dem offiziellen Parkplatz (ca. 300 m weiter) versuchen.

Die Burg von Mourão thront über dem Städtchen

Mourão (1.500 Einwohner)

Die Kleinstadt wird überragt von einer sehenswerten mittelalterlichen Burg mit ringsum intakter Mauer und einer eingebauten Kirche. Die ursprünglich im 14. Jahrhundert errichtete **Igreja Matriz de Nossa Senhora das Candeias** wurde jedoch zerstört und erst 1692 wieder aufgebaut. *Das historische Zentrum mit seinen zumeist einstöckigen Häusern steht komplett unter Denkmalschutz* und ist problemlos zu Fuß zu erkunden. Die abgeschiedene Lage der Stadt – die Grenze zu Spanien ist nah, der Rest von Portugal wird durch den Stausee abgeschirmt – ist spür- und sichtbar, eine reiche, blühende Gemeinde ist dies wahrlich nicht. Aber gerade weil sich nur wenige Ausländer hierher verirren, möchten wir Sie ermutigen, den Ort zu besuchen!

Two-in-one: Kirche und Burg in Mourão

In der gleißenden Abendsonne rollen wir anschließend auf der N256 hinüber ans Ostufer des Alqueva-Stausees. Monsaraz, unser nächstes Ziel, sehen wir bereits hoch oben auf einem Bergrücken thronen. Vorher ist ein Abstecher zum ausgeschilderten Anlegeplatz (***Ancoradouro***, N 38°25'35" W 07°22'58") möglich, wo bereits der nächste traumhaft schöne Platz am Seeufer wartet. Richtung Osten kann man von hier aus schön am Ufer entlangwandern.

Monsaraz (660 Einwohner)

Mittelalter-Traumort, Bilderbuch-Dorf,...

Monsaraz: Idylle pur

Es geht ordentlich aufwärts nach Monsaraz, wo man netterweise einen extra Parkplatz für Wohnmobilisten eingerichtet hat (aber eigentlich auch nur, um alle mit großem Fahrzeug vom schönen oberen Parkplatz mit Aussicht abzuhalten):

127 Monsaraz

GPS: N 38°26'34" W 07°22'44". **Max. WOMOs**: 30. **Ausstattung**: Keine. **Beschreibung**: Gepflasterter Parkplatz in einem kleinen Olivenhain, Untergrund leider relativ uneben. Unterhalb der Burgmauern gelegen, ruhig. **Zufahrt**: Beim Kreisverkehr in Monsaraz geradeaus Richtung Telheiro, nach 70 m links.

Nebel über dem Alqueva-Stausee

Auf der Bergkuppe erwartet uns ein homogenes mittelalterliches Gefüge aus schmalen gepflasterten Gassen und kleinen, weiß gekalkten Häuschen. Lediglich am Dorfplatz überragen die Kirche und das Rathaus die anderen Gebäude, im Süden ist es die Burg. Aber das Allerschönste ist der unglaubliche Blick ins Umland! Mit einem Abendessen im ***Restaurante Casa do Forno*** *(Di. geschlossen)* kann man einem entspannten Tag dann noch die Krone aufsetzen.

Hinkelstein-Formation: Cromeleque do Xarez

Am nächsten Morgen machen wir uns auf den Weg, die erste von zahlreichen Megalithanlagen (siehe Seite 27) in der Umgebung zu erkunden. Bereits beim nächsten Kreisverkehr in Richtung Norden geht es zuerst rechts, dann links, wo wir vor dem alten Kloster parken (**Convento da Orada**, N 38°27'16" W 07°22'26").

Auf dem Hügel gegenüber (vorbei an der Blechkiste, dem Betonweg folgen) stehen die Felsfinger des **Cromeleque do Xarez**. Hier ist aber nicht deren Original-Standort, dieser war in der Nähe der Brücke (Westseite). *Die Hinkelsteine, die aus dem 4.–3. Jahrtausend v. Chr. stammen, wurden hierher versetzt, um sie vor dem Untergang zu retten*. Am ursprünglichen Standort waren sie teilweise aber auch schon »abgeräumt«, da sie wohl dem einen oder anderen Bauern im Weg standen. Die rechteckige Anordnung war jedoch noch erkennbar und wurde übernommen.

Natürlich haben wir auch schon die Schilder, die zum **Centro Náutico** weisen, entdeckt und unser Ziel ist somit klar definiert. Auf dem Weg dorthin machen wir noch zwei interessante Entdeckungen:

128 Ermida de Santa Catarina

GPS: N 38°26'40" W 07°22'18". **Max. WOMOs**: 2. **Ausstattung**: Keine. **Beschreibung**: Unbefestigter Platz bei der spätromanischen Kapelle, versteckt unter Bäumen mit tollem Blick auf Monsaraz gelegen, außerorts und einsam. **Zufahrt**: Von der Straße zum Centro Náutico rechts. Knapp 300 Meter auf unbefestigtem, teils ausgewaschenem Feldweg. **Hinweis**: Nur für kleine Womos oder Kastenwägen geeignet!

Leider ist die Kapelle geschlossen und kann nur von außen bewundert werden. *Wenig später passieren wir linkerhand ein Observatorium, wo man sich den faszinierenden Sternenhimmel, der sich im Dunkeln über dem Alentejo aufspannt, genau anschauen und erklären lassen kann* (**Observatório Lago Alqueva**, *Di.–Sa. 21:30 und 23:00 Uhr, Mai-Juli 22:00 und 23:30 Uhr, im Winter 18:30 und 20:30 Uhr, Juli und Aug. täglich, 20 €*, www.olagoalqueva.pt).

Am Ende der befestigten Straße erreichen wir schließlich einen herrlichen Badeplatz:

P Centro Náutico de Monsaraz

GPS: N 38°26'08" W 07°21'07". **Max. WOMOs**: 10. **Ausstattung**: WC, Dusche, Restaurant/Bar, Strand, Spielplatz, Wassersportmöglichkeiten, Bootsfahrten möglich. **Beschreibung**: Staubiger, fast schattenloser Parkplatz, außerorts gelegen. **Zufahrt**: Beim Kreisverkehr nördlich von Monsaraz rechts.

Toller Strand am Alqueva-Stausee: Centro Náutico de Monsaraz

Da es aber in der Umgebung von Monsaraz noch viel mehr zu entdecken gibt, müssen wir uns aber wohl oder übel von diesem schönen Ort losreißen. Richtung Norden gibt es direkt an der Durchgangsstraße von **Telheiro** links eine kostenlose **Ver- und Entsorgungsstation** (N 38°27'11" W 07°22'52"), saubere öffentliche WCs findet man gleich nebenan. Im Dorf möchten wir Ihnen noch das ***Restaurante SEM-FIN***, das sich in einer alten Ölmühle befindet, empfehlen *(Mi. geschlossen)*.

Wir biegen im Dorf zuerst nach rechts zum **Menir da Bulhôa** (N 38°27'44" W 07°22'53"), von dem jedoch nur das obere Stück noch im Original erhalten ist. Je nach Sonnenstand kann man darauf Einkerbungen erkennen.

In Outeiro biegen wir nach links und in Barrada gleich am Ortseingang bei der kleinen Kirche rechts zum **Menir do Outeiro**, der mit 5,60 Metern der zweithöchste in Portugal sein soll (N 38°28'13" W 07°23'37"). Etwa 800 Meter muss man einem schmalen, unbefestigten Weg folgen (anfangs hängen die Äste einiger Bäume ziemlich tief!) bis man auf den einsam in der Landschaft stehenden Hinkelstein trifft.

In Motrinos schwenken wir bei der Kirche scharf nach rechts, Richtung Alandroal, auf eine Hügelkette zu. Seixo, das wir wenig später erreichen, scheint fast verlassen, die meisten Häuser sind aufgegeben und stehen zum Verkauf. Da wir wieder einmal einen Abstecher planen, blinken wir in Cabeça de Carneiro rechts.

Menir do Outeiro

TOUR 13

Montejuntos ist ein geschäftiges Dörfchen, hier folgen wir der braunen Ausschilderung zum Rio Guadiana. *Der Flussbadestrand wurde seit unserem letztem Besuch ausgebaut, nicht nur Strand und Parkplatz wurden vergrößert, es gibt jetzt auch ein schönes Restaurant hier und natürlich WC, Dusche, Picknickbänke.* Wenn das Wetter passt, kann man hier einen tollen Tag verbringen, für die neue Zufahrt braucht man aber gute Nerven: Die Straße ist viel zu schmal (einspurig) und zudem noch dammartig erhöht, so dass man keine Chance hat, außerhalb der (immerhin zahlreich beidseitig vorhandenen) Ausweichbuchten aneinander vorbei zu kommen...

P Praia Fluvial das Azenhas d´El Rei
N 38°32'54" W 07°18'17"

Gar nicht weit entfernt gibt es auch einen netten Campingplatz:

129 Camping Rosário

GPS/Kontakt: N 38°36'24" W 07°20'48", Tel. 00351 963 679945, www.campingrosario.com. **Öffnungszeit**: 01. März–01. Okt. **Ausstattung**: Pool, schöne Gästeterrasse, Lounge, Snacks. **Beschreibung**: Gartenähnlich angelegter Platz mit 16 Stellplätzen unter niederländisch-italienischer Leitung, Schattenbäume, guter Ausgangspunkt für Radtouren, kleine Wanderungen und Kanutouren. Etwa 2 km südlich des Dorfes (hier kleiner Laden) gelegen. **Preis**: 19–25 €. **Zufahrt**: Von Ferreira Richtung Rosário, 750 m nach der Brücke rechts. **Hinweis**: Mindestalter 16 Jahre, nur Barzahlung möglich.

Noch ein malerisches Dorf auf dem Bergrücken: Terena

Von hier aus suchen wir das im frühen Mittelalter gegründete **Terena** auf. Das historische Zentrum des entzückenden Dorfes liegt auf dem Rücken eines Hügels, *im Norden eine zinnengekrönte Burg, im Süden die behäbige Kirche und dazwischen prägen blumengeschmückte weiße Häuschen das Bild.*

Wir folgen einfach der Straße am Friedhof vorbei und gelangen so zum **Santuário Nossa Senhora da Boa Nova** (N 38°37'00" W 07°23'52"). Die gotische Wehrkirche aus dem 14. Jahrhundert stellt sich uns wie ein Bollwerk in den Weg, einst wurden Angreifer gar mit kochendem Öl von dem Balkon über dem Eingang aus überschüttet. Wir lassen uns

Schon Römer und Mauren wussten Terena zu schätzen

leichter vertreiben – bei unserem Besuch (Ende April) läuft gerade der Aufbau für die Feierlichkeiten zur Wallfahrt, begleitet von Julio Iglesias, der lauthals aus sämtlichen Lautsprechern schmettert. Das restliche Jahr über kann man es sich unter Bäumen an Picknicktischen gemütlich machen. Nördlich von Terena haben wir am **Stausee** auch noch einen Plätzchen entdeckt, wo es sich gut stehen lässt.

130 Albufeira de Lucefécit

GPS: N 38°38'04" W 07°24'23". **Max. WOMOs**: 5. **Ausstattung**: Keine. **Beschreibung**: Feingeschotterter Parkplatz am Seeufer vor der Staumauer, nicht ganz eben, kaum Schatten, aber schöner Blick aufs Wasser. Ruhig außerorts gelegen. **Zufahrt**: Von der N255 nördlich von Terena links (ausgeschildert). **Hinweis**: Leider etwas vermüllt, am Ufer entlang nach links ist es sauberer.

Alandroal (2.000 Einwohner)

131 Alandroal

GPS: N 38°42'07" W 07°24'31". **Max. WOMOs**: 16. **Öffnungszeit**: Ganzjährig. **Ausstattung**: Ver- und Entsorgung, Strom. **Beschreibung**: Neu angelegter, eingezäunter Platz mit Schranke, befestigte Stellplätze, schattenlos, sauber und relativ ruhig (die N255 ist nachts kaum befahren). Am westlichen Dorfrand neben dem Fußballstadion gelegen, Zentrum fußläufig (500 m). **Preis**: 5 €. **Zufahrt**: Von der N255 rechts Richtung Estádio abbiegen, dann gleich links. **Hinweis**: Für den Zugang ist eine umständliche Registrierung unter outdoor-routes.pt notwendig, wobei Sie sich durch einige Fragen bis hin zur portugiesischen Steuernummer quälen müssen (da Sie diese vermutlich nicht haben: Geben Sie einfach irgendeine Zahl an!)...Zahlung nur mit Kreditkarte möglich!

In der Burg von Alandroal

Wer nur während der Stadtbesichtigung parken möchte folgt der Straße beim Stadion weiter und schaut sich auf Höhe der Burg um (beispielsweise links hinter dem Marktgebäude, außer Mi.). Rings um die Burg aus dem 13. Jahrhundert ist nach und nach ein Städtchen entstanden. Im 14. Jahrhundert war Alandroal eine wichtige Rolle im Kampf gegen Kastilien zugedacht, heute geht es friedlich und geruhsam hier zu. Von der Burg, die gekrönt wird von einer weißen Glockenturmhaube, kann man gemütlich zum *Praça da Republica* schlendern. *Dort darf man es keinesfalls verpassen, die sechs wasserspeienden Fratzen des prächtigen Marmorbrunnens aus dem 17. Jahrhundert zu bewundern*. Mittwochs findet hinter dem *Mercado Municipal* übrigens ein Wochenmarkt statt.

Im 14. Jahrhundert war Alandroal eine wichtige Rolle im Kampf gegen Kastilien zugedacht, heute geht es hier friedlich und geruhsam zu

Orangen als Straßenbäume

Wir verlassen Alandroal auf der N373 Richtung Osten. Auf den Weiden, die wir passieren, wuseln Herden von schwarzen Schweinen umher. Ganz so idyllisch wird es hier zukünftig nicht mehr sein: Parallel zur Straße befindet sich die neue Schnellbahntrasse Madrid-Lisboa im Bau. Den Rio Asseca überqueren wir auf einer neuen Brücke, aber wer den Kopf nach links dreht, kann einen Blick auf die gut erhaltene römische **Bogenbrücke**, erhaschen –jetzt nicht mehr ganz so romantisch mit Baustelle dahinter. Nach weiteren 4,7 Kilometern geht es rechts. An der Kreuzung ist ein **Picknickplatz** mit Brunnen eingerichtet.

Nach **Juromenha** fahren Sie besser nicht geradeaus hinein, die engen Gassen könnten problematisch werden. Hält man sich gleich am Ortseingang rechts, so kann man lange WOMOs linkerhand auf dem großen, unbefestigten und ebenen Busparkplatz abstellen.

132 Juromenha – N 38°44'27" W 07°14'28"

Juromenha – Bollwerk gegen Angreifer aus dem Osten

Kleinere Gefährte können hier auch geradeaus weiter auf den Wasser- und Funkturm zufahren, dann bei der Mini-Stierkampfarena links, bis zur Straße unterhalb der Festung. Hier kann man bei der Mauer parken (gegenüber **Picknickplatz**, öffentliches WC Richtung Dorf, Zugang zur Festung in Gegenrichtung) oder sich rechts Richtung Friedhof ein Plätzchen ausgucken.

Kirchenruine in der Burg

Die Sehenswürdigkeit des kleinen Dorfes, das die letzte Bastion vor der spanischen Grenze bildet, haben sie sicher schon von Weitem entdeckt: ***Das Fortaleza de Juromenha** ist ein beeindruckendes Bollwerk am Ufer des Rio Guadiana, während des Restaurationskriegs (1640–1668) errichtet, um das Land gegen die Angreifer aus Osten verteidigen zu können.* Heute sind teilweise nur noch Ruinen innerhalb der dicken Festungsmauern vorhanden, die vor dem Fluss jedoch eine wirklich beeindruckende Kulisse abgeben.

Angeblich verdankt Juromenha seinen ungewöhnlichen Namen übrigens Julius Caesar, der hier den Guadiana während der Eroberung der Iberischen Halbinsel überquert haben soll.

Elvas (14.300 Einwohner)

In die alte Grenz- und Garnisonsstadt rollen wir von Süden ein. *Sie ist vollständig von einem sternförmigen Wall mit fünfeckigen Bastionstürmen umgeben, dieser gilt als eines der weltgrößten noch erhaltenen Bollwerke*. Vorgelagert gibt es zwei weitere, ebenfalls sehr beeindruckende Festungsanlagen: Im Süden das **Forte de Santa Luzia** und im Norden das **Forte da Graça**, das wir bei der Weiterfahrt noch besuchen werden. Seit 2012 sind die Festungsmauern und der historische Ortskern UNESCO-Weltkulturerbe.

Ins Zentrum gelangt man fast nur durch schmale und nicht allzu hohe Tore, die Gassen in der Altstadt sind auch nicht unbedingt für WOMOs ausgelegt. Parken Sie also besser außerhalb der Mauern und begeben Sie sich dann zu Fuß auf Entdeckungstour. Wir empfehlen einen Parkplatz im Südwesten der Festung.

P Elvas – N 38°52'41" W 07°10'08"

Die Innenstadt erreichen wir über eine Rampe am *Praça 25 de Abril* (vom Parkplatz einfach der Straße nach oben folgen). Immer weiter geradeaus gelangt man zum zentralen, markant gepflasterten *Praça da República*, der an der Nordseite vom klassizistischen Portal der **Kathedrale** (*Sé*, Igreja de Nossa Senhora da Assunção) abgeschlossen wird. Wir staunen, wie filigran die von außen so wuchtige Kirche innen wirkt, kaum zu fassen, dass die Säulen so schlank ausgeführt werden konnten.

TOUR 13

Viergeschossiges Aquädukt in Elvas

Portas de São Vicente im Nordosten von Elvas

Nach dem obligatorischen *Café* machen wir uns auf den Weg zur **Burg** (***Castelo***) am nördlichen Ende der Stadt. Gleich hinter der Kathedrale überqueren wir den kleinen *Largo de Santa Clara*, auf dem ein Marmor-**Pelourinho** steht. Wir gehen rechts unter dem arabischen Torbogen hindurch und schlendern durch immer schmaler werdende Gässchen bis zum Castelo *(Di.–Sa. 9:30–13:00 und 14:00–17:00 Uhr)*.

Spätestens auf dem Rückweg erblickt man eine weitere Sehenswürdigkeit von Elvas – das imposante **Aqueduto da Amoreira**. *Staunend stehen wir vor dem größten Aquädukt der Iberischen Halbinsel: 843 Bögen (von denen aber nicht mehr alle original erhalten sind), teilweise vier Stockwerke und bis zu 31 Meter hoch und fast acht Kilometer lang*. Kein Wunder, dass es im 16. Jahrhundert fast 90 Jahre dauerte, bis schließlich Wasser über dieses Meisterwerk der Ingenieurbaukunst floss!

TOUR 13

Forte da Graça

Auf dem großen unbefestigten Platz im Norden des Aquädukts stehen nun auch wieder WOMOs (über Nacht). Jahrelang war das nicht geduldet, es bleibt abzuwarten, wie sich die Situation entwickelt.

Ein *Intermarché*, an der N4 gelegen (Richtung Évora/Lisboa) bietet die Möglichkeit zur **Ver- und Entsorgung** (N 38°52'28" W 07°11'04") – Vorsicht mit den Schattendächern!

Nördlich von Elvas steuern wir noch das **Forte da Graça** an *(täglich außer Mo. 10:00–18:00 Uhr, im Winter bis 17:00 Uhr, 5 €)*. Die Festung aus dem 18. Jahrhundert liegt auf einem Hügel vor den Pforten der Stadt. *Kommen Sie zeitig morgens oder am frühen Abend, wenn Sie den wundervollen Blick auf Elvas ohne Gegenlicht genießen möchten*. An der Straße hoch zur Festung nutzen Sie möglichst den mittleren, ebenen Parkplatz (N 38°53'37" W 07°10'05"), anschließend wird die Straße steiler und beim oberen Parkplatz wird es schwierig für WOMOs mit dem Wenden.

Der Gedanke, dass wir Portugal bald verlassen, gefällt uns gar nicht. Ein Blick auf die Karte, ein schneller Entschluss: Einen Schlenker müssen wir auf jeden Fall noch einbauen. Wir halten uns auf der N246 Richtung Norden und biegen dann links nach Barbacena. Nachdem wir den folgenden Campingplatz entdeckt haben, fällt uns das Abschiednehmen aber noch viel schwerer...

Blick vom Forte da Graça auf Elvas

133 Camping Puro Alentejo

GPS/Kontakt: N 38°58'32" W 07°19'23", Tel. 00351 966 828740, campingpuroalentejo.com. **Öffnungszeit**: Ganzjährig. **Ausstattung**: Kleiner Pool, Snackbar, Brotservice. **Beschreibung**: Wunderschön und liebevoll gestalteter Platz in traumhafter Lage, Stellplätze gekiest, sehr nette Gastgeber. Ein kleines Paradies, supersauber und friedlich. Außerorts gelegen, ca. 1,8 km zum Ortszentrum (oder 3,7 km auf einem Sandweg im Tal, schön per Rad). Die Straße ist hörbar. **Preis**: 18–22 €. **Zufahrt**: In Barbacena geradeaus weiter (Richtung Monforte), 33 km nach der Kreuzung links.

Bilderbuch-Anta in der Nähe des Campingplatzes

Fußläufig vom Campingplatz entfernt gibt es im Tal eine schöne alte **römische Brücke** und in einem kleinen Wäldchen etwas oberhalb den stimmungsvoll gelegenen und gut erhaltenen **Anta da Coutada de Barbacena**. Egal, wie heiß es gerade im Alentejo ist, der Ausflug dorthin ist ein Muss!

Irgendwo im Nichts: Die Ponte Romana de Barbacena

Der letzte Punkt auf unserer Liste ist Campo Maior sowie der westlich davon gelegene Stausee, dorthin brechen wir nun auf. Über Santa Eulália gelangen wir auf der N243 an den See. Noch bevor wir aber Wasser sichten und den Staudamm überqueren, lassen wir uns von einem abzweigenden, asphaltierten Sträßchen nach links locken und entdecken 1,5 Kilometer weiter ein herrliches Plätzchen am Seeufer. Wie schade, dass hier überall Klopapier und Tempos die Büsche zieren...

P Albufeira do Caia – N 39°00'13" W 07°09'34"

Bald schon erhebt sich wieder eine schöne Stadtkulisse mit Burgzinnen, Turm und stattlicher Kirche vor uns.

Campo Maior (7.200 Einwohner)

Die Kleinstadt lädt ein, noch einmal (ein letztes Mal, mit ganz viel Wehmut) durch ein alentejanisches Städtchen zu bummeln und ein **Castelo** zu bewundern. *Das Festungsstädtchen hat eine sehr bewegte Geschichte mit ständigem Auf-und-Ab hinter sich:* Nachdem Tausende aus Spanien vor der Inquisition hierher flohen, wuchs die Bevölkerung rasch an und Campo Maior bekam bereits 1512 Stadtrechte verliehen. Die Katastrophe folgte 1732, als Blitze in die Pulverkammern der Burg einschlugen und diese explodierten, ein Großteil der Stadt wurde in Schutt und Asche gelegt.

Es folgte der Wiederaufbau und der Ort gewann erneut an Bedeutung durch seine starke Rolle an der Seite von Badajoz während der Feldzüge von Napoleon Bonaparte auf der Iberischen Halbinsel. 1865 brach eine Cholera-Epidemie aus, die Campo Maior nochmals stark entvölkerte. Heute geht es hier am Rande Portugals sehr beschaulich zu, wie wir mit der Kaffeetasse in der Hand, in der Sonne sitzend, feststellen.

Apropos Café: Hier kommt er her, der Delta-Café! Nur vier Kilometer nördlich von Campo Maior, an der N371 steht die Fabrik mit dem angeschlossenen interaktiven **Kaffee-Museum**, übrigens dem einzigen Europas (***Centro de Ciência do Café***, *Mo.–Fr. 10:00–18:00 Uhr, am Wochenende nur bis 14:00 Uhr, 10 €, Dauer 1,5 Std.*).

Campo Maior

134 Campo Maior – *Camping Rural Os Anjos*

GPS/Kontakt: N 39°00'30" W 07°02'55", Tel. 00351 965 236625, campingosanjos.com. **Öffnungszeit**: Ganzjährig, außer 01.Juli–16.Aug. **Ausstattung**: Kleiner Pool, Bar, Brotservice. **Beschreibung**: Kleiner Platz unter niederländischer Leitung, Untergrund Gras oder gekiest, noch niedrige Bäume, gemütlich und ruhig. Außerorts, südöstlich von Campo Maior gelegen, ca. 1,8 km zum Ortszentrum. **Preis**: 17 €. **Zufahrt**: Mitten durch Campo Maior, vorbei an Stadion und Feuerwehr, der Straße folgen (Ausschilderung: *Parque de Campismo Rural*). **Hinweis**: Mindestaufenthalt 2 Nächte, max. ein Hund/WOMO erlaubt. Rufen Sie besser vorab an, da der Platz oft ausgebucht ist.

Am nächsten Morgen ist es dann soweit, wir müssen uns auf den Heimweg machen. Die spanische Grenze ist schneller erreicht als uns lieb ist. Schön war´s – wir werden nächstes Jahr wiederkommen und all den braunen Schildern, die wir aus Zeitnot ausgelassen haben, folgen! Und die Strände anfahren, die wir verpasst haben, weil wir sonst nie unser Tagesziel erreicht hätten. Und in den Restaurants essen, die wir links liegen lassen mussten, weil wir gerade satt waren. Die Museen besuchen, an denen wir außerhalb der Öffnungszeiten ankamen und die Kirchen bewundern, die wir versäumt haben, weil unser Kultur-Bedarf an diesem Tag bereits gedeckt war. *Und überhaupt – in der Sonne sitzen, das Licht und die Ruhe des Alentejo und den Geruch des Meeres genießen*. Und Sie?

Tipps und Infos

Anreise

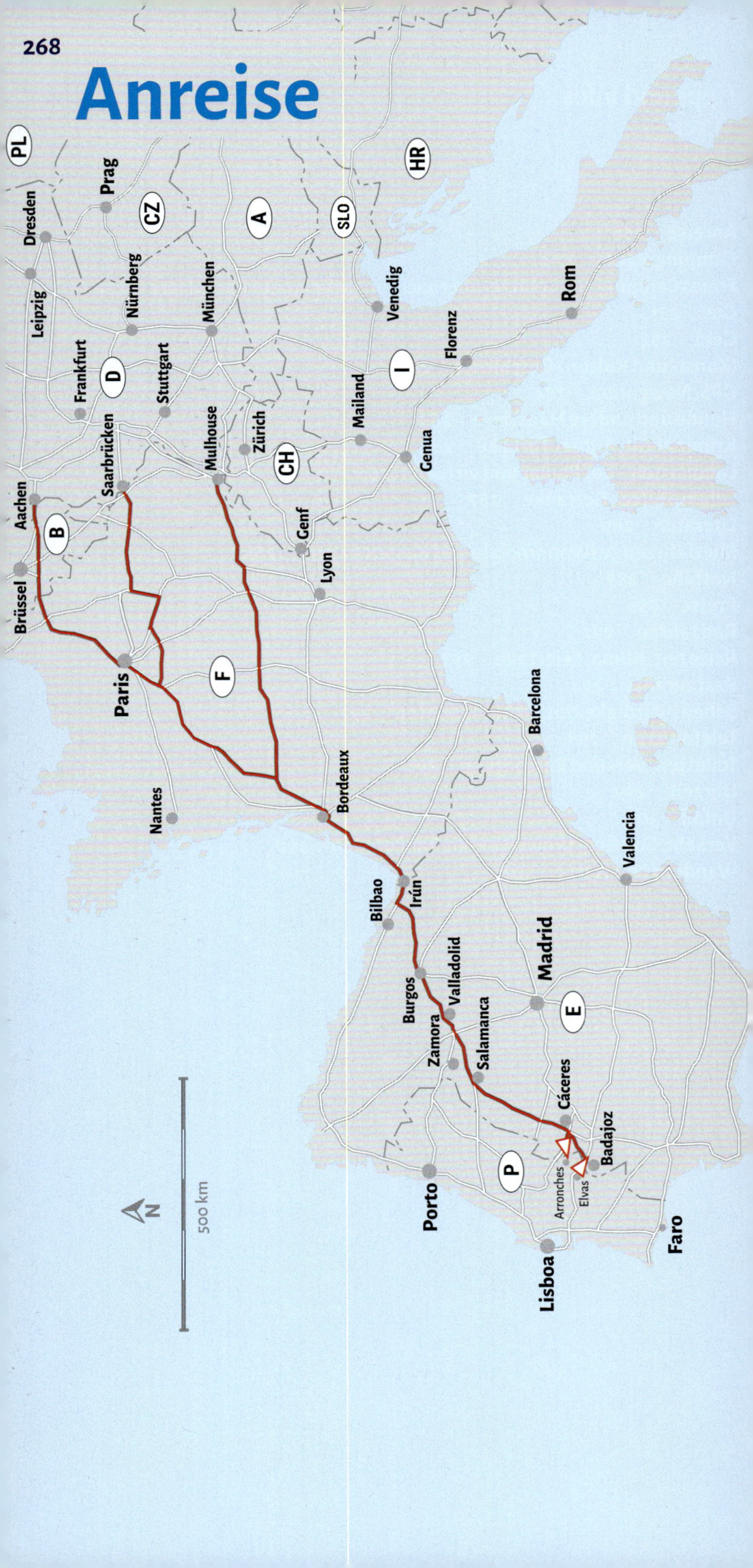
PL
Prag
CZ
Dresden
Leipzig
Nürnberg
München
A
SLO
HR
Venedig
Rom
Frankfurt
D
Stuttgart
Florenz
I
Mailand
Saarbrücken
Mulhouse
Zürich
CH
Genua
Aachen
B
Genf
Lyon
Brüssel
Paris
F
Barcelona
Nantes
Bordeaux
Valencia
Bilbao
Irún
Madrid
Burgos
Valladolid
E
Zamora
Salamanca
Cáceres
Badajoz
P
Porto
Arronches
Elvas
Faro
Lisboa
N
500 km

Anreise

So ganz um die Ecke liegt Portugal nun wirklich nicht, es ist definitiv am Rand unseres Kontinents. Ein Blick auf den Globus zeigt: Die Iberische Halbinsel, durch die Pyrenäen vom restlichen Europa getrennt, liegt zehn bis zwanzig Längengrade westlich von Hamburg, Würzburg und Ulm und fünf bis zehn Breitengrade südlicher als München.

Etwa 1.800 Kilometer Luftlinie durch Frankreich und Spanien trennen uns von unserem Urlaubsziel. Ein Katzensprung ist diese Anreise nicht, aber gut zu schaffen, da die meisten Straßen vierspurig ausgebaut und – im Gegensatz zu deutschen Straßen – relativ verkehrsarm sind.

Lassen Sie uns also ein paar **Vorüberlegungen** anstellen:

So lange wie möglich in Deutschland anreisen – die französischen Autobahnen sind teuer! Oder so schnell wie möglich über die Grenze – weg von den Staus und der Raserei auf unseren Straßen?

Leser aus Süddeutschland werden vermutlich den Grenzübergang Mulhouse südwestlich von Freiburg wählen. **Nordlichter** können auf der A44 bei Aachen über die Grenze und durch Belgien Richtung Paris weiterrollen. Für **Fahrer aus der Mitte Deutschlands** bietet sich die Strecke Saarbrücken-Paris an.

Bayern und Österreicher sind keineswegs am schlechtesten dran. Zwar brauchen sie für die Schweiz eine Vignette und landen, über Bern und Genf anreisend, bei Lyon auf der französischen Autobahn. Aber sie haben damit schon ein ganzes Stück teure, französische Autobahn eingespart und die Vignette gilt ein Jahr lang, manche haben sie noch vom Wintersport.

Nicht nur der Herkunftsort und der Geldbeutel nehmen jedoch Einfluss auf die Route, auch die Zeit spielt eine Rolle. Wer nur drei Wochen Urlaub zur Verfügung hat, ist eher bereit, tief in die Tasche zu greifen, um die leeren französischen Autobahnen nutzen zu dürfen. Der Langzeiturlauber wird dagegen vielleicht grundsätzlich mautpflichtige Strecken ablehnen. *Es ist fast unmöglich, jedem die perfekte Streckenführung ausführlich vorzustellen*. Wir beschreiben Ihnen daher lediglich unsere Lieblingsroute näher. Wer Zeit hat, sollte unbedingt bereits den Weg zum Ziel machen: Für die Erkundung der unzähligen Sehenswürdigkeiten, die auf dem Weg liegen, empfehlen wir Ihnen den jeweiligen Reiseführer des WOMO-Verlags. *Ein Blick auf die Karten Seite 270 und 276 hilft Ihnen weiter.*

Grundsätzliches in Frankreich (Stand 2023)

Die angegebenen Gebühren beziehen sich auf Wohnmobile/Kastenwägen bis 3,5 Tonnen und drei Meter Höhe.

Die Maut für schwerere bzw. höhere Fahrzeuge können Sie ebenfalls ermitteln lassen *(www.autoroutes.fr)*. Sie benötigen für diese Fahrzeuge außerdem zusätzlich drei **»Tote-Winkel«-Aufkleber** *(Angles Morts)*.

Da einige Straßen sich in Umweltzonen befinden, sollten Sie sich besser vorab auch eine **Crit´Air-Plakette** für knapp fünf Euro besorgen *(www.certificat-air.gouv.fr)*. Damit wissen Sie, welcher Kategorie Ihr WOMO angehört und nach welchen Kriterien Sie sich zu richten haben, falls kurzfristig Beschränkungen wegen Luftverschmutzung in Kraft gesetzt werden.

Grundsätzliches in Spanien (Stand 2023)

Alle Ladungen, die nach hinten überstehen (beispielsweise Fahrräder!), müssen mit einer 50 × 50 Zentimeter großen, rot-weiß diagonal schraffierten und reflektierenden **Warntafel** gekennzeichnet sein.

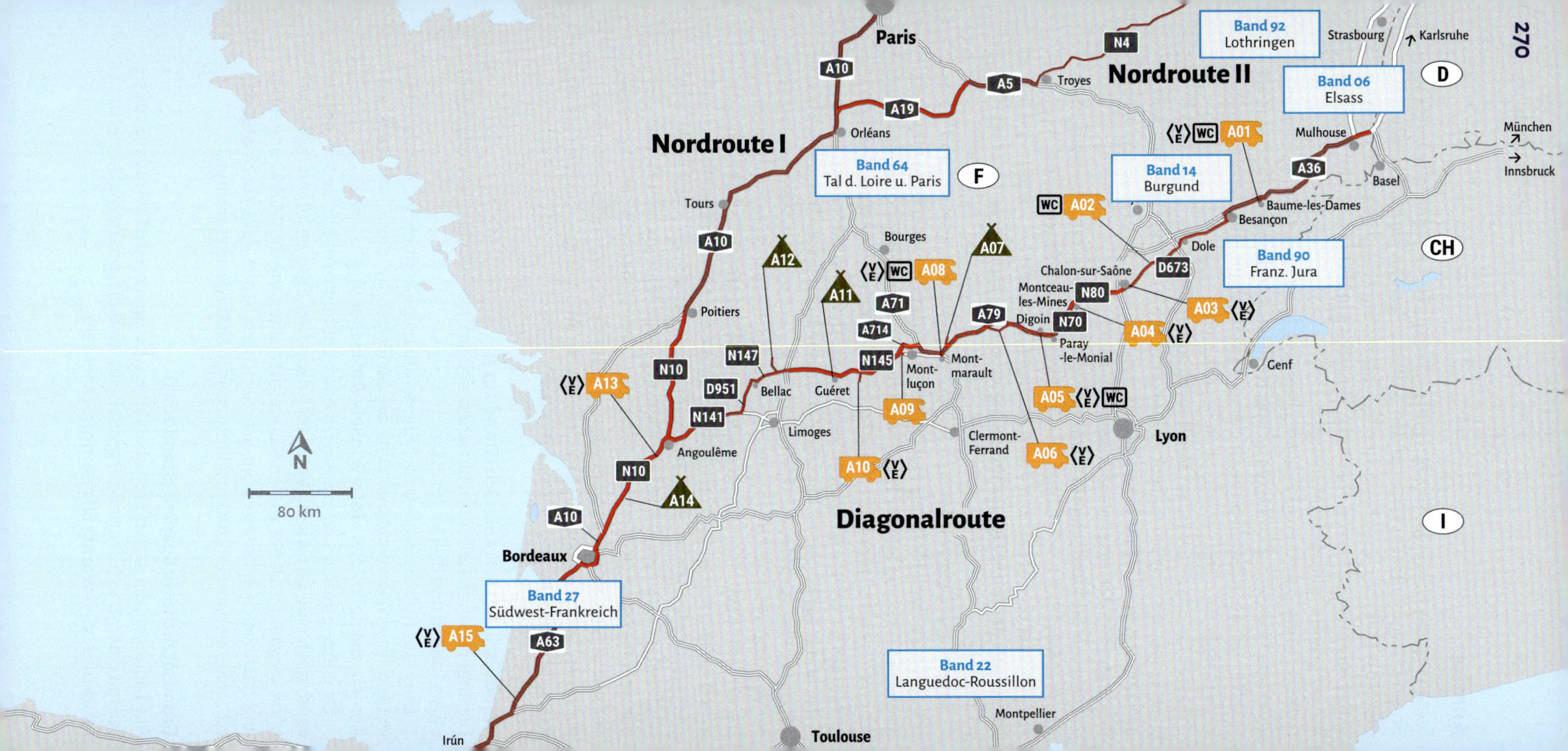
Nordroute I
Nordroute II
Diagonalroute
Band 92 Lothringen
Band 06 Elsass
Band 14 Burgund
Band 90 Franz. Jura
Band 64 Tal d. Loire u. Paris
Band 27 Südwest-Frankreich
Band 22 Languedoc-Roussillon
D
CH
F
I
Paris
Strasbourg
Karlsruhe
München
Innsbruck
Mulhouse
Basel
Baume-les-Dames
Besançon
Dole
Troyes
Orléans
Tours
Poitiers
Bourges
Chalon-sur-Saône
Montceau-les-Mines
Digoin
Paray-le-Monial
Genf
Lyon
Mont-marault
Mont-luçon
Guéret
Bellac
Limoges
Clermont-Ferrand
Angoulême
Bordeaux
Irún
Toulouse
Montpellier
A10
A19
A5
N4
A36
D673
N80
N70
A79
A71
A714
N145
N147
D951
N141
N10
A63
A01
A02
A03
A04
A05
A06
A07
A08
A09
A10
A11
A12
A13
A14
A15
WC
N
80 km

Für alle Länder, die durchfahren werden, gilt, dass Sie sich vor Ihrer Reise auch über Geschwindigkeitsbegrenzungen und ähnliches informieren sollten, da diese je nach Fahrzeuggewicht teils unterschiedlich sind und bei Verfehlungen teilweise saftig geahndet werden.

Fahrt durch Frankreich
Die folgenden Streckenvorschläge durch Frankreich mit den Kilometerangaben und den Autobahngebühren werden Ihnen (hoffentlich) die Entscheidung erleichtern.

Nordroute I
Aachen – Irún (rund 1.220 Kilometer und 145 Euro Maut)

Aachen – Liège/Lüttich – Namur – Mons – Paris – Orléans – Tours – Poitiers Bordeaux – Biarritz – Irún

Für alle, die aus dem Norden anreisen, ist dies die kürzeste und gleichzeitig bequemste Anreise.

Nordroute II
Saarbrücken – Irún (rund 1.215 Kilometer und 210 Euro Maut)

Saarbrücken – Metz – Troyes – Orléans – Tours – Poitiers – Bordeaux – Biarritz – Irún

Bequem und teuer. Wenn man sich überlegt, dass man für die Hin- und Rückfahrt 420 Euro nur an Mautgebühren hinblättern soll – davon kann man in Portugal zu zweit ungefähr 20 Tage lang mittags essen gehen.

Unser Tipp: Diagonalroute
Mulhouse – Irún (etwa 1.000 Kilometer und 58 Euro Maut)

Mulhouse – Besançon – Dole – Chalon-sur-Saône – Montceau-les-Mines – Digoin Montlucon – Guéret – Bellac – Angoulême – Bordeaux – Biarritz – Irún

A36: Mulhouse – Besançon (Sortie 3, Besançon-Planoise)
Wer sich die Maut für dieses Teilstück ganz sparen möchte und nicht schwerer als 3,5 Tonnen ist, der verlässt die A36 beim Schild »Belfort par RN« (Sortie 15). Sie sparen so 19 Euro, brauchen aber auch fast zwei Stunden länger. Die Autobahnraststätten bieten alle die Möglichkeit zur Entsorgung.

A01 Baume-les-Dames (F)

GPS: N 47°20'24" E 06°21'27". Verlassen Sie die A36 bei der Ausfahrt 5, in Baume-les-Dames folgen Sie der Ausschilderung Richtung Campingplatz. Der ganzjährig geöffnete Platz (13 €) bietet Ver- und Entsorgung, Strom, WC, Dusche (3 €), ein Restaurant befindet sich nebenan und der Bäckerwagen kommt morgens vorbei. In den Sommermonaten steht man hier Tür an Tür. Eine hervorragende Alternative ist der schöne ***Camping Domaine d´Aucroix*** gleich nebenan (15. Apr.–30. Sept., 22 €).

D673: Besançon – Dole – Chalon-sur-Saône
Teilweise ist dieses Teilstück nur einspurig, es gibt einige Ortsdurchfahrten und viele Radarblitzer. Entlang der Strecke findet man zahlreiche günstige Campingplätze (ausgeschildert). *Tipp für Käseliebhaber:* An der Umgehungs-

straße von **Dole** beim Kreisverkehr links zur Einkaufszone abbiegen, dort gleich rechts: Die *Fromagerie Maison Benoit* bietet zahlreiche Jura-Käse-Spezialitäten an, beispielsweise hervorragenden Comté und Morbier.

A02 Saunières (F)

GPS: N 46°54'15" E 05°04'58". Fahren Sie in Sermesse rechts. 150 m hinter der Doubsbrücke finden Sie rechts einen ruhigen Parkplatz mit Picknickbänken. Wasser und ein Hockklo gibt es bei Kirche gegenüber.

A03 Chalon-sur-Saône (F)

GPS: N 46°47'10" E 04°51'47". Fahren Sie beim Kreisverkehr Richtung Chalon-Nord, dann über die Brücke und beim nächsten Kreisverkehr links. Dort ist der Parkplatz gegenüber dem Messegelände mit Ver- und Entsorgung schon ausgeschildert. Er liegt leider direkt an der Straße (laut), aber nebenan gibt es einen hübschen Park mit Spielplatz und die schöne Innenstadt ist fußläufig.

N80: Chalon-sur-Saône – Montceau-les-Mines
Schnellstraße, nur bei Blanzy ist ein kurzes Stück einspurig.

A04 Montceau-les-Mines (F)

GPS: N 46°40'38" E 04°21'30". Nehmen Sie die Ausfahrt 12c (Montceau-Z.A.) und biegen Sie vor *Mc Donald´s* rechts ab. 670 m weiter liegt rechts ein hübscher, ruhiger Stellplatz mit Heckenbegrenzungen am Rand des kleinen Gewerbegebiet. Es gibt Ver- und Entsorgung und Strom (Wasser und Strom sind kostenpflichtig), nebenan Wald und Parkanlage.

N70: Montceau-les-Mines – Paray-le-Monial
Schnellstraße, die beiden letzten kurzen einspurigen Teilstücke sind im Ausbau.

N79/A79: Paray-le-Monial – Digoin – Montmarault
Ab Digoin gibt es eine neue, kostenpflichtige Autobahn. Die dafür fälligen sieben Euro einzusparen lohnt sich nicht: Man müsste dann bereits kurz hinter Montceau-les-Mines die N70 verlassen und auf einspurigen Straßen über Gueugnon, Bourbon-Lancy, Moulins und Cosne-d´Allier nach Montmarault fahren.

Hinweis: Die A79 ist eine sogenannte **Freeflow-Autobahn** *(Flux libre)*.

Wir empfehlen Ihnen genau nachzulesen, was das bedeutet, die Links zu den jeweiligen Optionen finden Sie hier ebenfalls: *www.adac.de/reise-freizeit/maut-vignette/frankreich*. Statt an Mautstationen müssen Sie die fällige Gebühr nämlich wie folgt entrichten:

Sie haben einen **Transponder** an der Windschutzscheibe kleben (damit können sämtlich Autobahngebühren bezahlt werden, wenn man die entsprechende Durchfahrt nutzt, und das in ganz Frankreich, Spanien und Portugal), dann wird alles automatisch abgebucht.

Sie **registrieren sich online** vor der Fahrt (mit Kennzeichen und Bankverbindung), auch dann müssen Sie nichts weiter tun.

Sie **bezahlen online** vor oder innerhalb von 72 Stunden nach der Fahrt (ebenfalls mit Kennzeichen und Kreditkarte).

Sie **bezahlen bar oder mit Kreditkarte** innerhalb von 72 Stunden nach der Fahrt am Terminal (was uns völlig unlogisch erscheint, da die Terminals an der A79 auf Raststätten stehen und nach der Nutzung der Autobahn nicht angefahren werden können, ohne dass erneut Gebühren fällig werden).

A05 Digoin (F)

GPS: N 46°28'50" E 03°58'15". Wenn Sie die Ausfahrt 23 (Digoin-Centre) nehmen, sich anfangs Richtung Zentrum, dann Richtung *Port de Plaisance* halten und vor der Brücke über die Loire links biegen, stehen Sie auf dem feingeschotterten Platz zwischen Straße (laut) und Fluss. Angeboten werden Ver- und Entsorgung, Strom (Wasser und Strom sind kostenpflichtig) und ein WC. Am Rand des Platzes gibt es Schattenbäume, die Innenstadt ist fußläufig.

A06 Thiel-sur-Acolin (F)

GPS: N 46°31'21" E 03°35'14". Nehmen Sie Ausfahrt 27 von der A79, fahren Sie dann beim Kreisverkehr rechts zuerst Richtung Dompierre und dann wieder rechts nach Thiel. Der schöne, parzellierte Feinschotter-Platz befindet sich gleich am Dorfeingang, beim Friedhof rechts und hat Ver- und Entsorgung, Strom (2 Stunden) und ist sehr ruhig.

A07 Tronget – *Camping Municipal* (F)

GPS: N 46°24'56" E 03°03'39". Nehmen Sie Ausfahrt 33 von der A79 und fahren Sie dann Richtung Tronget. Der Platz liegt außerorts an der D945 auf halbem Weg zwischen Le Montet und Tronget und ist geöffnet vom 15. Mai–15. Sept. Er bietet einfache Sanitäranlagen (keine Ver- und Entsorgung!) und parzellierte, leicht schräge Plätzen auf Gras, teilweise mit Schatten. Eine Rezeption gibt es nicht, der Platz ist kostenlos.

A71/A714: Montmarault – Montluçon

A08 Montmarault (F)

GPS: N 46°19'08" E 02°57'07". Von der A79/A71 fahren Sie bei der Ausfahrt Montmarault ab und rollen beim Kreisverkehr in den Ort. Der geräumige, schattenlose Platz liegt an der Hauptstraße links, mitten im Dorf und ist trotzdem ruhig (außer den Kirchenglocken). Es gibt Ver- und Entsorgung, ein WC und Picknickbänke.

N145: Montluçon – Guéret – La Souterraine – Bellac

Bis man hinter La Souterraine die A20 überquert düsen wir auf einer Schnellstraße, *dann folgt leider das längste einspurige Teilstück* (95 Kilometer).

A09 Montluçon – Étang de Sault (F)

GPS: N 46°20'04" E 02°33'30". Fahren Sie von der N145 Richtung Montluçon-Centre (Ausfahrt 40). Beim Kreisverkehr geht es rechts Richtung Sault/Campingplatz. Rechterhand, nahe dem Seeufer gelegen, liegt der hübsche, kleine Platz mit Grauwasser-Entsorgung. Er ist parzelliert, bietet aber kaum Schatten und man hat schöne Spaziermöglichkeiten. **Hinweis:** Nur für WOMOs bis 3,5 t anfahrbar!

A10 Jarnages (F)

GPS: N 46°11'03" E 02°04'52". Nehmen Sie Ausfahrt 45 von der N145, fahren dann Richtung Jarnages und biegen in der Dorfmitte rechts ab. Bei der schattenlosen Wiese am Ufer eines Teichs am Dorfrand hat es eine Ver- und Entsorgungsmöglichkeit und es gibt Strom (nur Wasser und Strom sind kostenpflichtig), Picknickbänke und einen Spielplatz.

A11 Guéret – *Camping de Courtille* (F)

GPS: N 46°09'45" E 01°51'31". Verlassen Sie die N145 bei der Ausfahrt 48 (Guéret-Centre), der Campingplatz ist ab dem 2. Kreisverkehr ausgeschildert. Der schön in Sektionen angelegte Platz, der vom 01. Apr.–30. Sept. geöffnet hat (20–23 € einschl. Strom), liegt ruhig am Stadtrand am Seeufer. Gegenüber gibt es ein Strandbad, außerdem kann man schön spazierengehen.

A12 Dompierre-les-Églises – *Camping Municipal* (F)

GPS: N 46°13'31" E 01°15'22". Fahren Sie von der N145 gut 4 km bis Dompierre-les-Églises, durch das verschlafene Dorf hindurch und beim Friedhof rechts. Sie finden eine große Wiese am Angelteich vor, wunderschön und ruhig am Dorfrand gelegen. Es gibt eine WC-Entsorgungsmöglichkeit, WC und Dusche, der Sanitärblock ist jedoch nur vom 01. Apr.–31. Okt. geöffnet. Abends kommt jemand zum Kassieren vorbei (7 €).

N147/D951/N141: Bellac – Chasseneuil-sur-Bonniere – Angoulême
Ab Chasseneuil geht es dann wieder zweispurig und somit ziemlich flott voran.

N10/A10: Angoulême – Bordeaux
Durchgehend kostenlose Schnellstraße oder Autobahn. Leider nimmt der Verkehr nun, bis südlich von Bordeaux, spürbar zu.

A13 Roullet (F)

GPS: N 45°34'50" E 00°02'41". Von der Ausfahrt 65 (Châteauneuf/Claix) fahren Sie Richtung Roullet. Die Zufahrt zum Stellplatz zweigt rechts in der Allee ab. Es ist ein befestigter Parkplatz neben einem Park und einer Reha-Klinik, außerorts und sehr ruhig, mit Ver- und Entsorgung (nur Grauwasser) und Picknickbänken.

Wenig später überqueren wir, weder spür- noch sichtbar, den Nullmeridian: Warum das erwähnenswert ist? *Ab jetzt müssen Sie beim Navi West statt Ost eingeben!*

A14 Chevanceaux – *Camping Municipal Bellevue* (F)

GPS: N 45°18'05" W 00°13'55". Nehmen Sie die Ausfahrt 74.1 nach Chevanceaux, dann fahren Sie Richtung *Centre Ville*. Dort geht es beim Denkmal links und hinter der Post rechts. Es ist ein einfacher, sauberer Campingplatz am Dorfrand, eine Wiese mit großen Schattenbäumen und toller Aussicht nach Süden, geöffnet vom 1. Mai–31. Okt. Zum Kassieren kommt abends jemand vorbei (9 €). Ein Schwimmbad befindet sich nebenan und im Dorf gibt es einen guten Bäcker im Dorf.

N230 (Rocade de Bordeaux)/A63: Bordeaux – Bayonne – Hendaye/Irún (Grenze)

Auf der Umfahrung *(Rocade)* von Bordeaux ist eigentlich immer Stau, rechnen Sie also unbedingt entsprechend Zeit ein!

A15 Castets (F)

GPS: N 43°52'30" W 01°08'10". Ab der Ausfahrt 12 fahren Sie nach Castets, gleich am 1. Kreisverkehr ist der Platz ausgeschildert. Der Platz ist ein ruhiges, großzügiges Wiesengelände am Wald- und Ortsrand, lediglich die A63 ist in Hörweite. Ver- und Entsorgung sowie Strom sind vorhanden. Die Übernachtung auf dem gemeindeeigenen Platz kostet 11 € (Bezahlung am Automat mit Kreditkarte). **Hinweis:** Im September 2023 war der Platz aus technischen Gründen geschlossen, wir gehen aber davon aus, dass dies nur vorübergehend war.

Fahrt durch Spanien

Hier haben wir Ihnen durch den Anfang und das Ende unserer Portugal-Touren eigentlich bereits vorgegeben, wie Sie Ihre Anfahrtstrecke wählen sollten. Außerdem ist fast die gesamte Strecke vierspurig ausgebaut, relativ verkehrsarm und zudem kostenlos.

Bitte beachten Sie, dass die Ausfahrten nicht durchnummeriert werden, sondern der Entfernung vom Anfang der Autobahn entsprechen. Dadurch haben die Ausfahrten, je nach Fahrtrichtung, verschiedene Nummern. Bei der Beschreibung der Stell- und Campingplätze sind die Nummern von Norden kommend angegeben.

Irún – Valencia de Alcántara
Etwa 800 Kilometer und 3 Euro Maut

Irún – Vitoria/Gasteiz – Miranda de Ebro – Burgos – Valladolid – Tordesillas Salamanca – Plasencia – Cáceres – Valencia de Alcántara

A-8/AP-1/AP-8: Irún (Richtung Vitoria/Gasteiz) – Ausfahrt 24 (N-1, Lasarte/Oria)

N-1/A-1: Lasarte/Oria – Altsasu – Vitoria/Gasteiz

Die Strecke ist durchgehend autobahnähnlich und kostenfrei, allerdings dürfen zumeist nur 100 Stundenkilometer gefahren werden. Anfangs geht es eng zu in den dicht besiedelten Tälern des Baskenlands, dann wird die Landschaft etwas offener, aber es bleibt bis Altsasu kurvig und teilweise auch steil.

A16 Beasain (E)

GPS: N 43°02'47" W 02°12'43". Nehmen Sie von der A-1 die Ausfahrt 419 (Beasain). Beim Kreisverkehr mit der Lok folgen Sie der Ausschilderung. Es handelt sich um einen großen Asphaltparkplatz mit Ver- und Entsorgung neben einem Fußballfeld in einem Wohngebiet, wo es nachts relativ ruhig ist.

Friedliche Spätsommerstimmung am Embalse Ullíbarri

A17 Parque de Garaio (E)

GPS: N 42°54'04" W 02°32'07". Von der A-1 nehmen Sie die Ausfahrt 367 (Argomaiz, Ozeta), dann fahren Sie Richtung Ozeta und schließlich links (ausgeschildert). Vor dem Eingang eines Naturparks liegen umzäunte, ausgewiesene Stellplätze auf Rasengitter, die allerdings wenig Schatten bieten. Der Platz ist meistens sehr gut besucht. **Hinweis:** Der Park *(Mai–Sept. 8–23 Uhr, Okt.–Apr. 8–21 Uhr, Eintritt frei)* ist ein riesiges Gelände, wunderschön gelegen an einem Stausee *(Embalse Ullíbarri)* mit Badestränden, Liegewiesen, Dusche, WC und sogar Spülen. *Perfekt für einen Pausentag mit Kind oder Hund!* Durch den Park führt eine Ringstraße, ganz am Ende finden Sie ausgewiesene Tages-Parkplätze für WOMOs.

A-1/AP-1: Vitoria/Gasteiz – Miranda de Ebro - Burgos
Die Autobahn nach Burgos ist mautfrei!

A18 Burgos – *Camping Fuentes Blancas* (E)

GPS: N 42°20'30" W 03°39'27". Verlassen Sie die AP-1 bei Salida-1 (Richtung Santander/Burgos-Oeste) und die anschließende A-1 bei der Ausfahrt 245 und fahren Sie Richtung Burgos-Zentrum. Vor der Unterführung bleiben Sie oben (rechte Spur) und biegen beim Kreisverkehr nach links (3. Ausfahrt). Beim Kreisverkehr nach der Brücke geht es wieder links, hier ist der Campingplatz ausgeschildert. Der große angenehme Platz ist in einer Grünanlage am Fluss gelegen (ganzjährig geöffnet, 20–26 €). Es gibt einen Pool und ein einfaches, aber gutes Restaurant bzw. Snackbar im Eingangsbereich. Die Innenstadt von Burgos ist mit dem Fahrrad leicht erreichbar,

E-80/A-62: Burgos – Valladolid – Tordesillas – Salamanca
Die gesamte Strecke ist autobahnmäßig ausgebaut und komplett mautfrei. Südlich von Valladolid beginnt dann jedoch die Öde. Im Sommer ist hier alles braun, jeder Baum ist ein Genuss für´s Auge.

A19 Alaejos (E)

GPS: N 41°18'11" W 05°13'07". Ausfahrt 181 von der E-80 nehmen und Alaejos auf der N-62 fast ganz durchqueren. Am Ortsende (beim Silo) links (Spitzkehre), dann beim kleinen Platz rechts fahren. Das hübsche Ortszentrum mit Restaurants ist fußläufig.

A20 Salamanca-Villamayor – *Camping Ruta de la Plata* (E)

GPS: N 40°59'58" W 05°40'44". Verlassen Sie die E-80 bei Ausfahrt 238 Salamanca-Zentrum) und fahren Sie beim 1. Kreisverkehr links, beim zweiten dann rechts (Villamayor), dann ist der Campingplatz ausgeschildert. Kleiner Platz mit unbefestigten, parzellierten Plätzen unter Bäumen und Pool, nahe der Schnellstraße gelegen (hörbar). Ganzjährig geöffnet, 17–20 €). Das wunderschöne Salamanca ist gut mit dem Bus erreichbar, die Haltestelle ist direkt am Platzeingang.

E-803/A-66: Salamanca – Plasencia – Cáceres
Wir fliegen weiter auf der Schnellstraße dahin, vierspurig und mautfrei.

A21 Béjar (E)

GPS: N 40°23'05" W 05°46'52". Wir nehmen Ausfahrt 417 (Béjar-*sur*) von der A-66 und folgen der Straße. Hinter der alten Eisenbahnbrücke links. Die angrenzende ehemalige Bahnlinie ist ein Toller Rad-/Wanderweg! Sehenswertes Ortszentrum.

A22 Cáceres – *Camping Cáceres* (E)

GPS: N 39°29'19" W 06°24'46". Ausfahrt 545 in Richtung Cáceres-*norte* nehmen und beim 2. Kreisverkehr links fahren, dann ist der Platz ausgeschildert. Terrassierter Platz mit Privatbad (!) für jede Parzelle, ganzjährig geöffnet, 27–41 €, einschl. Strom). Es gibt außerdem einen großen Pool und ein Restaurant.

N-521: Cáceres – Valencia de Alcántara
Die letzten Kilometer Richtung Portugal müssen nun auf zweispuriger, gut ausgebauter Nationalstraße zurückgelegt werden.

EX-110: Valencia de Alcántara – San Vicente de Alcántara
Tipp: Tanken Sie in Spanien noch einmal voll. In Portugal sind die Spritpreise höher (an der EX-110, Ortseinfahrt Valencia).

BA-132: San Vicente de Alcántara – La Codosera

Campingplätze

In ganz Portugal gibt es zahlreiche **Campingplätze**, die gut ausgeschildert und leicht auffindbar sind. Viele Plätze sind ganzjährig geöffnet. Die städtischen Plätze *(Municipal)* und die auf dem Land sind günstig, an der Küste (insbesondere an der Südküste) gelegene sind, je nach Saison, logischerweise teurer. Die Ausstattung reicht von schlicht bis zur Ausstattung mit Tennisplatz und Pool in Schwimmbadgröße. Mancherorts stehen Sie wunderschön auf Wiesen mit reichlich Platz ringsum, auf anderen Plätzen sind sie zwischen Dauercampern eingequetscht. Oft sind die Plätze naturbelassen, was mit großen WOMOs wegen tief hängender Äste aber Vorsicht erfordert.

(Kostenpflichtige) **Waschmaschinen** gibt es auf fast jedem Platz, manchmal sogar Trockner. **Ver- und Entsorgung** wird gegen Bares meistens auch Nichtcampern gestattet. Auch **WiFi** (WLAN) gehört inzwischen zum Standard, der Empfang ist allerdings oft nur im Bereich der Rezeption gewährleistet. Da diese drei Ausstattungsmerkmale auf fast jedem Platz angeboten werden, haben wir Sie bei der Platzbeschreibung nicht ausdrücklich angegeben.

Haustiere sind übrigens auch auf fast allen Camping- und kommerziellen Stellplätzen erlaubt (zumeist kostenpflichtig), weshalb von uns gegebenenfalls bei der Beschreibung auch nur ein Verbot angegeben wird.

In Portugal ist es übrigens auf vielen Plätzen üblich, dass die **Toiletten** keinen Kunststoffsitz haben (also reine Keramik, ohne Brille), auch Toilettenpapier wird häufig nicht gestellt. Beides stellt für uns übrigens keinen Makel dar und wir verstehen auch nicht, weshalb dies bei vielen Urlaubern so ein entscheidendes Kriterium ist (wir finden es beispielsweise ärgerlicher, wenn am Waschbecken keine Seife vorhanden ist).

Platzreservierungen/Vorbuchungen sind nach unseren Erfahrungen nicht notwendig. Seit das Freisteh-Verbot jedoch kontrolliert wird, weichen viele ehemalige Wildcamper auf Stellplätze aus. Insbesondere in den Wintermonaten, wenn die Algarve bevorzugtes Ziel von Überwinterern ist, kann es dort eng werden. Juli und August sind die bevorzugten Urlaubsmonate der Portugiesen, dann sind die Campingplätze am Meer ebenfalls gut besucht.

All diese Informationen sowie anderes Wissenswertes zu sämtlichen Plätzen in Portugal können Sie in vier Sprachen (auch in Deutsch) im Buch ***Roteiro Campista-Camping Portugal*** nachlesen. Es erscheint jährlich neu und ist erhältlich auf manchen Campingplätzen, in portugiesischen Buchhandlungen oder online (2024: 11,90 Euro, einschließlich Discountkarte, *www.roteiro-campista.pt*).

Hinweis: Bei vielen Plätzen ist die Check-Out-Zeit erst um 17 Uhr – wir haben uns nicht nur einmal an einem Sonntagmittag auf den letzten freien Fleck eines scheinbar richtig vollen Platzes gestellt und waren abends dann plötzlich alleine da!

Freies Camping, Stellplätze, übernachtungsgeeignete Parkplätze

Ein Gesetz, das Anfang 2021 in Portugal in Kraft trat und das freie Übernachten außerhalb zugelassener Plätze grundsätzlich untersagt hat, wurde zwischenzeitlich glücklicherweise etwas entschärft: *Gemäß Artikel 50-A der portugiesischen Straßenverkehrsordnung (Códiga da Estrada, DL n.º 114/94, de 03 de Maio) gilt bei Drucklegung Folgendes:*

Das Übernachten im Wohnmobil (oder ähnlichen, also Transportern, Wohnwägen, usw.) und das Campen in Gebieten des Natura-2000-Netzes, in Schutzgebieten und in Gebieten, die unter die Küstennutzungspläne fallen, ist **verboten**, außer an Orten, die ausdrücklich für diesen Zweck bestimmt sind. Im übrigen Gebiet sind Wohnmobile auch über Nacht für maximal 48 Stunden erlaubt (natürlich nur, wenn es kein WOMO-Parkverbotsschild gibt!).

»Campen« wird klar definiert: Es bedeutet das Abstellen des Fahrzeugs mit einer Fläche, die größer als sein Umfang ist – solange also weder Dachluke, Fenster oder die Stufe an der Tür ausgeklappt ist, darf das WOMO zwischen 7 und 22 Uhr geparkt werden (beispielsweise während des Strandbesuchs). Die Strafen bei Zuwiderhandlung bleiben saftig: Bei Nichtbeachten des Übernachtungsverbots kann eine Geldbuße zwischen 120 und 600 Euro fällig werden, wer das 48-Stunden-Stehverbot missachtet muss mit Strafen zwischen 60 und 300 Euro rechnen. *Welche Gebiete im Natura-2000-Netz liegen, kann man online einsehen* (*natura2000.eea.europa.eu*). Glauben Sie niemals, dass etwas legal ist, nur weil (zahlreiche) andere es tun und beachten Sie, dass auch dieses Gesetz sich ändern kann!

Stellplätze gibt es glücklicherweise immer mehr – auf den von Kommunen eingerichteten steht man meistens umsonst, die privaten sind dagegen kostenpflichtig. Viele der Plätze haben sich zusammengeschlossen (*autocaravanalgarve.com*). Auf einem **ASA *(Área de Serviço de Autocaravanas)***, also einem Stellplatz zum Übernachten mit Ver- und Entsorgungsstation, werden Sie also irgendwann bestimmt eine Nacht verbringen. Im Internet findet man Stellplätze tausendfach, teils mit völlig abstrusen Begründungen, weshalb der eine nun gut und der andere schlecht ist. *Wir haben für Sie die Spreu vom Weizen getrennt und versucht, eine neutrale Beschreibung abzugeben.* Daher finden bei uns nur Plätze Erwähnung, auf denen wir entweder schon selbst übernachtet haben oder uns zumindest vorstellen können, dort zu nächtigen (weil Sie uns wärmstens empfohlen wurden). Weniger akzeptable Stellplätze sind nur dann aufgeführt, wenn es an Alternativen mangelt.

Übernachtungsgeeignete Parkplätze haben wir dann erwähnt, wenn Sie weder in einem der oben genannten Gebiete liegen noch ein WOMO-Verbotsschild aufweisen. Im Normalfall heißt das also, dass Sie hier notfalls einmal eine Nacht stehen können.

Hinweis: Manches Verbotsschild ist nicht eindeutig – manchmal werden Wohnwägen als Piktogramm dargestellt oder es steht *Caravana* (Wohnwagen) darunter. Da Leser schon die unangenehme Erfahrung machen mussten, in solchen Fällen auch mit einem Wohnmobil einen saftigen Strafzettel zu kassieren, können wir nur warnen: Stellen

So unklar und vielfältig kann man das Gleiche ausdrücken

Sie Ihr WOMO auch bei Verbotsschildern mit Wohnwagen-Piktogrammen **NICHT** auf solchen Parkplätzen ab, Diskussionen mit der Polizei sind sinnlos. Punkt.

Acesso	Zugang, Zufahrt
Água	Wasser
Autocaravana	Wohnmobil
Caravana	Wohnwagen
Eletricidade	Strom
Entrada	Eingang
Estacionamento	Parkplatz
Lixo	Müll
Ligeiros	leichte Fahrzeuge (PKW, aber nach portugiesischem Recht fallen auch WOMOs bis 3,5 Tonnen darunter!)
Parque de Campismo	Campingplatz
Pesados	schwere Fahrzeuge (LKW)
Saída	Ausgang, Abfahrt
proibido	verboten

Im Normalfall können Sie in Portugal nachts übrigens ruhig schlummern. Mancherorts wird Sie aber vielleicht ein kläffender Hund in der Nähe zum Wahnsinn treiben, anderswo ein hirnloser Auto- oder Mopedfahrer, dessen größtes Vergnügen darin besteht, Kreise auf dem Asphalt zu ziehen, Brems- oder Schleudertests durchzuführen, den Motor hochzudrehen und dabei natürlich auch noch die Musik aufzureißen. Wie überall in Südeuropa feiern auch Jugendliche oder junge Erwachsene gerne lang und laut an schönen Plätzen, was oftmals daran liegt, dass alle noch zuhause bei den Eltern wohnen und es einfach keinen anderen Ort zum Treffen gibt. Das sind aber zumeist Ausnahmefälle und nur weil es bei unserem Aufenthalt ruhig war, kann das natürlich keine Garantie für eine ungestörte Nacht darstellen.

Gas

Vermutlich werden Sie, wie wir auch, mit mindestens einer vollen Gasflasche losfahren. Trotzdem hängen Sie vielleicht nur selten am Strom und lassen den Kühlschrank auf vollen Touren laufen. Oder Sie sind im Winter unterwegs und abends froh über Ihre Standheizung. Früher oder später ist es dann eventuell so weit und Sie müssen »nachtanken«:

Sie haben eine **graue Umtauschflasche**? In Portugal tauscht sie Ihnen niemand um – obwohl im Lande fast nur mit Gas gekocht wird.

An Tankstellen, in Supermärkten oder in Haushaltswarengeschäften werden **Propangasflaschen** angeboten. Sie sind allgegenwärtig und nicht zu übersehen, weil meist ein Gitterkasten voll davon vor dem Gebäude steht – aber sie werden nur gegen gleiche getauscht. Maße und Anschlüsse passen jedoch wahrscheinlich nicht zu Ihrem WOMO. Nehmen Sie daher unbedingt **Adapter** (spezielle Anschlussstücke) mit. *Diese kann man als sogenanntes »Euro-Adapter-Set« im Campingfachhandel erwerben.*

GPL-Tankstellen (von denen es in Portugal übrigens sehr viele gibt!) füllen keine normalen Flaschen (eventuell Wynen-Gastankflaschen und fest eingebaute Gastanks, diesbezüglich haben wir jedoch keine Erfahrung).

Was also tun?

Nehmen Sie eine zweite volle Flasche mit! Darauf sollte es im WOMO auch nicht mehr ankommen und es kann viel Stress sparen. Und mit zwei 11-kg-Flaschen kommt man normalerweise auch bei einem mehrwöchigen Urlaub aus. Und wenn es dann doch so weit ist, suchen Sie die **Füllstation** in Quelfes (Tour 10, Seite 194) auf, die Ihnen auch die grauen Flaschen füllt.

Geld

Bankautomaten gibt es flächendeckend in Portugal. Leider ist der Höchstbetrag für das Bargeld-Abheben jedoch auf 200 Euro begrenzt und die Gebühr wird pro Abhebung erhoben. Daher lohnt es sich, so oft und viel wie möglich mit Girocard oder Kreditkarte zu bezahlen, was normalerweise auch nirgends ein Problem ist. Notieren Sie sich für den Fall eines Diebstahls unbedingt die Telefonnummern für den Sperrnotruf sämtlicher Karten, die Sie besitzen, und rufen Sie im Fall der Fälle auch sofort dort an, wenn Sie den Verlust bemerken! Außerdem sollten Sie zusätzlich das Abhandenkommen bei der Polizei anzeigen, um bei Missbrauch gewappnet zu sein.

(Kunst- und Kultur-) Geschichte

Die Küstengebiete Portugals sind schon seit der Altsteinzeit besiedelt. Deshalb lässt sich die Frage nach der Urbevölkerung nur schwer beantworten. Vermutlich ist sie eine Mischung aus Ligurern, Kelten und Iberern.

10.000 – 1.000 vor Christus

Große Grabstätten stammen aus der Mittleren Steinzeit und der Bronzezeit. Dolmen, Menhire und Cromlechs sind Zeugnisse dieser Zeit. Überall im Alentejo können zahlreiche Megalithanlagen heute noch bewundert werden, siehe *Menhir, Cromeleque, Anta, usw.* (Seite 22).

700 – 200 vor Christus

Die Kelten siedeln sich in Portugal an, verschmelzen mit den Iberern zu den Keltiberern. Sie errichten stark befestigte Höhensiedlungen *(Citânias)*, *hauptsächlich jedoch im Norden des Landes.*

200 vor Christus – 400 nach Christus

Die Römer haben die Pyrenäenhalbinsel erobert. Das heute portugiesische Gebiet gehört zu den Provinzen Gallaecia (Norden) und Lusitania (südlich des Douro). Die Römer schleifen die alten Citânias der Kelten, fördern aber die Entwicklung der Städte. *Pisões* (Seite 95), *Miróbriga* (Seite 112) und *São Cucufate* (Seite 88) sind Beispiele für römische Besiedelungen, aber auch der *Tempel in Évora* (Seite 68).

711–1250
Die Mauren haben den nun größten Teil der Iberischen Halbinsel erobert, Portugal gehört jetzt zum Kalifat von Córdoba. Während der Reconquista, der Rückeroberung des Landes durch die Christen, werden die maurischen Bauwerke fast völlig zerstört. Der Einfluss dieser Epoche ist im Süden jedoch vielerorts bis heute sichtbar, beispielsweise in *Silves* (Seite 162) oder *Mértola* (Seite 223). Auch beim Essen hat das arabische Erbe übrigens Spuren hinterlassen: In Südportugal wird gerne mit Koriander *(Coentro)* gewürzt!

1150–1250
Romanik, im Süden eher selten zu finden, die *Ermida de Santa Catarina* bei Monsaraz (Seite 254) kann dieser Epoche jedoch zugeordnet werden.

1200–1500
Gotik, zu bewundern an den Kathedrale von *Évora* (Seite 69) und *Silves* (Seite 164).

ab 1500
Manuelinischer Stil (portugiesischer Spätgotikstil), welcher sich durch eine geradezu überschäumende Dekorfülle auszeichnet. Insbesondere Elemente der Entdeckungsreisen wie Taue, Knoten, Seeschlangen, Korallen und Muscheln verzieren die immer zierlicher werdenden gotischen Fenster. Prunkstücke der Manuelinik sind das *Hieronymus-Kloster* und der *Torre de Belém* (Seite 41) oder auch das *Seitenportal der Misericórdia-Kirche in Silves* (Seite 164).

Der Niedergang der portugiesischen Macht lähmt auch das Kunstgeschehen. Seit der Renaissance finden blaue Wandfliesen *(Azulejos)* zunehmend Verwendung. Eigentlich eine Erfindung der Mauren, finden die Portugiesen so großen Geschmack daran, dass bald eigene Azulejo-Manufakturen beginnen, ganze Innen- und Außenwände damit zu verzieren. Die blauen Fliesen werden schließlich zum häufigsten Schmuck von Klöstern und Kirchen, aber zunehmend auch in Privathäusern. Bewundern kann man die kleinen Kunstwerke beispielsweise in der *Markthalle von Setúbal* (Seite 154). Noch heute ist die Herstellung Handarbeit (Seite 55).

Einige portugiesische Bezeichnungen sollten Sie kennen.

Centro Histórico	Historisches Zentrum, Altstadt
Castelo	Burg, Schloss
Convento	Konvent, Kloster
Ermida	Kapelle
Igreja	Kirche
Mosteiro	Kloster
Museu	Museum
Palácio	Schloss, Palast
Santuário	Heiligtum
Sé	Kathedrale
Pelourinho	Pranger, Schandpfahl
Porta	Tür, Tor
Torre	Turm

GPS, Navigation

Kaum ein Wohnmobilist ist heute noch ohne Navigationsgerät (oder Smartphone) unterwegs. Trotzdem haben wir uns bemüht, alle Plätze so zu beschreiben, dass Sie diese auch ohne Navi anfahren könnten. In diesem Reiseführer sind für alle Stell- und Campingplätze sowie viele Sehenswürdigkeiten, Parkplätze oder andere wichtige Orte die **Koordinaten in Grad, Minuten und Sekunden** angegeben. Sollte dies bei Ihrem Gerät anders eingerichtet sein (keine Sekunden, dafür die Minuten als Kommazahl), lässt sich dies normalerweise einfach umstellen.

Viele Leser tippen die Koordinaten vor dem Urlaub in das Gerät ein und speichern diese. Wer es bequemer haben möchte, erwirbt beim WOMO-Verlag die Koordinaten als sogenannte **POIs** (**P**oint **o**f **I**nterest) und spielt diese einfach auf. *Vergessen Sie nie, dass Sie in Portugal westlich des Nullmeridians sind* (also W statt E, wie in Deutschland üblich, eingeben!), sonst wird es schwierig mit dem Ankommen... Trotz aller moderner Technik raten wir Ihnen, nicht auf eine Landkarte zu verzichten, die einfach eine ganze Menge mehr Infos bietet.

Hunde und andere Haustiere

Hunde, Katzen und was sonst noch so als Haustier kreucht und fleucht darf

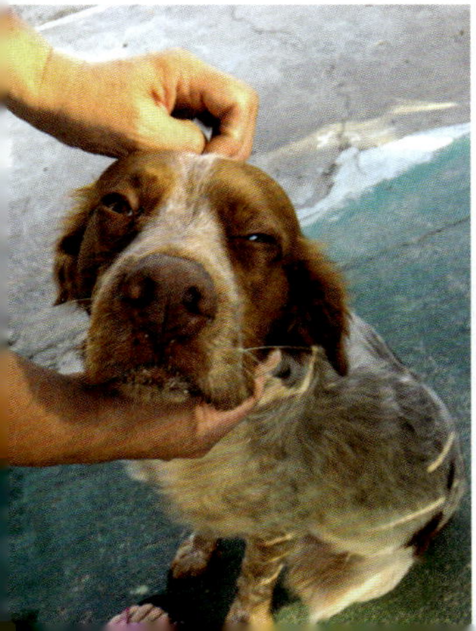

mit Ihnen nach Portugal reisen, wenn die Einreisepapiere stimmen. Verlangt wird ein gültiger **EU-Heimtierausweis** mit Eintragung von Chipnummer oder Tätowierung (bei Erstkennzeichnung nach dem 03.07.2011 ist ein Chip immer Pflicht) sowie eine gültige **Tollwutimpfbescheinigung** (Erstimpfung mindestens 21 Tage alt). Unter drei Monate alte Tiere dürfen nicht einreisen.

Seit Corona hat die Zahl der Hunde in Portugal stark zugenommen – und damit auch die Akzeptanz, beispielsweise in Restaurants. Gaststättenbesitzern ist es selbst überlassen, ob Hunde im Gastraum gestattet sind, daher lässt sich hierzu keine klare Aussage treffen. *In öffentlichen Verkehrsmitteln dürfen Sie Ihren Hund nicht mitnehmen.* Wenn Sie auf dem Campingplatz am Rand einer Großstadt wie Lisboa stehen und diese logischerweise trotzdem besichtigen möchten, können Sie die Rezeption bitten, ein Taxi zu bestellen und den Tiertransport anzumelden oder dies über Uber-Pet tun.

Wer einen sogenannten »**Kampfhund**« sein Eigen nennt, sollte sich unbedingt vorab schlau machen, ob die Mitnahme der jeweiligen Rasse erlaubt ist – auch bezüglich der Durchreiseländer Frankreich und Spanien. Auf manchen Campingplätzen sind bestimmte Hunderassen nicht erlaubt.

An den meisten Atlantikstränden und Flussbadestellen gibt es ein Hundeverbot, weshalb wir dieses bei den Stränden auch gar nicht explizit erwähnt haben. Viele Portugiesen halten sich aber nicht daran, außerhalb der Sommermonate Juli und August sieht man überall Hunde am Strand herumtollen. Falls Haustiere auf einem Campingplatz nicht gestattet sind, so finden Sie diesen Hinweis in der Beschreibung (nicht jedoch, wenn die Zahl beispielsweise auf zwei Hunde begrenzt ist).

Manchmal trifft man auf **herrenlose Hunde** auf dem Land, diese verhalten sich jedoch normalerweise defensiv. Äußerste Vorsicht ist dagegen bei Hütehunden geboten, die im Zweifelsfall jeden anderen Vierbeiner als Gefahr für die Herde, die Ihnen anvertraut ist, ansehen.

In keinem anderen europäischen Land haben wir übrigens nachts so ausdauernd nervtötend **bellende Hunde** gehört wie in Portugal. Man kann sich nun ständig darüber aufregen oder versuchen, seinen Frieden mit Hilfe von Ohrenstöpseln zu finden. Warum das nur uns Urlauber und nicht die Einheimischen, die das ja auch hören müssen, stört, wird uns weiterhin ein Rätsel bleiben...

Kriminalität, Autoaufbrüche

Portugal gilt grundsätzlich als sicheres Reiseland, aber Ausnahmen bestätigen die Regel. Mehrere Leser haben uns berichtet, dass ihr abgestelltes WOMO in Lisboa aufgebrochen wurde. Dabei wurden sowohl Scheiben eingeschlagen als auch Schlösser geknackt.

Das in Europa übliche Wohnmobiltürschloss, war mit einer einzigen Schraubenzieherumdrehung aufgebrochen werden kann, ist leider ein Witz und mit solchen Schlössern sind immer noch zahlreiche Wohnmobile gesichert. *Wir empfehlen Ihnen, in so einem Fall aufzurüsten:* Eine gute Lösung sind die **Zusatzschlösser der Firma *Heosafe*** *(www.heosolution.de). Heosafe* hat auch ein taugliches Angebot im Programm, mit dem sich die Schiebetür eines Fiat Ducato (Peugeot, Citroën) Kastenwagens auch nachts von innen perfekt verriegeln lässt, sowie Schlösser für die Schiebetür und die Hecktür von außen.

Gegen eingeschlagene Scheiben kann man sich nur zu schützen versuchen, indem man den Ort, an dem man das Auto unbeaufsichtigt parkt, nicht leichtfertig auswählt. Außerdem sollte es selbstverständlich sein, dass man die wichtigsten Wertsachen nicht im Fahrzeug zurücklässt (schon gar nicht sichtbar) und dass man Vorkehrungen trifft, die ein Öffnen der Türen durch die eingeschlagene Scheibe einschließlich der Aufbau- oder Schiebetür verhindert, nachdem eine schmale Person in das Fahrzeug geklettert ist. Sonst räumen die Diebe im ungünstigsten Fall das ganze Fahrzeug leer. Um dem vorzubeugen, *benötigt man mechanische, abschließbare (!) Verriegelungen, die zugleich gegen aufgebrochene Schlösser wirken.* Der WOMO-Verlag verkauft Ihnen den ***WOMO-Knacker-Schreck***, den Sie auch in Mietmobilen einsetzen können und der das Öffnen der Vordertüren verhindert (funktioniert nicht bei Ford-Modellen, weil die Armlehnen in den Türen eine Öffnung zum Einhaken haben müssen).

Sinnvoll ist außerdem eine laute **Alarmanlage**. Abgesehen davon, dass eine solche Vorrichtung Lärm macht, den Sie im benachbarten Restaurant oder an einem Badeplatz möglicherweise selbst hören, dürften schon entsprechende Aufkleber an den Seitenscheiben oder ein blinkendes Lichtchen eine gewisse Warnfunktion haben. Der Einbau ist leider teuer und kostet gut und gerne 500 Euro, aber er belohnt Sie mit einem sorgenfreieren Urlaubserleben.

Ein ganz wichtiger **Hinweis**: Bewahren Sie wertvolle Dinge und wichtige Utensilien (täglich benötigte Medikamente) nicht in Aktentaschen oder kleinen Koffern auf. Alles, was ein Schloss hat, wird als erstes geklaut; besonders der Schminkkoffer, der zur Lieblingsbeute eines eiligen WOMO-Knackers gehört. *Ständig benötigte Medikamente sollten Sie doppelt dabeihaben*, davon einmal in einem sicheren Versteck.

Es gilt eine **Grundregel**, die Sie eisern befolgen müssen: *Verlasse nie dein WOMO mit nichts als dem Autoschlüssel in der Hand*. Denn die Diebe lauern womöglich hinter den Büschen und wissen, dass Sie mehr als diesen Autoschlüssel mit auf die Reise genommen haben: Geld, einen Laptop, eine Handtasche. Tragen Sie aber nichts unterm Arm, müssen diese Dinge zwangsläufig im WOMO zurückgeblieben sein.

Das betrifft besonders die Leser, die ein **Wohnmobil gemietet** haben, weil diese Fahrzeuge gegen Autoknacker schlechter gesichert sind. Die Besatzung solcher Mietmobile muss damit rechnen, das schwächste Glied in der Kette zu sein. Den Fahrzeugen, zumeist neueren Modellen mit wenig individuellen Innereien und Werbeaufschriften, sieht der erfahrene Einbrecher an, dass die Mieter unkundiger und sorgloser sind als alte Hasen. Das dürfen Sie in keiner Minute vergessen, schon gar nicht auf dem Autobahnrastplatz oder an anderen Stellen, an denen Sie nur kurz Ihr Fahrzeug verlassen. Die wenige Minuten dauernde Einkehr ist oft die beste Gelegenheit, im Auto herumliegende Wertgegenstände zu stehlen. Wenn es irgendwie geht, sollte auf Rastplätzen immer ein Familienmitglied im Auto bleiben. Ansonsten müssen die Wertsachen zur kurzen Erfrischung (und Entleerung) mitgenommen werden!

Falls Sie bestohlen wurden, benötigen Sie eine Bescheinigung der **Polizei**, dass Sie den Diebstahl angezeigt haben, nur dann, wenn das ganze Auto verschwunden ist oder Sie eine Reisegepäckversicherung unterhalten, die normalerweise Leistungen für Diebstähle aus dem Fahrzeug allenfalls erbringt, wenn der Diebstahl auf Campingplätzen stattgefunden hat, nicht aber, wenn das Fahrzeug außerhalb derselben aufgebrochen worden ist. Den Glasschaden einer eingeschlagenen Scheibe ersetzt die Kaskoversicherung auch ohne Nachweis einer Anzeige.

Straßenkriminalität, insbesondere geklaute Taschen oder Diebstähle aus Rucksäcken können überall vorkommen, passen Sie besonders in öffentlichen Verkehrsmittel, wo es eng zugeht, auf. Zur etwa notwendigen Kartensperrung lesen Sie Näheres beim Stichwort *Geld*.

Landkarten – auf Papier und virtuell

Nein, trotz Navi, Smartphone und-so-weiter – *ohne detailgetreue Landkarte würden wir niemals losfahren*. Empfehlen können wir Ihnen die *Michelin-Karte Nr. 733 Portugal* (M1:400.000), die für 11,95 Euro im Shop des WOMO-Verlags erhältlich ist. Gute Erfahrungen haben wir auch mit dem *Marco Polo-Spiralbuchatlas Spanien/Portugal* (M 1:300.000, 16,95 Euro) sowie der *Marco Polo-Länderkarte* (M 1:300.000, 11,99 Euro) gemacht.

Die »Reisekarten«, die der ADAC und andere Automobilclubs Ihren Kunden kostenlos aushändigen, eignen sich nur als Zusatzinformation.

Unsere **Tourenkarten** ergänzen die Straßenkarten, sie zeigen Camping-, Stell-, Bade- und Wanderparkplätze.

Kostenlose Stadtpläne und sonstiges Informationsmaterial erhalten Sie stets auch bei der Touristeninformation *(Posto de Turismo* oder einfach *Turismo*, zunehmend auch nur mit »i« ausgeschildert).

Zum online Orientieren und Checken der Verkehrslage ist die kostenlose Internetseite von ***ViaMichelin*** eine große Hilfe: Wenn Sie (am Smartphone) am Rand der Karte den Punkt mit den beiden Fahrzeugsymbolen berühren, wird die Verkehrslage ein- oder ausgeschaltet. Grüne Straße sind frei, schwarze Straßen zeigen Sperrungen, rote bedeuten Stau und orange Zähflüssigkeit. Dafür muss man, im Gegensatz zu *Google Maps*, keine Route eingeben.

Google Maps ist super für die kostenlose Orientierung online innerhalb von Städten, wenn Sie beispielsweise eine bestimmte Gaststätte suchen (auch zu Fuß oder per Rad).

Besitzer eines Smartphones laden ***maps.me*** und orientieren sich offline..

Lebensmittel, Getränke

Essen und Trinken sind unsere Lieblingsthemen und zwei Gründe, weshalb wir Portugal so lieben...

Vorratshaltung im WOMO zu betreiben lohnt wirklich nicht – Sie fahren zwar an den Rand Europas, aber nichts ans Ende der Welt! Supermarktketten sind in Portugal fast überall vertreten, neben den portugiesischen *(z.B. Pingo Doce)* auch deutsche *(z.B. Lidl, Aldi)* und französische *(z.B. Intermarché)*. Die großen Läden sind bis spät abends geöffnet, fast immer auch am Sonntag sowie an Feiertagen.

An der Bedientheke im Supermarkt, in der Bäckerei, usw. müssen Sie übrigens meistens eine **Nummer ziehen** und warten, bis diese auf dem Monitor angezeigt wird, sonst kommen Sie nie an die Reihe.

Märkte gibt es in Südportugal auch, leider aber immer seltener. Eine **Markthalle** *(Mercado*, oft nur bis 14 Uhr geöffnet) haben aber die meisten Orte zu bieten. Gemüse und Obst bekommen Sie hier frisch und günstig. Immer wieder entdeckt man dort auch Sorten, die aus Afrika oder Brasilien stammen und die man bei uns gar nicht kennt. Eine **Metzgerei** *(Talho)* finden Sie normalerweise im Randbereich der Markthalle.

Kleine Obst- und Gemüsekunde:

Alho	Knoblauch
Amêndoas	Mandeln
Azeitonas	Oliven
Bananas	Bananen
Batatas	Kartoffel
Brócolos	Brokkoli
Cebolas	Zwiebeln
Cenouras	Karotten
Cerejas	Kirschen
Coentro	Koriander

Couve	Kohl
Feijão verde	Grüne Bohnen
Figos	Feigen
Grão	Kichererbsen
Laranjas	Orangen
Limões	Zitronen
Maçãs	Äpfel
Melão	Honigmelone
Morangos	Erdbeeren
Pepinos	Gurken
Pêras	Birnen
Pêssegos	Pfirsiche
Pimentos	Paprika
Salsa	Petersilie
Tomates	Tomaten
Uvas	Trauben

Jeder Supermarkt in Portugal besitzt auch eine Fischtheke und nicht nur an der Küste ist diese bestens bestückt. Ein wahres Eldorado sind die **Fischmärkte**. Wer sich den Fisch gleich ausnehmen lässt, erspart sich die Sauerei im WOMO und dem hartnäckigen Bratgeruch lässt sich entkommen, wenn man an eine Grillstelle ausweicht (sofern dies irgendwo gestattet ist).

In der ***Pastelaria*** (Konditorei) gibt es köstliche Kalorienbomben, in der ***Padaria*** (Bäckerei) kann man das für die jeweilige Region typische Brot kaufen.

Olivenöl *(Azeite)* kaufen wir gerne direkt beim Abfüller oder in einer Kooperative in 5-Liter-Kanistern, lagern es dann kühl zuhause im Keller und erfreuen uns dann bis zum nächsten Urlaub daran. *In den einzelnen Touren finden Sie dazu die Adressen lokaler Öl-Hersteller.*

Die Portugiesen produzieren weitaus mehr **Wein**, als sie trinken können (obwohl der Konsum bestimmt nicht gering ist). Weinkennern eine bestimmte Marke zu empfehlen, ist bei der Fülle des Angebots schwer. Im Supermarkt reicht die Palette von knapp unter fünf Euro pro Flasche bis in den oberen zweistelligen Bereich. Mit einem Wein der Region, in der Sie gerade unterwegs sind, zwischen fünf und zehn Euro machen Sie nie etwas falsch!

Große Auswahl auf dem Fischmarkt

Zu guter Letzt bleibt unter diesem Stichwort noch das Thema **Mitbringsel**. Sei es für sich selbst oder für die nette Nachbarin, die sich während Ihrer Abwesenheit um den Garten kümmert – darüber freut sich jeder:

Kaffeepulver, grobes Meersalz, Olivenöl, Fischkonserven (alleine die hübschen Dosen sind es wert!), Piripiri (scharf und lecker) und natürlich Wein, Wein, Wein – kistenweise!

Literatur

Ein wichtiges Buch über Portugal halten Sie gerade in Händen, mit diesem WOMO-Führer werden Sie nicht verloren gehen. Gute Karten haben wir Ihnen bereits empfohlen, ebenso den Campingführer Portugal.

Ergänzend legen wir Ihnen die ***Reiseführer des Michael Müller-Verlags*** über Portugal ans Herz, diese gibt es auch für einzelne Regionen.

Als wunderbare Reiselektüre bietet sich der Roman *Nachtzug nach Lissabon von Pascal Mercier* an. Eine Krimireihe, die an der Algarveküste spielt, hat *Gil Ribeiro* mit *Lost in Fuseta* geschaffen (mittlerweile gibt es mehrere Bände).

Mietfahrzeuge (Wohnmobile und Kastenwägen)

Für viele scheidet Portugal als Reiseland aus, weil sie meinen, nicht genügend Urlaubszeit zur Verfügung zu haben, um auch Hin- und Rückreise unterzubringen. Auch dafür gibt es einfache Lösung: *Hinfliegen und Wohnmobil oder Kastenwagen (Van) mieten!*

Empfehlungen können wir Ihnen dazu nicht weitergeben, da wir diesen Service bisher noch nie genutzt haben, weil wir ja mit dem eigenen Gefährt unterwegs sind. Aber Fahrzeuge folgender Firmen haben wir schon öfter unterwegs gesichtet:

Campilider *(https://www.campilider.com)*
Indiecampers *(https://indiecampers.com)*
Portugal by Van *(https://portugalbyvan.com)*
Roadsurfer *(https://roadsurfer.com)*
Siesta Campers *(https://www.siestacampers.com)*

Notfälle

Ärzte und Apotheken

Notrufnummer 112 (Ambulanz, Polizei, Feuerwehr)
Notruf bei Vergiftungen 00351 808 250 143
Portugiesische Ärzte sprechen oft französisch oder englisch, manchmal auch deutsch.

Im Notfall (Emergência) wendet man sich an ein staatliches Gesundheitszentrum (Centro de Saúde) oder fährt zur Ambulanz (Urgência) des nächsten Krankenhauses (Hospital).

Mitglieder (deutscher) gesetzlicher Krankenkassen sollten Ihre Versicherungskarte dabeihaben, die »europäische Version« **EHIC** *(European Health Insurance Card)* ist auf der Rückseite aufgedruckt. Damit können Sie sich bei den genannten staatlichen Stellen behandeln lassen, müssen sich aber grundsätzlich auf lange Wartezeiten einstellen.

Wir empfehlen außerdem den Abschluss einer **Auslandsreisekrankenversicherung**, damit man Privatärzte bzw. -kliniken aufsuchen kann. Langzeiturlauber müssen dabei die maximale Reisedauer beachten. Sie werden bar in Vorkasse treten müssen, bekommen aber meistens zumindest einen Teil der Kosten nach deutschem Honorarvertragsrecht zurückerstattet. Lassen Sie sich bei einem Arztbesuch daher unbedingt eine Quittung und eine Krankheitsbeschreibung *(Descrição da Doença)* geben. Im schlimmsten aller Fälle kann es sich bewähren, einen **Auslandsschutzbrief des ADAC** zu haben, damit Sie, Ihre Familie und das WOMO kostenlos nach Hause transportiert werden (ADAC in München 0049 89 222222).

Apotheken heißen *Farmácia*. Neben den normalen Öffnungszeiten gibt es überall einen 24-Stunden-Bereitschaftsdienst. Er ist an den Apothekentüren angeschlagen oder kann telefonisch unter Telefon 118 abgefragt werden.

Botschaften

Deutsche Botschaft in Portugal:
1169-043 Lisboa, Campo dos Mártires da Pátria 38
Tel. 00351 21 881 0210, *lissabon.diplo.de*
Bereitschaftstelefon für Notfälle außerhalb der
Öffnungszeiten 00351 96 580 8092
Österreichische Botschaft in Portugal:
1399-046 Lisboa, Avenida Infante Santo 43
Tel. 00351 21 394 3900
Bereitschaftstelefon für Notfälle außerhalb der
Öffnungszeiten 00351 962 514 111
Schweizerische Botschaft in Portugal:
1350-185 Lisboa, Travessa do Jardim 17
Tel. 00351 21 394 4090, *www.eda.admin.ch/lisbon*

Die Adressen der Konsulate in anderen Städten (Porto, Faro) erhalten Sie bei den o.g. Botschaften.

Portugiesische Botschaft in Deutschland:
10117 Berlin, Zimmerstraße 56, Tel. 030-590 063 500

Pannendienste

Pannenhilfe leistet der portugiesische Automobilclub ACP, rund um die Uhr erreichbar unter Tel. 00351 215 915915. Die ADAC-Notrufzentrale in München ist ebenfalls 24 Stunden besetzt: Tel. 0049 89 222222.

Bei allen Problemen rund um´s WOMO empfehlen wir den mobilen Reparaturservice von Dieter Reichert (deutschsprachig), der zwar an der Algarve ansässig ist, aber vielleicht sind Sie ja noch dorthin unterwegs:
www.campers-first-aid.eu, Tel. 00351 926 550969 oder
0049 152 01065421, info@campers-first-aid.eu

Waldbrände

Sie kennen es vermutlich aus den deutschen Medien: Fast jedes Jahr wird ab dem Frühjahr über verheerende Waldbrände in Portugal berichtet, die große Flächen in Schutt und Asche legen. Erschreckenderweise liegt das kleine Land europaweit neben Griechenland an der Spitze einer traurigen Statistik. Die Ursachen sind vielfältig: In den allgegenwärtigen Eukalyptus-Monokulturen hat es Feuer relativ leicht, sich auszubreiten. Viele Wälder sind auch in Privatbesitz und werden schlecht gepflegt. Vielleicht hat der eine oder andere auch Interesse daran, am Aufforsten zu verdienen...

Ziemlich erschreckend anzusehen...

Was auch immer der Grund sein mag, *ein Waldbrand ist eine schlimme Katastrophe für Natur und Mensch*. Theoretisch gibt es ein Gesetz, das Grundstücksbesitzer verpflichtet, zur Straße hin eine Schneise frei von Bewuchs zu halten. Grillstellen in Wäldern dürfen nicht mehr genutzt werden, weshalb diese manchmal zwar noch vorhanden, aber zerstört sind.

Man mag sich gar nicht vorstellen, was es heißt, als Wohnmobilist solch einem Brand zu nahe zu kommen. Dazu ein paar **Hinweise**:

Suchen Sie sich in trockenen, heißen Zeiten keinen abgelegenen Platz im Wald zum Übernachten.

Stellen Sie sich mit heißem Motor niemals auf Flächen mit hohem, trockenem Gras. Beachten Sie die Zeiger der Brandgefahr-Tafeln am Waldrand.

Machen Sie außerhalb von Grillstellen kein Feuer und auch in diesen nur, wenn Sie sicher sind, dass Sie diese nutzen dürfen.

Ein Feuerlöscher im Womo nützt zwar bei einem Waldbrand nichts, aber ein kleines Feuer zu löschen, kann Schlimmeres verhindern.

Preise

Campingplätze sind wesentlich günstiger als am Mittelmeer, insbesondere im Landesinneren. Lediglich um Ostern und im Juli/August heben manche die Preise kräftig an.

Bei Eintrittspreisen ist stets der »normale« Preis genannt, Stand 2023/2024. Kinder (gewöhnlich bis zwölf), Rentner und junge Leute zwischen 10 und 30 mit *European Youth Card* (19 Euro, *jugendkarte.de)* kommen immer günstiger weg. Außerdem gibt es Familientickets – eine ganz tolle, faire Sache! Anders als in Deutschland, wo man als Familie oftmals kräftig abgezockt wird, haben wir in Portugal bei manchen Sehenswürdigkeiten zu viert mit unseren beiden Töchtern (die damals bereits älter als 12 waren) teilweise weniger gezahlt als zwei Erwachsene zwischen 29 und Rentenalter! Vielleicht ist dies der Grund, weshalb für das Familienticket oftmals kein Preis angeschrieben ist?

In vielen Sehenswürdigkeiten und Museen ist außerdem am ersten Sonntagvormittag des Monats der Eintritt frei (bei einigen sogar jeden Sonntagmorgen, manchmal gilt dieses Angebot aber auch nur für portugiesische Staatsangehörige) – besonders in Städten kann man so richtig sparen, allerdings ist es dann auch häufig voller als an den anderen Tagen!
Essengehen ist in Portugal günstig, wogegen der Einkauf von Lebensmitteln fast genauso teuer wie in Deutschland ist.

Rad fahren

Seit wir nur noch zu zweit unterwegs sind, haben wir die Räder immer dabei. Nicht nur für die Fahrt vom Stell- oder Campingplatz in die nächste Ortschaft hat sich das bewährt. Da in Portugal immer mehr Radwege ausgewiesen werden, entdecken wir in zahlreichen Gegenden ganz viel Neues. Außer entlang der Flüsse bekommt man zwar schnell Höhenmeter zusammen, aber vielleicht sind Sie ja sportlich oder per E-Bike unterwegs? Auf kleinen Seitenstraßen auf dem Land herrscht übrigens oft kaum Verkehr, wir haben auch großen Spaß daran, uns hier genauer umzusehen. *Wir können es nur empfehlen!*

Bitte beachten Sie, dass die Räder für die Fahrt durch Spanien, sofern sie auf einem Heckträger angebracht sind, mit einer 50 × 50 Zentimeter großen, rot-weiß diagonal schraffierten und reflektierenden Warntafel gekennzeichnet sein müssen.

Das Alentejo ist toll zum Radeln!

Reisezeit, Klima, Feiertage

Der Süden Portugals bietet sich als Ganzjahres-Reiseziel an. Das Land am äußersten Westrand Europas gelegen und fast vom Meer umringt, hat atlantisches Klima, das heißt mild und ausgeglichen. Fährt man jedoch ins Landesinnere, so lässt überraschend schnell der Meereseinfluss nach. Besonders im Alentejo sind 40°C keine Seltenheit.

Westküste: In den Urlaubsmonaten Juni bis September liegt am Atlantik die mittlere Lufttemperatur bei 22–25°C, die Wassertemperatur liegt bei 17–19°C. Regen ist selten, meistens ist lediglich im September damit zu rechnen. Oft bläst ein kräftiger Westwind, die Mitnahme (oder der Kauf) eines Windschutzes für den Strandbesuch ist anzuraten. Im Frühjahr und im Herbst sind die Temperaturen meist angenehm, Niederschlag ist zwar häufiger, aber ganze Regentage gibt es trotzdem selten. Sobald die Sonne sich blicken lässt, wird es schnell richtig warm. Im Winter ist es zwar oft mild, aber es kann insbesondere im Dezember und Januar häufiger regnen und die Gischt sorgt im Küstenbereich immer für etwas salzige Luft. Gut für die Lungen, aber unangenehm, wenn nichts mehr richtig trocken wird. Auch den Wind darf man zu dieser Jahreszeit nicht unterschätzen.

Südküste: In den Urlaubsmonaten Juni bis September werden durchschnittlich 23–26°C erreicht, auch das Wasser ist mit bis zu 23°C spürbar wärmer als an der Westküste. Niederschlag ist im Juli und August eher selten, im Juni und September ist mit etwa zwei Tagen im Monat zu rechnen. Im Frühjahr und im Herbst sinken die Temperaturen auch nachts selten unter 12 Grad, tagsüber pendelt es sich meist bei 20°C ein, Niederschlag ist zwar häufiger, aber ganze Regentage gibt es trotzdem selten. Im Winter ist es mild, bei Sonnenschein richtig warm – die Algarve ist beliebt bei Überwinterern.

Binnenland: Im Hochsommer kann es brütend heiß werden im Alentejo, es regnet fast nie von Juni-September. Niederschlag ist dafür eher selten, außer in den bergigeren Regionen. Im Frühjahr und Herbst ist es herrlich angenehm hier, die Monate März–Mai sorgen für Blütenpracht allerorts, September–November ist dann eher alles recht ausgedörrt. Auch im Winter ist so gut wie nie und nirgends mit Schnee zu rechnen, die Temperatur kann nachts aber durchaus einmal unter 0° C fallen.

Was im Winter für uns sehr ungewohnt ist, sind die kalten Innenräume. Heizung gibt es eher selten, die Fenster sind oft nur einfach verglast und undicht. Portugiesen sind im Winter wesentlich dicker angezogen als wir Mitteleuropäer, da für uns warme Räume normal sind. Auch beim Restaurantbesuch empfiehlt es sich daher, dann einen dicken Pulli dabei zu haben.

Die meisten (Wohnmobil-) Touristen trifft man in Südportugal übrigens im Winter an, in den klassischen Urlaubsmonaten sind dann Portugiesen und Pauschaltouristen aus ganz Europa hier. Sobald Sie die Küste verlassen, werden Sie nur noch auf wenige Touristen treffen, bei den meisten muss es halt doch das Meer sein. An Ostern sind recht viele Spanier unterwegs, was sich auch gleich an den steigenden Preisen bemerkbar macht.

Feiertage in der Zielregion sind:

Januar	Neujahr *(Ano Novo)*
März/April	Karfreitag, Ostersonntag *(Sexta Feira Santa, Páscoa)*
25. April	Nelkenrevolution *(Dia da Liberdade)*
01. Mai	Tag der Arbeit *(Dia do Trabalhador)*
Mai/Juni	Fronleichnam *(Corpo de Deus)*
10. Juni	Nationalfeiertag *(Dia de Portugal)*
13. Juni	Stadtfeiertag in Lisboa *(Dia de Santo António)*
17. Juni	Erinnerungstag an Opfer von Waldbränden *(Dia Nacional em Memória das Vitimas de Incêndios)*
15. August	Mariä Himmelfahrt *(Assunção de Maria)*
05. Oktober	Tag der Republik *(Implantação da República)*
01. November	Allerheiligen *(Todos os Santos)*
01. Dezember	Tag der Unabhängigkeit *(Dia da Restauração da Independência)*
08. Dezember	Mariä Empfängnis *(Dia da Imaculada Conceição)*
25. Dezember	1. Weihnachtsfeiertag *(Natal)*

An Neujahr, Karfreitag und Ostersonntag, dem ersten Mai sowie dem ersten Weihnachtsfeiertag hat fast alles geschlossen (zumindest alle, was staatlich ist, wie Museen, Behörden, Institutionen). *Die übrigen Feiertage merkt man als Tourist kaum, selbst Supermärkte und große Geschäfte haben dann zumeist geöffnet, insbesondere an der Algarve.*

Gefeiert wird an Fasching *(Carnaval)* mit Umzügen, an Ostern mancherorts mit Prozessionen, die Sonnenwende im Juni mit großen Feuern und natürlich an Silvester. Am ersten Mai sind Demonstrationen nicht selten.

Restaurants

Während der Kauf von Lebensmitteln fast genauso teuer ist wie bei uns, ist der Restaurantbesuch erstaunlich günstig. Insbesondere der Mittagstisch ist sensationell: Für acht bis zehn Euro bekommen Sie den *Prato do Dia* serviert – bestehend aus dem Tagesessen, Suppe und Dessert, und dazu meistens einen halben Liter Wein (natürlich darf es auch ein Wasser sein!). *Wenn Sie schauen, wo um die Mittagszeit die meisten Autos oder Lkws stehen, werden Sie eine Stunde später glücklich und zufrieden das Lokal verlassen*, bitte jedoch ohne Promille. Um die Mittagszeit kann man in der Cafeteria der Supermärkte (besonders bei *Pingo Doce)* oftmals auch gut und noch günstiger essen. Dagegen sind Restaurants in klassischen Touristenorten oftmals teurer.

Mittags haben **Restaurants** meistens von 12–15 Uhr geöffnet, abends bekommt man fast immer ab 18.30 Uhr ein Essen (bis etwa 22.00 Uhr).

Gleich beim Eintreten können Sie übrigens ins Fettnäpfchen treten: *Im Restaurant setzt man sich niemals einfach an einen Tisch*, sondern nimmt Blickkontakt mit dem Kellner auf und nennt ihm die Personenzahl (gerne einfach mit den Fingern), die zum Essen kommt. Sie bekommen dann einen Tisch zugewiesen, an dem alle bereits aufgelegten Gedecke, die nicht benötigt sind, einfach abgeräumt werden.

Vegetarier haben es schwer, Fisch- und Fleischgerichte dominieren die Speisekarte, Gemüse *(Legumes)* wird selbst als Beilage spärlich angeboten. Die großen Salatmacher sind Portugiesen leider auch nicht. Und selbst in der Gemüsesuppe schwimmt oft ein Stück Wurst oder Speck... In größeren Städten sowie dort, wo viele Touristen anzutreffen sind, finden Sie aber auch vegetarische und vegane Restaurants.

Genuss pur: Polvo à Lagareiro

Es lohnt sich, sich zumindest für das Studieren des Menüs die notwendigen Wörter in der Landessprache anzueignen. *Außer in Lisboa und an der Algarve bekommen Sie zumeist nur eine portugiesische Speisekarte vorgelegt* und englische oder gar deutsche Übersetzungen sind oft so dubios, dass Sie nicht einmal mehr ahnen, was Sie eigentlich essen. Seien Sie mutig, fragen Sie nach: Eine mit den Armen wedelnde und gackernde Wirtin, die uns bei einem der ersten Portugalbesuche erklärte, was ein *Frango* ist, treibt uns heute noch die Lachtränen in die Augen.

Arroz doce (Milchreis)

Die portugiesische Küche ist bodenständig und ausgesprochen lecker, die Portionen sind meistens sehr reichlich bemessen. Oft kann man aber auch ganz unkompliziert eine halbe Portion *(Meia Dose)* bestellen, diese reicht bei normalem Hunger oder für Kinder immer. Wer Brot, Butter, Oliven, die zumeist ungefragt vor dem Essen auf den Tisch gestellt werden, nicht möchte, sollte gleich beim Auftragen abwinken – sonst werden sie später auch berechnet.

Eine kleine Hilfe, was zumeist so an **Fleisch** *(Carne)* auf der Speisekarte steht:

Borrego	Lamm
Cabrito	Ziege
Carne de Porco	Schweinefleisch
Costeletas	Koteletts
Frango	Hähnchen
Perú	Truthahn
Tripas	Kutteln
Vitela	Kalb

...und als **Fischgericht** *(Peixe)* gibt es häufig:

Bacalhau	Stockfisch (das portugiesisches Nationalgericht)
Choco, Lula	Tintenfisch (je nach Größe)
Dourada	Dorade, Goldbrasse
Garoupa	Seebarsch
Linguado	Seezunge
Pescada	Schellfisch
Polvo	Krake
Robalo	Wolfsbarsch
Sardinhas	Sardinen
Tamboril	Seeteufel

Portugal ist natürlich ein Paradies für **Meeresfrüchte** *(Mariscos)*:

Amêijoas	Herzmuscheln
Camarãos	Krabben
Gambas	Garnelen
Lagosta	Languste
Mexilhãos	Miesmuscheln
Ostra	Auster
Perceves/Percebes	Entenmuscheln (heißen zwar so, sind aber eigentlich gar keine Muscheln, s. Seite 126)

Immer anders, aber immer köstlich: ***Caldeirada***

Auf der Speisekarte findet man oft auch köstliche **Eintöpfe**, die es mit verschiedenen Zutaten gibt:

Caldeirada	Fischeintopf
Cataplana	Wird im gleichnamigen Topf zubereitet und ist aber eher an der Algarve verbreitet
Feijoada	Bohneneintopf
Açorda	Suppe mit Brot und Ei und...
Arroz de...	Eine Art saftiges Risotto mit...

Und eine **Alentejo-typische Beilage** müssen Sie auch unbedingt noch kennen:

Migas	Je nach Zubereitung hat der gewürzte Brotbrei eine gewisse Ähnlichkeit mit Semmelknödelteig oder einem Serviettenknödel.

Im Süden wird gerne mit Koriander gewürzt. Sagen Sie gleich beim Bestellen »*não coentro, faz favor*«, wenn Sie das nicht mögen.

Wer im Restaurant einen **guten Tischwein** bevorzugt (und damit fast immer bestens bedient ist), sollte es wie die meisten Portugiesen machen und den *Vinho da Casa* (Hauswein) bestellen. Hier haben Sie die Wahl zwischen *branco* (weiß), *tinto* (rot), *uma Garrafa* (eine Flasche) oder *um copo* (ein Glas). Der Wein im Restaurant ist übrigens (ebenso wie eigentlich alle Getränke) wesentlich günstiger als bei uns. Sie sind kein Weintrinker? Schade, Sie verpassen etwas! Aber selbstverständlich erhalten Sie auch Bier *(Cerveja)*, Mineralwasser *(Aqua)* und Fruchtsaft *(Sumo)* in jedem Lokal.

Auf die fantastischen **Desserts** (***Sobremesa***) und göttlichen süßen Kuchen (***Bolo***), die mindestens so wunderbar schmecken wie sie aussehen, und die sich so gnadenlos auf den Hüften festsetzen, möchten wir hier gar nicht erst näher eingehen...Den Nachtisch können Sie sich im Restaurant übrigens häufig in der Kühltheke ansehen und auswählen.

Den krönenden Abschluss bildet der Espresso, der in Portugal einfach ***Café*** heißt, im Süden aber fast überall ***Bica*** genannt wird.

In Portugal bekommen Sie den besten Kaffee, den Sie jemals getrunken haben, von nun an wird Ihnen Espresso in Deutschland sauer vorkommen. Egal ob im Café oder an der Theke im Supermarkt – er schmeckt einfach göttlich, hat großes Suchtpotenzial und kostet zwischen 60 Cent und einem Euro.

Wenn es ans Bezahlen geht, verlangen Sie »*A conta, por favor*«. Die Rechnung wird Ihnen gebracht (nicht wie bei uns üblich, am Tisch erstellt), Sie legen das Geld dazu, der Ober wird es mitnehmen und Ihnen das Rückgeld bringen. Anschließend legen Sie das **Trinkgeld** einfach auf den Tisch oder auf das Tellerchen, auf dem das Wechselgeld kam. Wer mit Kreditkarte bezahlt, geht damit zumeist an die Theke, dort können Sie das Trinkgeld beim Betrag entweder gleich aufschlagen oder es eben auch auf dem Tisch liegenlassen. In Gaststätten sind etwa zehn Prozent Trinkgeld üblich, im Café (wenn überhaupt) maximal fünf Prozent, wer nur kurz an der Theke etwas trinkt, gibt gar nichts. Nach dem Bezahlen verlässt man das Lokal.

Perfekt für den Hunger zwischendurch: Tosta Mista und Galão

Es muss ja nicht immer das Restaurant sein, manchmal wird man ja auch vom kleinen Hunger geplagt: Ein Klassiker in solchen Fällen, den es in jedem Café gibt, ist *Tosta Mista* – ein getoastetes Sandwich mit Käse und Schinken. Perfekt dazu passt ein *Galão*, ein Milchkaffee, der normalerweise im Glas serviert wird.

Und auch das muss ja manchmal sein: »*Para fora*« bedeutet »Zum Mitnehmen«.

Sehenswürdigkeiten, Öffnungszeiten

Für **Sehenswürdigkeiten und Museen**, die wir bei unseren Touren beschreiben, haben wir die Öffnungszeiten im Text genannt. *Sie werden feststellen, dass die meisten montags geschlossen sind*, manchmal auch noch am Dienstag Vormittag. Ansonsten variieren die Öffnungszeiten je nach Jahreszeit. Deren Definition ist jedoch keineswegs einheitlich, meistens bedeutet »Sommer« April bis Oktober und »Winter« November bis März. Wer zweifelt, in welcher Jahreszeit er nun gerade unterwegs ist, nimmt einfach die kürzeren Öffnungszeiten an und freut sich, wenn dann doch länger offen ist!

Zum Thema **Eintritt** können Sie sich unter dem Stichwort *Preise* informieren.

*Folgende Orte und Bauwerke unseres Reisegebiets stehen übrigens auf der **UNESCO-Liste des Weltkulturerbes**:*

Hieronymuskloster und Turm von Belém in Lissabon (Seite 41)
Historisches Zentrum von Évora (Seite 68)
Garnisons- und Grenzstadt Elvas und ihre Befestigungsanlage (Seite 260)

Telefonieren

Die Ländervorwahl nach Portugal lautet stets **00351**, danach muss die komplette Ortsvorwahl mitgewählt werden. Von Portugal aus sind die Ländervorwahlen die folgenden (ohne die Null der Ortsvorwahl):

Von Portugal nach Deutschland 0049
Von Portugal nach Österreich 0043
Von Portugal in die Schweiz 0041

Da es zwischenzeitlich ja keine Roaming-Gebühren mehr gibt, werden eventuell lediglich über Ihren Mobilfunkanbieter noch Gebühren erhoben, über die Sie sich direkt informieren sollten. Funklöcher gibt es in Portugal selbst in abgelegenen Gegenden übrigens selten.

Toiletten, Ver- und Entsorgung

Das Benutzen der Campingtoilette sollte eine Selbstverständlichkeit sein!

Wir möchten Sie dringend bitten, ihrem WC keine giftigen Chemikalien zuzusetzen – diese braucht man wirklich nicht! Gegen üble Gerüche hilft ein Abzug (selbstgebastelt oder eine gekaufte Entlüftung), ein paar Tropfen Orangenöl-Konzentrat (oder Schmierseife) und das Entleeren, so oft sich die Gelegenheit bietet. Zudem kann man auch jede Möglichkeit ergreifen, eine andere Toilette, die sich einem in den Weg stellt, zu nutzen, weshalb wir diese auch oft bei den Touren häufig angeben.

Die **öffentlichen WCs**, die es in Portugal wirklich überall gibt, sind eigentlich immer sehr sauber, Toilettenpapier und Seife gibt es dort aber nur manchmal. Frauen nehmen die Tür mit dem »S« *(Senhora)* oder »M« *(Mulher)*, Männer wählen »H« *(Homem)*. Bitte entsorgen Sie Ihre Bordtoilette nicht hier, es gibt ausreichend Alternativen!

Entsorgungsstationen finden Sie bei den meisten offiziellen Stellplätzen und auf fast allen Campingplätzen. Diese können Sie meistens auch dann nutzen, wenn Sie kein Gast sind (gegen Gebühr). Bitte nutzen Sie zum Reinigen niemals den Wasserschlauch, der zum Befüllen gedacht ist, das ist einfach nur eklig!

Das **Wasser**, das Sie an den Stationen erhalten, ist normalerweise Trinkwasser. An Brunnen hängt fast immer ein Schild, dass darauf hinweist, dass das Wasser nicht geprüft ist *(non controlada)*. Wir halten uns hier immer an Einheimische – bedienen diese sich hier, dann machen wir das auch. Wenn Sie der Sache nicht trauen, helfen ein paar Tropfen *Micropur*, was wohl auch der Veralgung der Wasserleitung im WOMO vorbeugt. An Brunnen und frei zugänglichen Wasserhähnen müssen Sie sich zumeist mit der Gießkanne behelfen.

Müll wird natürlich auch in Portugal getrennt, die farbigen oder verschiedenfarbig beschrifteten Container stehen überall öffentlich zugänglich an den Straßen. Anders als bei uns haben Portugiesen keine eigene Mülltonne sondern bringen Ihren Müll zu diesen Sammelpunkten in ihrer Nähe. Wir haben daher auf das Vorhandensein von Mülleimern bei den Stell- oder übernachtungsgeeigneten Parkplätzen nicht ausdrücklich hingewiesen. Bitte nutzen Sie nicht den Eimer an Picknick- oder Strandparkplätzen, um Ihren (gemischten) Abfallsack loszuwerden. Irgendwo warten ein Hund oder eine Katze nur darauf, dass Sie sich umdrehen, reißen den Sack auf und verteilen den Müll in der Gegend...

Blau	Papier und Kartons
Gelb	Verpackungen (Metall, Plastik, usw.)
Grün	Glas
Schwarz	Restmüll

Leitungswasser können Sie in Portugal immer trinken, allerdings ist es fast überall gechlort und schmeckt dementsprechend nach Schwimmbad. *Der Chlorgeschmack verflüchtigt sich etwas, wenn man das Wasser (offen) stehen lässt.* Auf dem Campingplatz sollten Sie nachfragen, ob es sich um Leitungs- oder Brunnenwasser handelt.

Noch ein paar Vokabeln hierzu:

Sánitario, Toilette, Casa de Banho	Toilette, WC
Próprio para consumo	Zum Verzehr geeignet
Imprópria	Ungeeignet
Lixo	Müll
Para beber?	Zum Trinken?
Água	Wasser

Sonnenuhr in Alte (Seite 178)

Uhrzeit

In Portugal richtet man sich nach der westeuropäischen Zeit, *Sie bekommen beim Grenzübertritt also eine ganze Stunde geschenkt* (Uhr eine Stunde zurückstellen).

Unfall

Glücklicherweise können wir trotz vieler Tausend Kilometer in Portugal dazu keine eigenen Erfahrungen weitergeben. Vorab halten wir es trotzdem für dringend angeraten, zusammen mit der Haftpflichtversicherung für das WOMO eine **Auslandsschadenversicherung** abzuschließen, außerdem eventuell eine **Rechtsschutzversicherung** und lesen Sie sich schlau unter *www.adac.de/Auslandsunfall*. Hier wird ziemlich genau erklärt, was im Fall der Fälle zu tun ist, sowohl allgemein gehalten als auch speziell auf Portugal abgestimmt. Drucken Sie sich die Seiten eventuell vorab aus und nehmen Sie diese mit auf Ihre Fahrt.

Grundsätzlich wichtig ist, die Warnweste überzuziehen, die Polizei zu rufen (Telefon 112) und Fotos von der Unfallstelle zu machen. Notieren Sie Namen, Anschrift und Kennzeichen des Unfallpartners sowie von Zeugen, sofern es welche gibt. Füllen Sie zudem möglichst zusammen mit allen Beteiligten den **Europäischen Unfallbericht** aus, den Sie sich ebenfalls vor Reisebeginn ausdrucken und unterschreiben Sie diesen gemeinsam. Setzen Sie Ihre Unterschrift aber keinesfalls unter einen eventuell von der Polizei in portugiesischer Sprache verfassten Bericht, den Sie nicht verstehen!

Bei einem Unfall empfiehlt es sich außerdem, immer sofort das Gasflaschenventil im WOMO zu schließen.

Falls Sie mit einem gemieteten WOMO unterwegs sind, kontaktieren Sie außerdem gleichzeitig mit der Polizei auch Ihren Vermieter.

Bitte beachten Sie auch die Hinweise unter dem Stichwort *Notfälle*.

Verkehr, Straßen, Umweltzonen, Tankstellen

Die Verkehrsdichte in Portugal ist meist geringer als bei uns (mit Ausnahme der Großstädte), die Straßen sind ordentlich bis sehr gut. *In Dörfern trifft man ab und zu auf* ***Kopfsteinpflaster***: Bei Nässe kann das Fahren bergauf für Frontantrieb-Fahrzeuge dann schwierig werden. Statt Ampeln werden in Portugal **Kreisverkehre** bevorzugt, hier hat immer der im Kreis Fahrende Vorfahrt. Bei mehrspurigen Kreisverkehren darf die äußerste, rechte Fahrspur nur benutzt werden, wenn der Kreisverkehr bei der nächsten Ausfahrt verlassen wird.

Bei manchen Touren sind wir auch auf **unbefestigten Wegen** unterwegs: Bitte beachten Sie, dass diese ihren Zustand schnell verändern können: Wenn es im Winter viel und stark geregnet hat, kann der glatte Weg des Vorjahres im nächsten Frühling starke Erosionsrinnen aufweisen. Aber vielleicht nimmt sich ja auch das Straßenbauamt der schlaglochübersäten rauen Asphaltpiste an und Sie wundern sich, welche Gruselgeschichten wir Ihnen da erzählt haben?

Nebenstraßen im Gebirge sind selten so breit, dass zwei Fahrzeuge, geschweige denn zwei WOMOs, aneinander vorbeipassen. Hupen Sie im Zweifelsfall vor Kurven. Ungeübten Fahrern empfehlen wir, diese Strecken zu meiden, bitte beachten Sie dazu Hinweise in der jeweiligen Tour.

In Portugal gibt es keine kostenlosen Autobahnen, jedoch Schnellstraßen, die genauso gut ausgebaut sind. Sie heißen **IC oder IP** und sind grün ausgeschildert, hier gilt ein Tempolimit von 100 Stundenkilometer (90 für WOMOs über 3,5 Tonnen).

An der Algarveküsten sind viele Touristen im Mietwagen unterwegs, hier hatten wir schon unangenehme Schreckmomente mit Linksverkehr gewohnten Briten. Außerdem müssen Sie hier auch mit mehr Verkehr als im Rest des Landes rechnen.

Für die kostenpflichtigen **Autobahnen** (Tempolimit 120 Stundenkilometer und 110 für schwere WOMOs) existieren zwei unterschiedliche Mautsysteme:

Mautstellen *(Portagem)*
Funktioniert so, wie man es kennt: Man zieht ein Ticket und bezahlt bei Zahlstellen, entweder bar oder mit Kreditkarte (was aber nicht überall möglich ist!). Ein normalgroßes WOMO fällt unter die Fahrzeugklasse 2.

Elektronisches Mautsystem *(Electronic Toll)*
Hierbei wird das Fahrzeugkennzeichen per Kamera erfasst, die Bezahlung der Gebühr für die gefahrenen Kilometer ist mit EasyToll oder TollCard möglich (grundsätzlich nur Abbuchung, nie Barzahlung!).
EasyToll

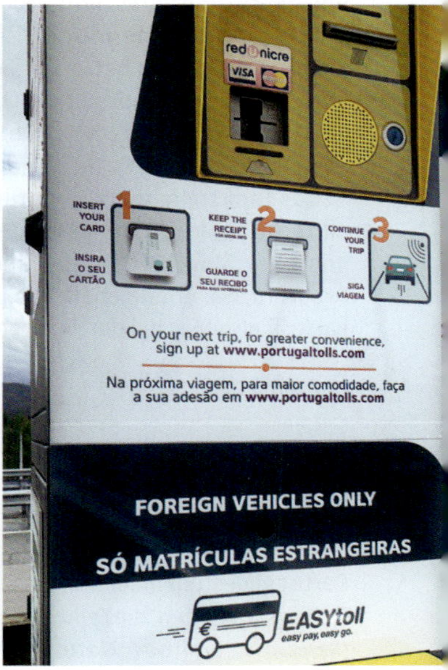

Die Geltungsdauer beträgt 30 Tage (und beginnt mit dem Zeitpunkt der Registrierung, egal ob vor Ort oder online!), Sie müssen eine Kreditkarte besitzen und sich – bevor Sie die erste Kameraerfassung passieren – an einem ***Welcome-Point*** registriert haben. Und genau hier ist der Haken, es gibt nämlich lediglich vier dieser Service-Punkte:

A28: Viana do Castelo (Nordportugal)
A24: Chaves (Nordportugal)
A25: Vilar Formoso (Nordportugal)
A22: Vila Real de Santo António

Direkt auf den Strecken, die wir in unseren Touren beschreiben, liegt keine dieser Registrierstationen. IM Süden Portugals sind aber auch lediglich die A33 (Costa-Caparica–Setúbal) und die A22 (Lagos-Vila Real de Santo António) betroffen, die Sie einfach meiden können.

Alternativ dazu und einfacher, als einen Welcome-Point anzusteuern, ist es, sich online mit Kennzeichen und Kreditkarte zu registrieren: *www.portugaltolls.com* (englisch, französisch, portugiesisch, spanisch), hier bekommen Sie auch nochmals Informationen, welche Strecken(-Abschnitte) von der ElectronicToll betroffen sind.

TollCard

Diese Karte ist für längere oder häufigere Aufenthalte gedacht und wird vorab mit Guthaben von 5–40 Euro aufgeladen, Sie sollten also einigermaßen abschätzen können, wie viel Sie auf den Electronic-Toll-Mautautobahnen unterwegs sein werden. Wem das zu umständlich ist, der kann sich bei einem Aufenthalt über 30 Tagen einfach erneut bei EasyToll registrieren. *www.tollcard.pt* (englisch, französisch, portugiesisch, spanisch).

Sie haben einen **Transponder** im WOMO? Dann können Sie sich die Registrierung ganz sparen, die elektronische Maut wird auch darüber abgerechnet (siehe Stichwort *Anfahrt*, Seite 272).

Ladung (Heckgepäckträger) darf hinten maximal 45 Centimeter überstehen und ist mit einer rot-weiß schraffierten **Warntafel** zu kennzeichnen. Mitführen sollten Sie neben dem **Kraftfahrzeugschein** Ihren **Führerschein** und eine **Grüne Versicherungskarte**.

Eine **Umweltzone** wurde bisher lediglich in Lisboa eingerichtet, wobei Teile der Innenstadt betroffen sind. In Zone 1 (Kernzone) fahren Sie hoffentlich erst gar nicht mit dem WOMO, in Zone 2 dürfen Fahrzeuge mit Erstzulassungsdatum vor dem 01.01.1996 (entspricht der Abgasnorm Euro 0-1) nicht einfahren, vermutlich sind Sie davon also auch nicht betroffen.

Das **Tankstellennetz** in Portugal ist dicht. Die Treibstoffpreise sind überall recht ähnlich, lediglich Supermarkt-Tankstellen sind eigentlich immer günstiger. Manchmal (aber immer seltener) gibt es noch Tankwarte, die die Arbeit für Sie erledigen. Bezahlen kann man mit Bargeld, EC- oder Kreditkarte. Passen Sie bei den Bezeichnungen auf, sie klingen ähnlich:

Gasóleo	Diesel
Gasolina (95)	Super
Gasolina (98)	Super plus

Wandern und Natur

Portugal besteht nicht nur aus Strand, sondern hat eine Fülle von herrlichen Gebirgsgegenden, die teilweise seit vielen Jahren als **Naturschutzreservate** *(Reserva Natural)* oder **Naturschutzgebiet** *(Parque Natural)* ausgewiesen sind.

Es gibt markierte Wanderwege und bei den entsprechenden Turismos oft einfache Wanderkarten und zusätzliche Infos zur Tier- und Pflanzenwelt. Tolle Anregungen bietet der ***Rother Wanderführer Algarve*** (14,90 Euro, erhältlich im Shop des WOMO-Verlags).

Weitwanderwege (wie beispielsweise der **Rota Vicentina**, der in mehreren Varianten entlang der Costa Vicentina führt) sind für Wohnmobilisten zwar weniger interessant, aber vielleicht haben Sie ja doch Lust, die eine oder andere Etappe in Angriff zu nehmen.

Portugiesen sind leidenschaftliche Jäger. Während der **Jagdsaison** *(Caça,* 15. August bis Ende Februar, meistens aber nur donnerstags, sonntags und an Feiertagen) ist Vorsicht geboten! Jagdzonen sind beschildert: Kleines rotes Schild, über Eck aufgehängt, mit weißem Kreis.

Cabo Espichel (Tour 3)

Stichwortverzeichnis

Marvão (Tour 1)

Évoramonte (Tour 4)

Avis (Tour 1)

Bildnachweis

Titelbild: AdobeStock©Femke
S. 31 (oben), S. 32, S. 37, S. 71, S. 77, S. 83, S. 84 (oben), S. 86 (oben), S. 89, S. 96 (oben), S. 98, S. 109, S. 110 (beide Fotos), S. 112 (beide Fotos), S. 116 (oben), S. 119, S. 140, S. 172 (unten), S. 174, S. 177 (oben), S. 178, S. 179 (oben), S. 183, S. 199, S. 218, S. 237, S. 244 (oben), S. 274, S. 275, S. 298 (unten): ©Stephanie Seufert.
S. 211 (oben): ©Heiner Newe
S. 38: ©Stefanie Nesselhauf
S.40 (unten), S. 65, S. 145, S. 161, S. 170 (unten), S. 196, S. 197, S. 216, S. 220, S. 221, S. 223 (unten), S. 230 (unten), S. 238 (oben), S. 239, S. 240 (beide Fotos), S. 251, S. 252 (unten): ©Elmar Gross
Alle anderen Fotos: ©Werner Müller

Der WOMO® Online-Service

Nutzen Sie auch das Angebot unseres Online-Shops!
Unter **www.womo.de** finden Sie nicht nur sämtliche Reiseführer, sondern weitere wertvolle Anregungen und Zusatzinformationen – von der Gesamtübersicht aller Touren eines WOMO-Reiseführers bis zu weiterführendem Material.
Dazu gehören:

- die **besten Autokarten**, die garantiert die komplette Reiseroute abdecken
- und die **passenden Rother-Wanderführer** mit den schönsten Wanderregionen Ihres Reiselandes.

Einfach sicher unterwegs.

Sichern Sie Ihr Wohnmobil ab: mit unserer **exklusiven**, universellen und **sofort sichtbaren** Einbruchssperre. Sie wird **ganz einfach** in die beiden Tür-Armlehnen eingehängt, zusammengeschoben und abgeschlossen.

Der WOMO® Knackerschreck

- Passend für Ducato, Peugeot, Renault Master, MB Sprinter bis 2018 und VW (alle Typen)
- Krallen aus **10 mm massivem**, einbrennlackiertem, also nahezu unverwüstlichem Stahl

und nur bei **www.womo.de**

Alle WOMO® Reiseführer auf einen Blick

Albanien, Ulrike und Frank Staub
Allgäu, Heiner Newe
Andalusien, Christina und Christian Winkler
Baden-Württemberg, Heiner Newe
Baltikum, Stefanie Holtkamp und Andrea Bergmann Neu 2024
Bayern Der Nordosten, Heiner Newe
Bayern Der Südosten, Christina und Christian Winkler
Bayern Der Nordwesten, Heiner Newe
Belgien/Luxemburg, Ulrike und Frank Staub
Bretagne, Anette Scharla-Dey und Franz Peter Tschauner
Burgund, Ralf Gréus Neu 2024
Dänemark, Anke Globi
Elsass, Ralf Gréus
England Der Süden, Christina und Christian Winkler Neu 2024
England Der Norden, Christina und Christian Winkler
Finnland, Uwe und Annegret Rohland
Französische Alpen, Heiner Newe
Französischer Jura, Heiner Newe
Griechenland, Waltraud Roth-Schulz und Reinhard Schulz
Harz, Heiner Newe
Hessen Der Norden, Anette Scharla-Dey und Franz Peter Tschauner
Hessen Mitte und Süden, Anette Scharla-Dey und Franz Peter Tschauner
Hunsrück/Mosel/Eifel, Anette Scharla-Dey und Franz Peter Tschauner
Irland, Uwe und Annegret Rohland
Island, Jutta und Alexander Ramin
Katalonien, Ulrike und Frank Staub Neu 2024
Korsika, Stefanie Holtkamp und Andrea Bergmann Neu 2024
Kroatien und Montenegro, Anne und Michael Lindner Neu 2024
Languedoc-Roussillon, Ralf Gréus Neu 2024
Ligurien, Ralf Gréus
Lothringen, Friedrich Riehl
Lüneburger Heide, Heiner Newe
Marokko, Ulrike und Frank Staub
Mecklenburg-Vorpommern Teil 1, Stefanie Holtkamp und Andrea Bergmann
Mecklenburg-Vorpommern Teil 2, Stefanie Holtkamp und Andrea Bergmann
Münsterland, Regina Stockmann
Namibia, Ute Nast-Linke und Frank Linke
Neuseeland Nordinsel, Andrea Lossen und Dieter Giesen
Neuseeland Südinsel, Andrea Lossen und Dieter Giesen Neu 2024
Niederlande, Friedrich Riehl
Normandie, Anette Scharla-Dey und Franz Peter Tschauner Neu 2024
Norwegen Der Süden, Waltraud Roth-Schulz und Reinhard Schulz
Norwegen Der Norden, Waltraud Roth-Schulz und Reinhard Schulz
Österreich Der Osten, Christina und Christian Winkler
Österreich Der Westen, Christina und Christian Winkler
Ostfriesland, Heiner Newe

Weitere Infos unter **www.womo.de**

Pfalz, Ralf Gréus
Piemont und Aostatal, Ralf Gréus
Peloponnes, Waltraud Roth-Schulz und Reinhard Schulz
Polen Der Norden, Nicola Kluftinger
Portugal Der Norden, Stephanie Seufert Neu 2024
Portugal Der Süden, Stephanie Seufert Neu 2024
Provence Der Westen, Ralf Gréus
Provence Der Osten, Ralf Gréus
Pyrenäen, Stefanie Holtkamp und Andrea Bergmann
Rumänien, Christina und Christian Winkler
Sachsen, Anette Scharla-Dey und Franz Peter Tschauner
Sardinien, Waltraud Roth-Schulz und Reinhard Schulz
Schleswig-Holstein und Hamburg, Heiner Newe
Schottland, Anke Globi Neu 2024
Schwarzwald, Ralf Gréus
Schweden Der Norden, Uwe und Annegret Rohland
Schweden Der Süden, Anke Globi Neu 2024
Schweiz Der Osten, Stefanie Holtkamp und Andrea Bergmann
Schweiz Der Westen, Stefanie Holtkamp und Andrea Bergmann
Sizilien, Christina und Christian Winkler Neu 2024
Slowakei, Ulrike und Frank Staub
Slowenien, Silvia Sussmann und Peter Simm
Spanien Der Norden, Waltraud Roth-Schulz und Reinhard Schulz
Süditalien Der Osten, Waltraud Roth-Schulz und Reinhard Schulz
Süditalien Der Westen, Waltraud Roth-Schulz und Reinhard Schulz
Südafrika Krügernationalpark, Ute Nast-Linke und Frank Linke
Südwestfrankreich, Stefanie Holtkamp und Andrea Bergmann
Südtirol, Waltraud Roth-Schulz und Reinhard Schulz
Tal der Loire und Paris, Anette Scharla-Dey und Franz Peter Tschauner
Thüringen, Katja Eisenschmidt
Toskana und Elba, Ralf Gréus
Trentino und Gardasee, Angela Misslbeck Neu 2024
Umbrien und Marken, Ralf Gréus
Ungarn, Silvia Sussmann und Peter Simm
USA Südwesten mit Yellowstone, Regina Stockmann Neu 2024
Venetien und Friaul, Christina und Christian Winkler
Wales, Christina und Christian Winkler Neu 2024
Zentralspanien Der Osten, Ulrike und Frank Staub
Zentralspanien Der Westen, Ulrike und Frank Staub

Außerdem im Programm:
Die gordische Lüge – Reiseroman, Ralf Gréus
Allgemeines Wohnmobil Handbuch, Reinhard Schulz
Allgemeines Wohnmobil Kochbuch, Waltraud Roth-Schulz
Heitere Wohnmobil Geschichten, Silvia Sussmann und Peter Simm

Ihr WOMO® Stellplatz-Dienst

Wir führen Sie zu den **schönsten Orten**, die unsere erfahrenen Autoren **selbst besucht und getestet** haben. Die GPS-Daten ihrer Stell- und Campingplatz-Empfehlungen finden Sie im Online-Shop unter **www.womo.de**

Mehr erfahren. Mehr erleben.

womo.de ist der **Spezialist** für Ihren entspannten **Erlebnisurlaub auf vier Rädern**. Profitieren Sie für Ihre Reisevorbereitung und -planung von unserer **jahrzehntelangen Erfahrung**. Seit 2022 arbeiten wir daran, Bewährtes noch besser zu machen: Dazu gehört die **moderne Optik** unserer neu gestalteten und **neu aufgelegten** Reiseführer.

Selbstverständlich werden unsere WOMO-Reiseführer permanent auf einen **aktuellen inhaltlichen Stand** gebracht. Jeder einzelne bietet eine Fülle an Ideen, Inspiration und Information **für Ihren Erlebnisurlaub**.

Wenn Sie persönliche Anregungen oder **konkrete Fragen zu Ihrer Reiseplanung haben**, dann schreiben Sie uns gern unter: **verlag@womo.de**

Den kostenlosen Download-Link für die **GPS-Daten** zu diesem WOMO-Reiseführer finden Sie im Shop unter: **www.womo.de** Ihr Passwort lautet: **Po1gsf**

WOMO®
Der Wohnmobil-Verlag
An der Liethe 4
36452 Kaltennordheim
Telefon: 036946 20691
www.womo.de